第33回
JIA神奈川建築Week かながわ建築祭2022

# 学生卒業設計コンクール

公益社団法人 日本建築家協会 関東甲信越支部 神奈川地域会 編

# はじめに

JIA神奈川では、建築が社会・文化を発展させる上で不可欠な役割を担っていること、またそこに建築家という職能が深く関わっていることを広く市民に伝えるべく、毎年春にかながわ建築祭を開催しています。残念ながら2020～2021年度はコロナウイルスの影響で大幅な制約を受けることとなりましたが、2022年度はシンポジウム、まち歩き、そして卒業設計コンクールと、例年よりはプログラムを減らしたものの、十分な感染対策を施した上で、無事開催をすることができました。

JIA神奈川の今年度の活動方針は、前年度同様「サステナビリティを考える」というものです。拡大基調から転じて縮小しつつある社会において、持続可能なこれからの建築とまちのあり方を考えていこうという趣旨ですが、そのためにはこれまでのストックをレガシーとして次代へと継承していくハード面での取り組みや、その活動の担い手となるプロフェッショナルな人材を育成していくソフト面での取り組みが不可欠なのではないでしょうか。そこで建築祭のテーマとして「未来へ残すもの、変えてゆくもの」を掲げ、旧根岸競馬場の保存・活用に向けてJ.H.モーガンの建築を巡るまち歩きと、若手設計者の公共建築への参画機会をつくるべく設計者選定制度を見直すシンポジウムを企画しました。もう一つのプログラムである学生卒業設計コンクールは、展示会場をこれまでの馬車道駅から横浜市民ギャラリーに替え、新たな審査委員長（福島加津也氏）のもとで審査が行われました。これもまた、次代へのメッセージのひとつといえるでしょう。卒業設計コンクールの審査員を始めとして、これらの企画に尽力・協力いただいた関係各位に、この場を借りて、お礼を申し上げたいと思います。

コロナによる混乱から、少しずつ以前の形に戻ってはきましたが、まだまだ予断を許しません。このような社会状況のもとでも維持していくべき活動は何なのか、本当の意味でのサステナビリティが問われています。そのような観点から、活動を続けていくために種々のサポートをいただいた総合資格学院にも深く感謝したいと思います。

公益社団法人 日本建築家協会
関東甲信越支部 神奈川地域会 代表
小泉 雅生

# JIA神奈川・学生卒業設計コンクールへの協賛および作品集発行にあたって

建築士をはじめとする、有資格者の育成を通して、建築・建設業界に貢献する――、それを企業理念として、私たち総合資格学院は創業以来、建築関係を中心とした資格スクールを運営してきました。そして、この事業を通じ、安心・安全な社会づくりに寄与していくことが当社の使命であると考え、有資格者をはじめとした建築に関わる人々の育成に日々努めております。その一環として、建築に関係する仕事を目指している学生の方々が、夢をあきらめることなく、建築の世界に進むことができるよう、さまざまな支援を全国で行っております。卒業設計展への協賛やその作品集の発行、就職セミナーなどは代表的な例です。

JIA神奈川・学生卒業設計コンクールは、神奈川県内の８つの大学・専門学校において各校から選出された作品が出展する卒業設計コンクールです。かながわ建築祭のイベントの一つとして、JIAの実行委員を中心に多数の教員方の手によって運営されます。本誌では、当日の審査の模様をダイジェスト版として収録しているほか、各校から選ばれた優秀な出展作品すべてを掲載しており、資料としても大変価値のある、有益な内容となっております。

近年の建築・建設業界は人材不足が大きな問題となっていますが、さらに、人口減少の影響から、社会のあり方が大きな転換期を迎えていると実感します。特に近年は、新型コロナウイルス感染拡大により私たちの生活や社会の仕組みが変化せざるを得ない状況となりました。そのような状況下で建築業界においても、建築家をはじめとした技術者の役割が見直される時期を迎えています。本作品集が、そのような変革期にある社会において高校生をはじめとした、建築に興味を持ち始めた若い人々の道標の一つとなり、また、本設計展に出展された学生の方々や本作品集をご覧になった若い方々が、時代の変化を捉えて新しい建築のあり方を構築し、将来、国内だけに留まらず世界に羽ばたき、各国の家づくり、都市づくりに貢献されることを期待しています。

**総合資格 代表取締役**　　岸　和子

CONTENTS

第33回 JIA神奈川建築*Week*

# かながわ建築祭2022

## 学生卒業設計コンクール

[主宰]
公益社団法人 日本建築家協会 関東甲信越支部 神奈川地域会(JIA神奈川)

[日程]
2022年 3月 6日(日)

[審査委員長]
福島加津也

[審査員]
中村竜治、高橋一平、冨永美保

[参加大学]
浅野工学専門学校、神奈川大学、関東学院大学、慶應義塾大学、
慶應義塾大学SFC、東海大学、東京工芸大学、明治大学、横浜国立大学

[応募作品]
24作品

JIA神奈川・学生卒業設計コンクール

# 二次審査ダイジェスト

2021年度より浅野工学専門学校が加わり、
神奈川県内の専門学校と大学の8校から
24作品が本コンクールに出場。
それぞれの学校の代表として優秀な作品が3点ずつ出展し、
学生たちは自らの卒業設計に込めた想いとともに
4年間の集大成である設計と提案内容を発表する。
会場である横浜市民ギャラリーにて、
午前のプレゼンテーションと質疑応答による
一次審査で10名を選出。
二次審査では、10名とのディスカッション、
審査員同士の議論を経て2022年度の受賞者が決まる。

二次審査の全貌は、
JIA神奈川チャンネルより
視聴いただけます
視聴はコチラから→

**審査委員長**
福島 加津也（福島加津也＋冨永祥子建築設計事務所）

**審査員**
中村 竜治（中村竜治建築設計事務所）
髙橋 一平（髙橋一平建築事務所）
冨永 美保（tomito architecture）

**金賞・横浜国立大学　藤本 梨沙**
「諦めない人生を支える、まちの大給食室」P.18

**冨永：**一次審査時にも話しましたが、町の規模に対して建築の面積が非常に大きいのが気になります。病気の松をゴソッと取り除いて建築を建てるという提案で、松が育つまで建築が町の境界を守るという話ですが、松が育った後の建築がどうなるのか、何か時間軸に対して考えていることがあれば聞きたいです。

**藤本：**敷地写真の右側の松はまだ小さいのですが、成長するにしたがい、海岸沿いの強い風によって海と反対側に松が反っていくので、年月を経るにつれて松が建築に寄り添い、建築と一体化して防風林の役割を果たすようになっていく予定です。

**中村：**話していることと計画していることの間に、大きな隔たりがあるように感じられますが、空間は良さそうな気がします。この計画に対する費用対効果というか、つまり規模は10分の1ぐらいで十分ではないかという気がします。現状の規模だとだいぶ違和感があります。

**藤本：**規模に関しては、たくさんの行為を許容できることを意識しました。この大きな屋根の下で雨の日にドッジボールをやっていても邪魔にならないくらいの大きさがほしいとか、もし災害が起きた時に普通の避難所はギュウギュウ詰めであまり快適とは言えないけれど、この空間ならすごく広いので各々が好きな場所を選んで避難生活を送れるとか、社会の中にこのような巨大な空間が1つあることに対する意味も考えて大きくしています。

**銀賞・東海大学　太田 匠**
「弔いの聚落」P.22

**冨永：**1箇所に墓石が大量にあるけれど、記念碑的な存在ではなく、場をつくるきっかけを生むことができるのではないかという提案だと思います。ただ現状では、太田さんは一つひとつを家具的にして場をつくっているけれど、場所によって空間があるものもあれば、大きさも違ったり地域性もあったりするし、現状のまま変わらない墓の形状に対しても何か提案ができそうだと思っています。死者と一緒にお酒が飲めるような場所とか、少し休憩ができるようなベンチと一体になった場所とか、何かしらの行為とセットで提案されていますが、大きな場として広がりを持てるような墓地の在り方やランドスケープとしての提案、一つひとつの墓の形についても提案できそうなので、そのあたりについて考えていることがあれば教えてくだ

さい。

**太田：**もっといろいろな形の墓をつくることができるのではないかという話だと思いますが、今までずっと変わってこなかったことに対して、墓地で過ごすことが当たり前となるように今までの意識をまず変えることが、いろいろな墓の形や、1個単位ではない集団での居場所のつくり方へつながると思います。ただ、そこまで具体的な提案はできておらず、その前段階として意識を変えることを目的としています。墓にもっといろいろなものを付属させたり、墓地に入ったりお墓に座ったりしていいんだよという提案です。

**髙橋：**僕はこの作品を面白いと思っていますが、ほかの審査員の先生方からはあまり推されていないんですよね（笑）。需要は非常にあると思います。お墓参りは決められた日に実施されるうえ革靴などを履かないといけませんが、雨が降った際には傘をさしてずぶ濡れになりながら行う。だから、墓の前に屋根が架かっていることは理に叶っているし、掃除などもやりやすいと思います。それから、中国などの墓でも同様に屋根と社をつくっている例があるので、この作品は東洋的発想なのかなと思いました。どちらかというと、墓に架けた社が墓になるのだと感じています。昔からある漁村や農村の集落はみんな平屋で、民家を連ねて町ができていきます。このような非常に均質な墓の状態も重ね合せていくことで、もしかしたら虚の町のようなものできていくかもしれない。そのように僕が勝手に想像した案に1票入れた感じです（笑）。墓が必要なくなって、社の群れが死者の町になるという具合ではないかな。これらが習慣化すると、僕らの時代に建築で何を残せるかを考えた際に残せる側に属する建築となるのでは、と思いました。木造が良いのかコンクリートが良いのかはわからない。簡単につくるのなら木造がいいのだろうけれど、墓石業者と共同でやれば、石で建てることもできるかもしれない。線香をあげるためにみんなが通うからメンテナンスをするし、すごく理にかなった集落ができると思います。ただし、そこには人が住んでいない。死者だけが住んでいるというのが一番の個性だと思います。完全に僕の想像上のプロジェクトになり始めているけれど（笑）、この案で一番引っ掛かったのが墓を構造体にしているところ。独立構造にしたほうが絶対良かったと思います。ちょっと好き勝手に言いました（笑）。

左から藤本さん、太田さん、圓谷さん

**太田：**ありがとうございました。ストラクチャーにしないほうが良かったのではないかというご意見ですが、墓石のモニュメントのような形を尊重するかどうかという話につながると思います。これらの石柱の形も墓地の風景の一つだと考えているので、墓じまいとして墓を取り払って弔いの役割が終わった時に、その墓石も消えてしまうため、役割が終わった後は空間のストラクチャーの一部として役割が変われるのではないかと思い、自分は墓石に建築を架けるという形を取りました。

## 銅賞・慶應義塾大学SFC　圓谷 武大
## 「円谷英二特撮倉庫」 P.26

**髙橋：**この建築における、建築の有難みがちょっとわからなかったので教えてもらいたいです。

**圓谷：**基本的にこれらの建物は僕の故郷でもあるので、家族と話しながら設計していきましたが、建物のあるべき形として、どうやって特撮保存を行っていくかを考えました。そのため、模型ではなく特撮という行為を保存したいと考え、建物内では特撮を行っている現状を切り取ったり、外側ではその様子を見たりという、町の様子をそのまま設計に組み込んだのが、この建物の価値ではないかと考えています。

**髙橋：**その説明では、展示に対して建築設計がどう関わっているのかわからないですね。普通の大きな倉庫に遺品がゴチャゴチャと陳列されているだけにしか見えない。ならばもっと巨大な建築をつくっても良かったのでは。ここでは建築をコンテンツの保存に役立てていますが、もっと異なる点で役に立ったほうが良かった。例えば、別の新しい映画ができるような展示の仕方もできたと思います。この建築と展示方法を使うことで、ウルトラマンなりゴジラなりの続編がつくれてしまうみたいなことができたら、この建築の有難みが出てくる。このままだと、単なるアーカイブの保存場所になり、建築というよりむしろただの倉庫になってしまう。

**圓谷：**僕が抽出した４つの世界というのが陸・海・空・生物で、これは地球上に存在する現象や生き物などをわかりやすく切り取った形だと思うんです。これらに対して各々の建築空間の舞台を用意しているので、かなり多くの映像を切り取ることができ、この建物によって、そういった世界を広く見る視点が持てるようになるのではないかと考えて設計していました。でも、既存の建物へ単に４つの世界を埋め込むだけだと、スケールが少し違うという問題が起きると思うのですごく勉強になりました。ありがとうございます。

**冨永：**世界線の中でのそれぞれの空間の分節が激しいと私も思いました。ボックスの中に各々の世界が入り込んでしまっているように感じます。閉じた世界で完璧な計算をして撮るものだとわかってはいますが、それを新しい技術で変えるとか、もしくは１箇所に集めるのではなく、たくさんの特撮怪獣たちがいる町なので点在させるとか。世界を切り取るのが大事なのだとしたら、もっと町を大きく使って特撮の舞台が広がっていくとかもできたと思います。１個にまとまっているのが少し勿体ないと思います。

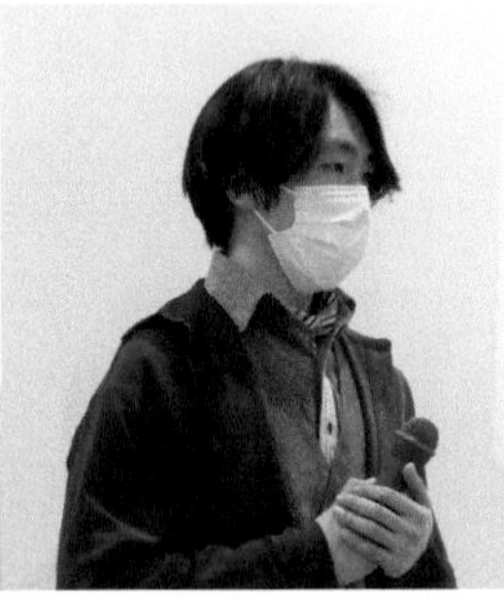

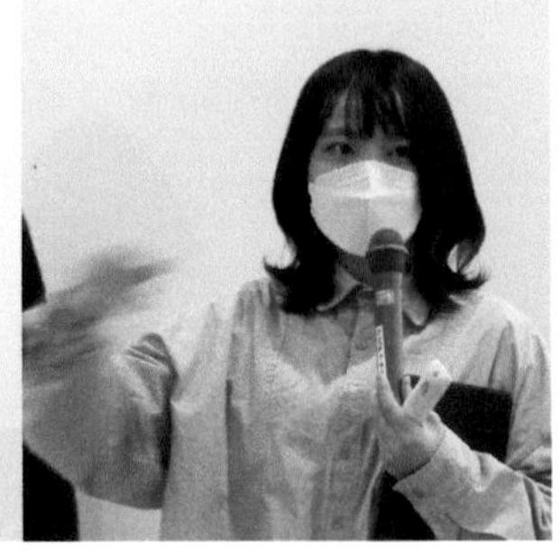

左から鵜川さん、佐藤さん、永山さん

**圓谷：**このプロジェクトを実現させたいとずっと考えており、市にプレゼン中ですので、今話していただいたことも話そうと思います（笑）。

**冨永：**実際に特撮をやらせてくれそうな穴場のようなスポットを巡っていく、特撮の経路のようにしてもいいのではないかな。それらが増えていき拠点となるなど、町を変えるプロジェクトになりそうな予感がするので、ぜひ市に掛け合って頑張ってください（笑）。

**福島：**鑑賞するには狭い空間だと思いますが、プラスに捉えることもできると思います。最近は美術館で収蔵庫を公開する流れが世界的にあり、オランダのボイマンス・ヴァン・ベーニンゲン美術館（設計：MVRDV）などはそのようにしています。だから、多くの美術館のように高さ６mまでなくてもよい建て方は確かにある。けれど、コンパクトにしたほうが経費も安くなるだろうとも思います（笑）。通常の美術館や博物館とは違う計画であり、高密度の展示物でも快適に見られる工夫がされていることがわかるプレゼンテーションとして、断面と平面もあるといいな。もしJIA全国に進んだ場合は、是非補強してください。

## 福島加津也賞・明治大学　鵜川友里香
## 「色の変化と距離感に関する実験記録」P.30

**冨永：**すごく面白いプロジェクトだと思います。条件上、室内で実験をしたと思うのですが、スケールによらない面白さがあるので、例えば広場などのランドスケープの提案にもつながる可能性を感じます。色という観点から場の広がりや領域を考え直し、それらの展開につなげることができそうですね。立体化するのなら、断面の関係よりも、もう少しグラデーショナルに隆起させることもできたのでは。断面とはいえ、さまざまな関係がつくれると思うので、そこをもう少し展開できるといいのではないかと思います。

**中村：**実空間をつくって実験したうえヒアリングをするなど、アプローチの仕方が非常に素晴らしいと思っていました。冨永さんがおっしゃったように、スケールを大きくして公共空間や土木構築物に応用すると面白いと思います。

**福島：**僕も非常に面白い発表だと思いましたが、一方で、講評は難しい（笑）。面白そうだということはわかります。日本で幼稚園児に太陽を描かせると、ほぼ100％が赤で描くけれど、世界から見ると赤で描くのは日本だけらしいです。他国ではオレンジや黄色などを使う。ある種の社会通念で色の意味が決まっている。このような色の意味論に興味はありますか？

**鵜川：**色の興味から出発しているので、色に関わることは広く調べていました。もちろん文化に関わるもの、育ってきた環境によって見える色が違うことにもすごく興味があります。ただ、そこまで含めた設計にできていないことは自分自身でもわかっているので、今後も発展の可能性を考えていきたいと思っています。

**福島：**まだわかりませんが、もしJIA全国に進むとしたら、もう少しドライな化学実験のようなプレゼンテーションのほうが合っているかもしれませんね。１人だけ、論文発表のような感じにしてもいい。

**髙橋：**僕は反論となりますが、まず、色から建築を考えるという発想は面白いと思います。ただ、分析方法が20世紀的というか、科学的過ぎて面白くない。カーペットなどを面にしたところで建築の問題にはならない。僕は、分析方法をもっと創造的なものにするとか、色から考えられる可能性を建築にどうやって応用するかをもっと考えたほうがいいと思います。例えば、建築のあらゆる部位や面からびっしりとピラミッド型の突起が出てきたら、ロマネスクのような装飾的な建築にもできるけれど、応用の仕方が少し古いし、実験の結果をうまく使えていないように感じます。

**福島：**これらを第一歩として、見せるようなプレゼンテーションが必要になるということですね。

**髙橋：**床にだけ突起を並べても、インテリアコーディネーターの作業のようになってしまうのではないでしょうか。そのため、票を入れませんでした。インテリア的というか、建築を認知学的にやるのがそもそも良くないと思う。

**福島：**髙橋さんに反論しよう（笑）。

**鵜川：**反論の仕方がわかりません。

**髙橋：**モニターを集めて認知分析し、そこで感じたことをフィードバックして建築をつくるという方法で建築をつくってしまっていいのだろうか。それをすると、秋葉原や香港の看板街のようになってしまうのではないだろうか。つまり、建築が主導権を握らず、主導権を観察者に完全に委ねてしまうことになるのは良くないのでは。

**鵜川：**正直なところを申しますと、そういったことまで深く考えての計画はしきれていません。

**福島：**伸びしろに期待ですね。髙橋さんも、いろいろ思うからこその意見ですね。

**髙橋：**そうですね。パースなどを見ていると面白いと思います。

**福島：**これはまだ第１歩なので、第２、３歩を30歳ぐらいまでやってみてもいいと思います。

**髙橋：**いや、一生かけて（笑）。

**福島：**それでは一生かけて取り組みましょう（笑）。

## 中村竜治賞・東京工芸大学　佐藤可武人
## 「人は信号に支配されている」 P.34

**福島：**通常、都市では日常生活を目的意識によって機能的に体験してしまいます。何回行っても同じルートを通ってしまいがちだけれど、不思議議なルールを１つだけ決めることで、その都市の異なる面がいくつも見えてきそうな予感があります。非常にリリカルな案だと思っています。一方で、実装するとどうなるのかを、動画でのプレゼンなどでやってほしかった。「これが渋谷なの？」「ここが表参道？ 全然わからない」というように、都市の別の面が見えるといいのだけれど、現状の案だと、何となく「私が知っている町」を見せているだけのようです。君が考えているコンセプトをもっともっと深く伝えてほしい。反論があればどうぞ。

**佐藤：**いえ、全然ないです。

**髙橋：**興味深く見ていました。一次審査時に将来は何になりたいか尋ねると「建築を設計したい」と言っていましたが、このパビリオンではまずいのではないかな。ただ、作品としては結構面白い。俳優さんなどに協力してもらって、30分でももっと短いのでもいいので映画などにしたらいいかもしれない。これを都市的にやるのなら、例えばシカゴでするならグリッドとか、どこかの旧市街でやるとどうかといったように、幾何学の異なるいろいろな都市で試すといいと思う。信号から次の信号に行く距離が全部同じよりも、下町の大田区のように、むしろ信号を探さなくてはいけないようなところもいいかも。都市によって、交差点や道路のつくり方がまったく異なるから、おそらく違う経験を生むと思う。

**佐藤：**３つの都市を選んだのは、信号の多い町という第一印象から東京に決め、その中でも一番多いところからとりあえずプロットしてみようということで渋谷としました。

**髙橋：**だから、その都市の幾何学的性質をもっと強く結び付ければ、もっと面白かった。八重洲と、渋谷の団地でもしているじゃないですか。おそらく、信号機の見え方自体が違うと思います。それをもっと意識しても良かったかな。

**福島：**異なる３つの都市の性格の違いで何か見えてくるという考察はほしかったね。それこそ動画で古典映画のような感じにすれば、真似して同じルートを通ると思う。

## 髙橋一平賞・関東学院大学　永山千夏
## 「萌え沈む都市」 P.38

**福島：**日本は長い間人が住んでいますが、災害が起きていない場所はほとんどないようです。古い集落を調べに行くと、地域の災害に対して科学の力で無理やり押さえ込むのではなく、むしろ、共存のような方法を取っている所が多い。現代の都市にもその考え方を応用しようというのは、とても共感するコンセプトです。江戸時代は東京の東側はほとんど海でした。利根川を江戸幕府が強制的に曲げて、土を運んで東京の東側と千葉・茨城の奥側を全部埋め立てたことから、東京の３分の１くらいはこの案を採用すべき場所と言えるかもしれません。テーマは良いと思います。建築的な内容の地下50mに公民館をつくるなどの話はちょっと置いておいて（笑）、「萌え沈む都市」の萌え要素を教えてもらえませんか？

**永山：**「萌える」には植物が生えるという意味もあります。コンクリートで固められて無理やり埋められている歴史を受け止め、それらを解放する。その地面から生えてくる植栽や生態系などを「萌える」と表し、「沈む」は地盤沈下を指します。

**福島：**なるほど。強制的に人工物にするのではなく、自然と人工の両方があり、自然も復活するということですね。それを「萌え」と呼んでいる。

**中村：**地面を液体のように捉えているところが面白いと思いました。垂直に長い巨大な物体が土の浮力と釣り合っている様子は、地球の重力と遠心力の間で釣り合う宇宙エレベーターを連想させます。

**髙橋：**僕が面白いと思うのは、震災で液状化した後の建物の建築空間を考えて使っていくことですね。要するに、機能的に建てられていた団地を液状化が破壊し、それを折り返して建築にしていくことが面白いと思いました。ただ、災害後のものをそのまま社会には出せないので、耐震補強するなど、もっと安全に使えるようリノベーションのようなことをしなくてはいけないだろうと思います。ただ一方で、このタワーは要るのだろうか。つまり、これはタワーの案なのか、団地の改修なのか。どちらかに絞ったほうが、意図が明瞭になったような気がします。液状化という社会問題を解決するためのものなのか、もしくは建築の廃虚性にシンパシーを寄せるものなのか。この２つが混ざり、卒業設計としては非常にわかりづらい。さらに、ポエティックな水彩画で描かれているので、違うもの同士が無理やり調合され、テーマがはっきりしない。そこをもう少し絞れると、もっと強い作品になったのかなと思います。

**永山：**生活スケールで液状化現象を許容するということだけでなく、社会の意識そのものを変えたいというか、新しい環境をつくりたいと思っていました。だから、小さいものはあくまで大きいものの取っ掛かりとして、一つの手掛かりとして使っています。小さいものが大きいものにつながり、大きいものが都市につながるという、少しずつ広がっていくようなイメージで設計しました。

**髙橋：**タワーを建てたい気持ちはわかるし、痕跡として大きな質量が残るからつくった感は理解できます。

## 投票結果をもとにディスカッション

**司会：**毎年、審査委員長にルールを一部決めていただいており、今年は各審査員が持ち点５点を自由に分配して投票できる形式となりました。１作品に１点ずつで５作品を選んでもいいし、１作品に５点を入れてもよいです。

◆◆ 投票１回目 ◆◆

**司会：**中村さん、髙橋さん、冨永さんは３点を入れた作品がそれぞれありますので、少し話を聞きましょうか。まずは、「弔いの聚落」に３点を入れた髙橋さんからコメントをいただきましょう。

**髙橋：**質疑応答時に申し上げた通り、墓に屋根を架けるという単純なアイデアですが、どこの墓に対してもできるので、日本の墓の風景を変えられるかもしれないという可能性に賭けました。墓は簡単に壊されないですし、すごく精神や建築に関わる部分でもあるので、建築の非常にクラシックな流れで新しい風景をつくれるのは面白いのではないかと思いました。今回の出展作品の多くは、自分の気に入った敷地を選んで、敷地に反応して何かをしていて、太田さんの場合も同様のアプローチだったと思うけれど、結果的にどこでもできるようなアイデアを思い付いたような気がします。それはすごく大きな成果ではないかと思います。

**投票１回目**

| | 福島 | 中村 | 髙橋 | 冨永 | 合計 |
|---|---|---|---|---|---|
| 神奈川大学・福與栄多「生き生きとした一齣を繕う」 | | | | | |
| 関東学院大学・内藤伊乃里「はざまの長屋」 | | | | | |
| 関東学院大学・永山千夏「萌え沈む都市」 | 1 | | | | 1 |
| 慶應義塾大学 SFC・圓谷武大「円谷英二特撮倉庫」 | | 1 | | 1 | 2 |
| 慶應義塾大学 SFC・岡崎恵大「Auto Junction」 | | | | 1 | 1 |
| 東海大学・太田匠「弔いの聚落」 | | 1 | 3 | | 4 |
| 東京工芸大学・佐藤可武人「人は信号に支配されている」 | | 3 | | | 3 |
| 明治大学・鵜川友里香「色の変化と距離感に関する実験記録」 | 2 | | | | 2 |
| 横浜国立大学・照井甲人「学校、歴史の足下」 | | | | | |
| 横浜国立大学・藤本梨沙「諦めない人生を支える、まちの大給食室」 | 2 | | 2 | 3 | 7 |

**司会**：次は、「人は信号に支配されている」に3点入れられた中村さんにコメントをいただきます。

**中村**：視点のオリジナリティですね。建築にとらわれず、より多様な見方ができるのは、すごくいいなと思いました。

**司会**：続きまして、冨永さんは「諦めない人生を支える、まちの大給食室」に3点を入れていますね。

**冨永**：藤本さんの案は規模が大き過ぎると思ったのですが、もっと小さい規模だと、公の場所なのに決まった人しか行けないようになってしまった実例もあるので、これだけ範囲を広げて大空間で他人同士が他人のままでもいられるし話すこともできるくらいの距離感で建築が公園化するのは、この規模だからこそできるのではないかと思えました。その辺りのせめぎ合いが藤本さんの中でおそらくあったのだろうということと、最終的なランドスケープのような建築のような公園のような、公共だけれどよくわからない、解釈ができないような場所をみんなの場所として捉えているのが素晴らしいと思って3点をつい入れてしまいました。

**司会**：福島さんは2点を入れた作品が2つですね。

**福島**：今日の審査会の特質上、1位と2位は両方ともJIA全国に進める。けれど、2位と3位の違いはあるということで、僕は2点を2作品に1点を1作品に投票しました。作品それぞれに見どころがあるし、3点を入れている人たちは審査員としての覚悟も伺えて大変面白い。3点を入れた審査員がその作品をこれからどのように推していくかを、審査委員長としては楽しみにしています（笑）。票の分析をすると、最多得点の「諦めない人生を支える、まちの大給食室」は7点で、2番目の4点入っている「弔いの聚落」とは3点の差がついています。かつ、3作品「諦めない人生を支える、まちの大給食室」「弔いの聚落」「円谷英二特撮倉庫」には審査員が複数名で票を入れています。また、2番目以降は4、3、2という得票となっているのに、1点の作品は1票かつ1人の審査員なので二次審査には除外させていただき、銀賞と銅賞の議論をそれ以外の4作品で行うのでいかがでしょうか。特に4点と3点の作品には1人で3点入れている審査員がいるので、推し具合とか愛が問われる形になってくると思います。

**司会**：なるほど。それでは、4作品の議論を進めるとして、先ほど髙橋さんには「弔いの聚落」への応援演説をいただいたので、中村さんからも「弔いの聚落」へのご意見はいかがでしょうか？

**中村**：これも発想のオリジナリティが非常に高いような気がします。ドイツのハレに行った際に墓地があり、そこへ入ってみるとすごくいい場所でした。日本と違って周りに壁が回してあり、入り口が1個しかないため、中に入るという感じが強いのですが、壁沿いに奥行きの浅い部屋が並んでおり、そこにいくつか機能が入っていたり休めそうな場所があったりしました。中央が広大で屋根のない場所が広がっていて、そこに墓石がたくさん建っていました。日本と若干形式は違ったけれど、すごく気持ちのいい場所だったんですね。ですので、太田さんの案からも、そういう感覚がもしかしたら得られるかもしれないし、行きたくなる場所になる可能性はあると思います。

**司会**：次は「人は信号に支配されている」の応援コメントとしましょうか。3点の「人は信号に支配されている」は、中村さんの投票のみとなりますが、一次審査時に髙橋さんと冨永さんが投票されていましたので、冨永さんはいかがでしょうか？

**冨永**：すごく面白い発想を持っていると思っています。信号待ちの時間は基本的に意識しないけれど、確かに存在している。それを何秒というスケール感で捉え直した時に、どのような場が交差点上につくられるか、交差点の価値として新しい提案につなげていけそうで、リサーチまで非常に面白いと思います。ただ、そこから次の提案としてもう一歩先があれば、何点でも入れたいという気持ちです。人が何秒いるとか、もしくはベビーカーや車いすなどといったいろいろな関わりを、自転車や交差点で待っているのは歩行者だけではないので、「からまりしろ」のようなものを提案してほしいという意味で二次では票を入れませんでした。

**中村：**あと一歩というところは確かにあり、それはこれからやっていけばよいと思うのですが、最初の一歩の視点を持っている人があまりいないという意味では、かなり稀な才能かなと思いました。

**司会：**「円谷英二特撮倉庫」は、中村さんと冨永さんの1点ずつが入っており、一次の時には福島さんも投票していましたね。福島さんはいかがでしょうか？

**福島：**力作だと思います。自身のおじいさんの倉庫をつくるという話から、ある種の近代の時代性や地方都市の活性化のようなところにまで視点を広げていくのは大変評価が高いし、もう1点もらえるなら彼の作品に入れていたと思います。一方で、現状のプレゼンテーションでは倉庫に見えてしまう。圓谷くんがそれを目指していないのは十分に伝わったのですが、文学部のプレゼンテーションではないので、僕らは言葉ではなくものと図面で判断します。そのため、僕は票を二次では入れていません。ただ、1点ずつとはいえ審査員2人から点が入っているのは価値があると思います。

**司会：**2点が入った最後の1作品、「色の変化と距離感に関する実験記録」についても福島さんからお願いします。

**福島：**さまざまな審査員をしてきた経験上、異なる方向性の2人を全国大会に送り込んだほうが、いろいろな審査員に対応可能であると考えています。1人は発想力から模型、図面、プレゼンテーションまでしっかりと筋が通っている「諦めない人生を支える、まちの大給食室」の藤本さんとするならば、もう1人はその対偶にあり、建築空間をほぼ何もデザインしてないのに、「色」という人間の生活の中の大きな要素を占めているものと建築空間を考えた「色の変化と距離感に関する実験記録」の鵜川さん。先ほど意味論のような話をしましたが、印象論になるという指摘もあるけれど、実際の距離感という具体的な数字と色の関係をどうにかしようとしたチャレンジをどう評価するか。最初に落選するか、もしくは意外に良いところまで進むかもしれない。それで、銀賞候補として鵜川さんを推したいと思って2点を入れました。

## 審査員一押し作品の最終プレゼン

**司会：**審査員方からのご要望により、圓谷くんと太田さんと佐藤さんと鵜川さんの4名には、最後に1分ずつプレゼンをしていただきます。先ほど言えなかったことや大事なことだけをもう一度言うなどしてください。それでは最終アピールをお願いします。

**圓谷：**講評をお聞きして、ごもっともだと思いました。本審査会で学ぶことがすごく多く、図面がいろいろ至らない点があったなかで僕が唯一言えることとしては、自分たちが生きている世界をどのように見ているかを、この世界に投げ掛けたいと思って今回の設計を始めました。海だったり空だったり陸だったりにいる生物が自分たちにとってどう見えるかをそれぞれ体験する空間があると、この世界を記述するうえで、すごく意味が深くなるのではないかということを強く伝えたいと思ってこのプロジェクトを始めました。それだけはしっかり伝えたいです。

**太田：**この設計を進めていくなかで、いろいろな方よりご意見をいただきました。今日も中村さんから「墓って意外と気持ち良かったんだ」という話や髙橋さんより「俺だったらこうする」という問題点を聞けましたが、この作品が「墓地も変えていいじゃん」といろいろな人に考えてもらう第一歩となる提案だと思っているので、それを伝えられればいいなと思っています。

**佐藤：**リサーチまでで、最後の体感部分を直せなかったのは良くなかったと自分でも思っていますが、自分が最後に言いたいのは、自分の設計で笑ってもらえればそれでいいのかなと思っています。

**鵜川：**一見、私の設計は建築の設計ではないと捉えられてし

まうし、自分自身でもそこがすごく不安でしたが、学内で評価してもらい、学外でのコンクールでも「色と建築」という自分の考えから、これほどたくさんの方に議論をしていただけて、自分が気付いていなかった新しい可能性も見せてもらえたと思うので、もっとたくさんの方と議論したいと思っています。

**福島**：もっとボロボロになるかと思いましたが、しっかりとみんな話せて優秀ですね。金賞は決定しているので、銀・銅賞の決定のためにもう2点を入れましょう。

**高橋**：現状の得点に足すので、逆転があり得ますね。

◆◆ 投票2回目 ◆◆

**司会**：6点の「弔いの聚落」の太田さんが銀賞、5点の「円谷英二特撮倉庫」の圓谷さんが銅賞。そして、1回目の投票で7点を得た「諦めない人生を支える、まちの大給食室」の藤本さんが金賞です。おめでとうございます。審査員の方々には、10選以外の作品でも構いませんので審査員賞を選んでいただきます。金賞、銀賞、銅賞の3名には喜びのコメントをお願いします。

**圓谷**：今日はみなさんお集まりいただき、ありがとうございました。審査員の方々もすごく白熱した議論を見せていただき、ありがとうございました。自分の作品に何を感じたかをこのような場で聞けるのは、僕にとって非常に学びの機会となりましたし、これからブラッシュアップしてもっと良い作品をつくりたいというのが今の楽しみです。これからまた頑張っていくので、次回またよろしくお願いします。

**太田**：本日はありがとうございました。この作品を通して意見が割れるのがすごく新鮮で、褒めてくださる方と二極化しましたが、自分の卒業設計をまた議論してもらえる次のステージを得られたのが、すごく光栄でした。

**藤本**：このような素敵な機会を設けていただき、ありがとうございました。正直すごく驚いています。出展者みなさんの作品があまりにもすごくて、搬入日もどうしようと思っていたので、とてもうれしいです。展示の仕方なども、みなさんからたくさん学ばせていただきましたので、JIA全国では恥ずかしいことにならないよう頑張りたいと思います。あとは、いろいろな人と議論したり、他校の人と話したりということが今までできなかったので、たくさんの人と交流できてうれしかったです。

**投票2回目**

| | 福島 | | 中村 | | 髙橋 | | 冨永 | | 合計 |
|---|---|---|---|---|---|---|---|---|---|
| | 1回目 | 2回目 | 1回目 | 2回目 | 1回目 | 2回目 | 1回目 | 2回目 | |
| 慶應義塾大学 SFC・圓谷武大「円谷英二特撮倉庫」 | | 1 | 1 | | | 1 | 1 | 1 | 5 |
| 東海大学・太田匠「弔いの聚落」 | | | 1 | 1 | 3 | 1 | | | 6 |
| 東京工芸大学・佐藤可武人「人は信号に支配されている」 | | | 3 | 1 | | | | | 4 |
| 明治大学・鵜川友里香「色の変化と距離感に関する実験記録」 | 2 | 1 | | | | | | 1 | 4 |

# 審査員の総評

**福島賞**：明治大学・鵜川友里香「色の変化と距離感に関する実験記録」
**中村賞**：東京工芸大学・佐藤可武人「人は信号に支配されている」
**髙橋賞**：関東学院大学・永山千夏「萌え沈む都市」
**冨永賞**：明治大学・渡会裕己「破壊せず、密接し、喰らう」

**冨永**：神奈川県の大学の猛者たちが一つの会場に集まり、各々のやってきたことをお互いに見ていろいろな意見交換もできたかなと思います。みんなの世代はおそらく2年生頃からコロナ禍で大学にあまり行けなくなったと思いますが、集まった作品がすごく力作ぞろいで、おそらく2〜3年生の間にみっちりエスキスを受けたというよりは、自分の中で考えてきたことを発酵させながら、発酵させた結果を集大成として卒業設計に込めているのかなと思いつつ、審査を楽しませてもらいました。またどこかでお会いできるといいなと思います。

**中村**：講評会は結構久しぶりで、自分は審査員としてというか、審査をするなかですごく刺激になり、勉強になりました。審査員の中でもこれだけ意見が違うので、今回10選を通らなかった人も十分面白いことを考えていると思うので自信を持って、努力を一つひとつ積み上げてもらえれば、きっと成果が出るのではないかと思います。

**髙橋**：髙橋賞を少し補足します。かなり推していた作品のうちの1つです。特に永山さんの卒業設計はパワーがすごかったですね。パワーという意味ではおそらく一、二を争うものだったのではないかな、水彩のドローイングも非常に迫力がありました。一方で、タワーをたくさん建てているのが昭和的で、今の時代に若干遅れているような感じもしますが、強い精神力というかパワーみなぎる作品ではあるので、そういうものは大事にしていかないといけない。JIAのコンクールですから、やはり「建築を信じる作品」を推していかないと、建築家という存在が自滅するかもしれないという危機感も抱いています。そういう意味では、全体的にしっかり建築の提案をしている作品は少なかったのではないでしょうか。むしろ、デベロッパーや不動産屋の目線など、企画やアイデアといった思い付きでつくられた作品が多く、感受性だけを競っているような感じがしました。4年間大学に通っても一級建築士がまだ取れないというように、建築はもっと専門的であり、もう少し歴史を理解したうえで建築の提案をしないと、と自分でも身の引き締まる部分がありました。

**福島**：JIA神奈川の卒業設計のコンクールとして、いろいろな提案があることを感じました。言葉にすると「多様化」と簡単になりますが、その多様化の中身が具体的に問われていて、審査する側も一様な価値基準で審査できないので、どうしても票が割れます。それは日本全体の傾向としてあり、卒業設計自体の立ち位置もそうなのだと思います。JIAの全国大会に進む2名は絶対勝つつもりで行ってくださいね。「建築は戦いだ」と言うと、いささか下品に聞こえるかもしれませんが、戦いに臨むことで自分が鍛えられることもあります。だから、残った人は勝つつもりで、負けた場合はなぜ負けたのかをしっかり分析して次に生かさないと、ずっと負けることになってしまいます。一方で、その多様さゆえに全国大会はあまり必要ないのではという複雑な気持ちにもなっています。審査員同士も面白い意見のぶつかり合い、プロレスができたかなと思っています。審査員はつらいものがあり、例えば、今日一緒に審査をした髙橋さんと中村さんは昨年度のJIA新人賞を取られていますが、僕はその審査員だったんです。全国から来た100点くらいの応募作品を審査して、3人を通す。そのなかの2人がいたので、通過した人で良かった。落選させた人と一緒にやるのは怖いです（笑）。ただ、これは審査員の宿命でもあります。今日落選した人は「審査員の見る目がないんだ」「投票しなかった審査員を必ず振り向かせてやる」と思ってください。それは10年後、20年後でも結構です。そう思って是非これからも設計を続けてください。

第33回 JIA神奈川建築Week
かながわ建築祭2022
学生卒業設計コンクール

# 受賞作品

# Prize-winning Works

# 諦めない人生を支える、まちの大給食室

## 理想社会の原型となる大拠点の提案

藤本 梨沙 Risa Fujimoto

横浜国立大学 都市科学部 建築学科

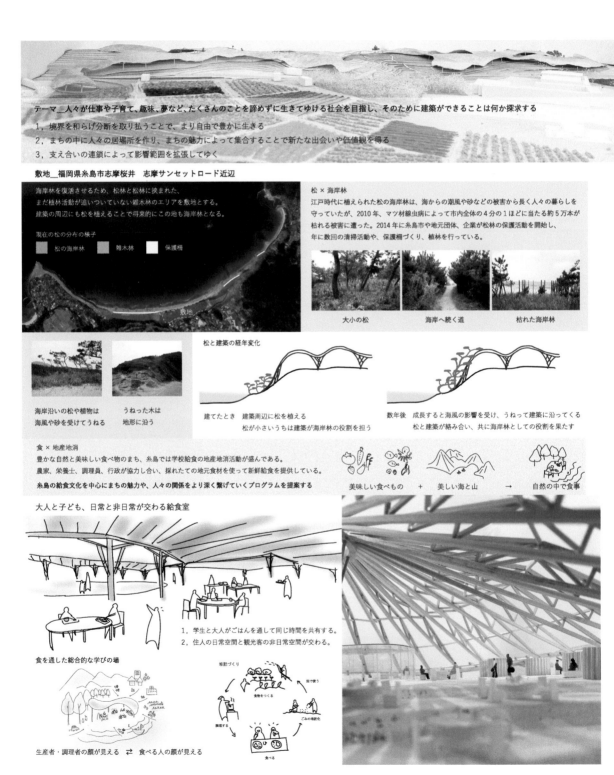

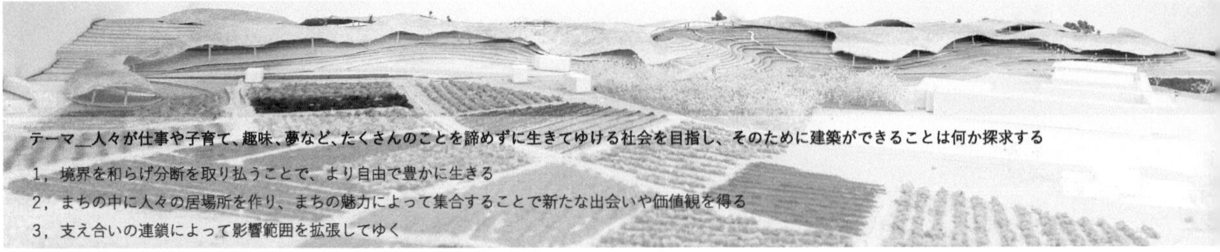

テーマ＿人々が仕事や子育て、趣味、夢など、たくさんのことを諦めずに生きてゆける社会を目指し、そのために建築ができることは何か探求する

1，境界を和らげ分断を取り払うことで、より自由で豊かに生きる

2，まちの中に人々の居場所を作り、まちの魅力によって集合することで新たな出会いや価値観を得る

3，支え合いの連鎖によって影響範囲を拡張してゆく

敷地＿福岡県糸島市志摩桜井　志摩サンセットロード近辺

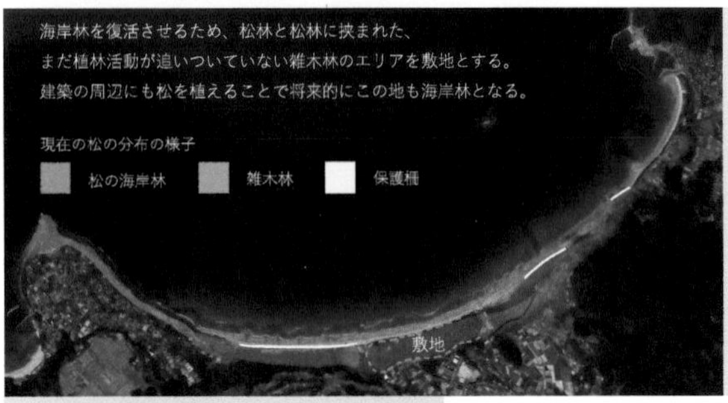

海岸林を復活させるため、松林と松林に挟まれた、
まだ植林活動が追いついていない雑木林のエリアを敷地とする。
建築の周辺にも松を植えることで将来的にこの地も海岸林となる。

現在の松の分布の様子

松の海岸林　雑木林　保護柵

敷地

松 × 海岸林

江戸時代に植えられた松の海岸林は、海からの潮風や砂などの被害から長く人々の暮らしを守っていたが、2010 年、マツ材線虫病によって市内全体の 4 分の 1 ほどに当たる約 5 万本が枯れる被害に遭った。2014 年に糸島市や地元団体、企業が松林の保護活動を開始し、年に数回の清掃活動や、保護柵づくり、植林を行っている。

大小の松　海岸へ続く道　枯れた海岸林

海岸沿いの松や植物は
海風や砂を受けてうねる

うねった木は
地形に沿う

松と建築の経年変化

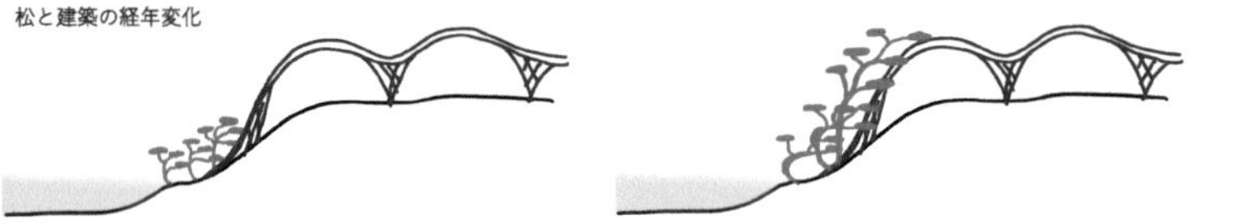

建てたとき　建築周辺に松を植える
松が小さいうちは建築が海岸林の役割を担う

数年後　成長すると海風の影響を受け、うねって建築に沿ってくる
松と建築が絡み合い、共に海岸林としての役割を果たす

食 × 地産地消

豊かな自然と美味しい食べ物のまち、糸島では学校給食の地産地消活動が盛んである。
農家、栄養士、調理員、行政が協力し合い、採れたての地元食材を使って新鮮給食を提供している。

**糸島の給食文化を中心にまちの魅力や、人々の関係をより深く繋げていくプログラムを提案する**

美味しい食べもの　＋　美しい海と山　→　自然の中で食事

大人と子ども、日常と非日常が交わる給食室

1，学生と大人がごはんを通して同じ時間を共有する。

2，住人の日常空間と観光客の非日常空間が交わる。

食を通した総合的な学びの場

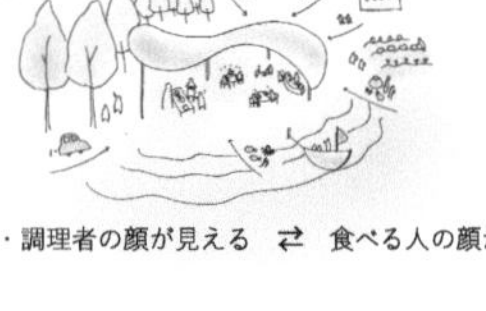

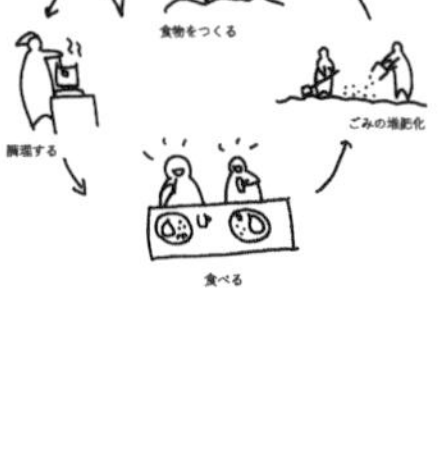

生産者・調理者の顔が見える ⇄ 食べる人の顔が見える

堆肥づくり

食物をつくる

畑で使う

ごみの堆肥化

食べる

調理する

**設計趣旨** 人々が仕事や子育て趣味、夢など、たくさんのことを諦めずに生きてゆける社会をつくるうえで、建築ができることは何か、探求する。人生を支える公共には、皆が共感、共有できる魅力と、社会と呼ぶにふさわしい大空間が必要である。大屋根はその大きさ故に人々の行為に寛容であり、しかし独占されないため保つべき秩序を保ちつつ、組織や機能の境界を和らげることができる。人々は本来ならば得られなかったであろう新たな出会いや経験を経て、より自由な選択、より自由な人生の在り方を獲得してゆく。この建築によって支えられた人々が次は別の人の支えとなり、支えの連鎖が広がってゆくことで、誰もが諦めなくてよい、そんな社会を実現するための建築である。

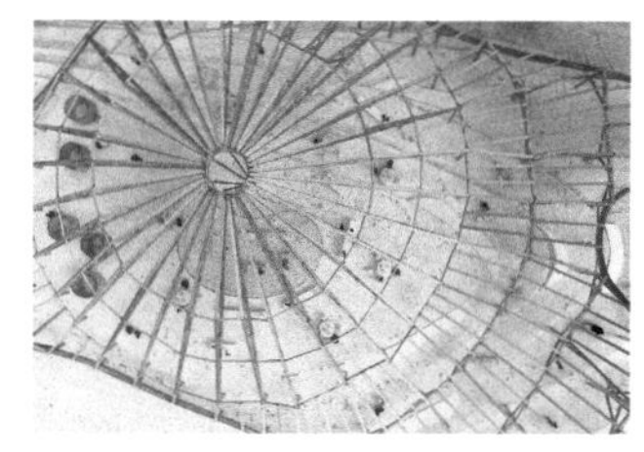

みんなの屋根下空間

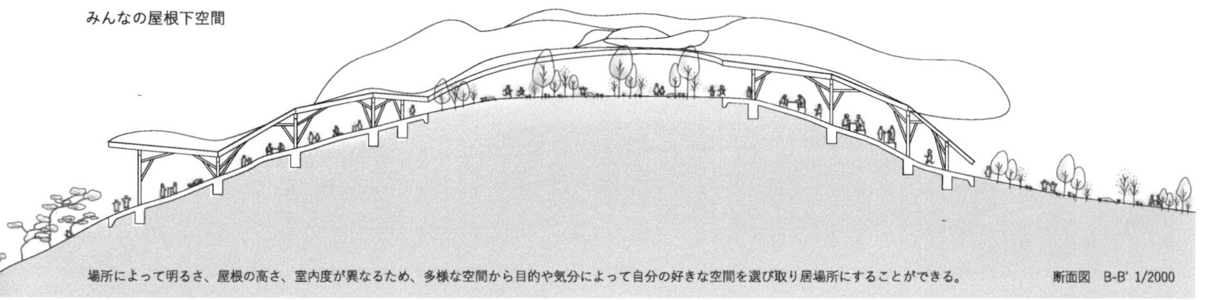

場所によって明るさ、屋根の高さ、室内度が異なるため、多様な空間から目的や気分によって自分の好きな空間を選び取り居場所にすることができる。 断面図 B-B' 1/2000

## 構造__木造大空間

基本的に木造で、外側の曲線の桁は鉄骨を用いる。ドームとHPシェルを用いて曲線的な大屋根を直線材で構成する。

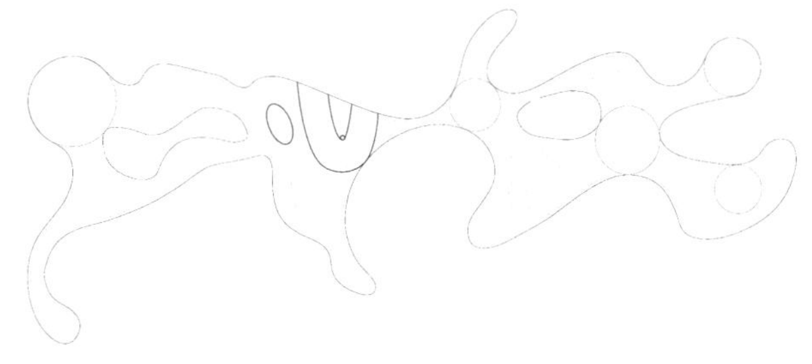

屋根伏図 1/10000

ドームとHPシェルの接続部はドームを構成する梁に平行に次の梁を伸ばし、そこから徐々にHPシェルの構造へ移行するように組む。
このように接続することで屋根が滑らかに繋がり、1つの大屋根と感じられる。

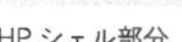

HPシェル部分

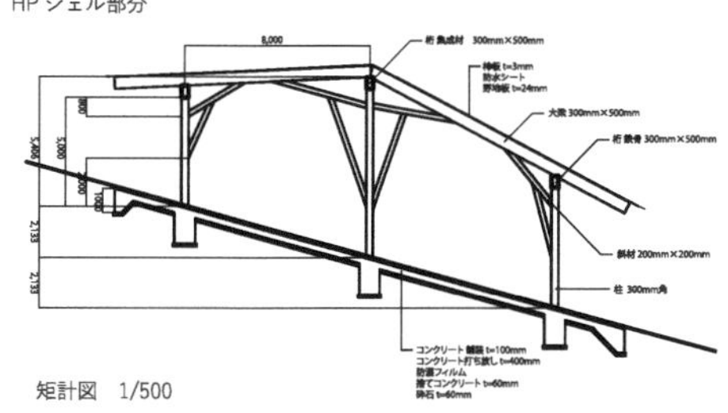

矩計図 1/500

この構造ユニットは独立して構造が成り立つため、自由な平面に合わせることが可能である。
柱が内部空間を緩やかに仕切るため、壁がない大空間でありながら人々は活動に適した空間を選んで使うことができる。

ドーム部分

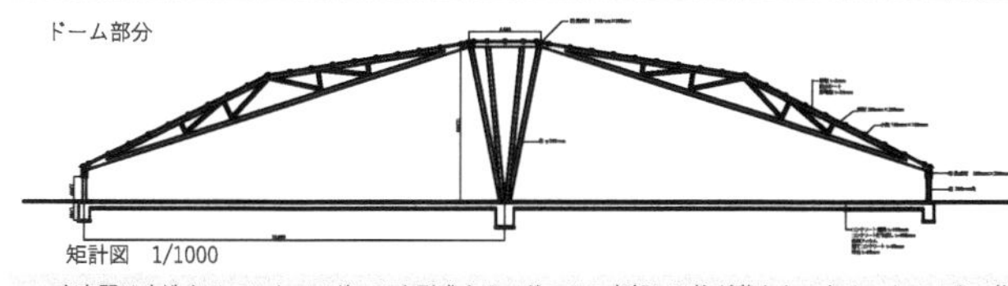

矩計図 1/1000

大空間は木造トラスによってドームを形成する。ドームの内部には柱が落ちないため、ホールや、体育館、給食室など、大空間を必要とする場所にドームを用いた。

仕上げ
大梁の上に野地板を重ね、柿葺きで仕上げる。柿には松とアクリルを用いる。
松はセンチュウによって枯れてしまったものを加工して用いる。
松とアクリルの比率によって採光を調整している。

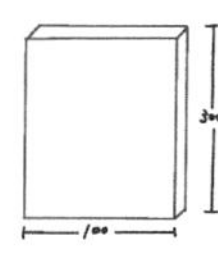

## プログラム__暮らしを支える機能と、出会いを生む平面、地形を楽しむ断面

街の中には、誰もが自由に使ってよい家でも学校でも職場でもない場所が必要である。
そこで、暮らしを支える、豊かにする機能や、人がたまれる空間を考える。
これらの空間がより多様さと心地よさを持つために、地形を最大限生かしながら設計した。

### くつろぎ図書室

大人も子どもも一緒に本を読んだり、お昼寝したりする
柱が内部空間を緩やかに仕切るため、壁がない大空間でありながら活動に適した空間を選んで使うことができる。

### 海を臨むホール　ー伊都のハレ舞台ー

発表会や結婚式など、みんなで集まる
時間帯によって光の入る方向が変化する

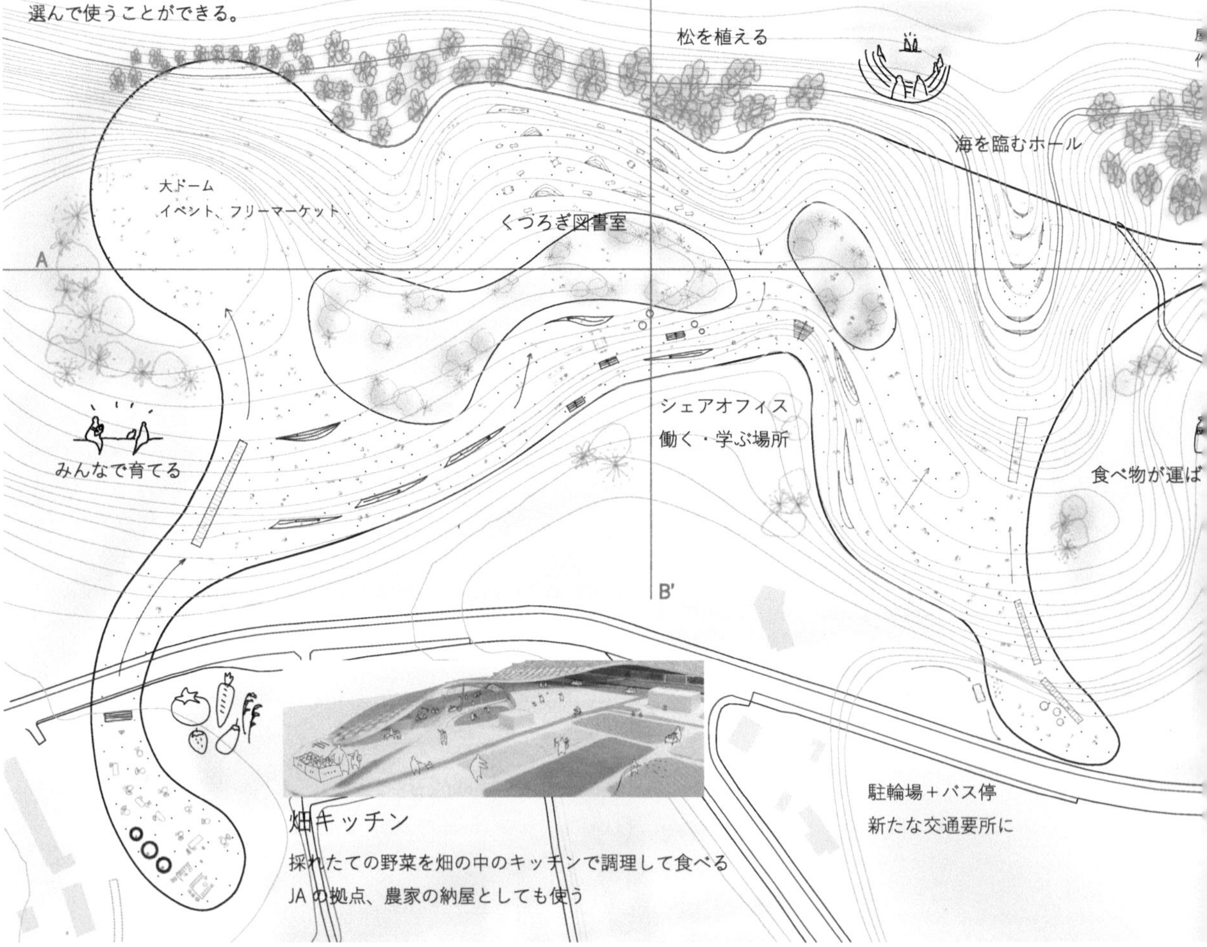

松を植える

海を臨むホール

大ドーム
イベント、フリーマーケット

くつろぎ図書室

A

B

B'

シェアオフィス
働く・学ぶ場所

みんなで育てる

食べ物が運ば

### 畑キッチン

採れたての野菜を畑の中のキッチンで調理して食べる
JAの拠点、農家の納屋としても使う

駐輪場＋バス停
新たな交通要所に

**Q.** 巡回審査のプレゼンで工夫した点は？

**A.** テーマについて考えたことや現地のリサーチで得られたことが、建築にどのように反映されているか見てわかるよう工夫しました。構造模型と矩計図を一緒に置き、理解しやすいようにしました。

みんなが共感、共有できる魅力+社会と呼ぶにふさわしい大空間=人生を支える公共

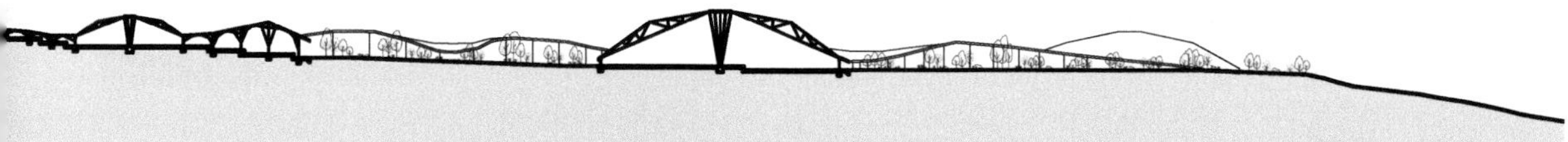

断面図　A-A'

松に囲まれる大浴場

海で遊んだ人、宿泊する人、仕事終わりの人みんなで汗を流す

桟橋

近くの港から海の幸を運ぶ

に使う

足湯

大浴場

マルシェ

給食に使った食材を販売

コア

自然を感じられるランチルーム

A'

んなの給食室

誰でも使えるトイレ

体育館

一緒に食べる

大屋根の下で遊ぶ

泊まる・住む

志摩サンセットロード

ぽみち

みんなの給食室

給食室はなるべく調理の様子が見えるように設計し衛生面などで覆う必要のある機能はコアにまとめる

コアを囲むようにテーブルを配置しランチルームとする

校

0 5 10　50　100　平面図

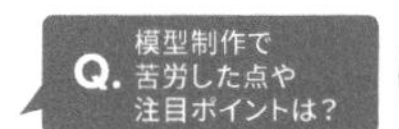


A. 構造をしっかり伝えるためトラスや方杖までつくりこんだところです。内部空間の使われ方が見えるよう添景も場面場面のストーリーを考えながら入れました。こけら葺きの屋根など、仕上げの素材にもこだわりました。

# 弔いの聚落

## 空間化された墓の群れで成す、新たな都市のランドスケープ

太田　匠 Takumi Ota
東海大学 工学部 建築学科 野口直人研究室

### #01 問題意識

**墓地が都市空間から消える可能性**

新たな埋葬法が乱立し、葬送空間に対する考えも一新される中で、墓地が今後の都市に残り続ける為に、弔いが生活に回帰することで生まれる豊かさや、都市空間における墓地の価値を提示する。

### #02 調査

墓地の価値　墓地の現実

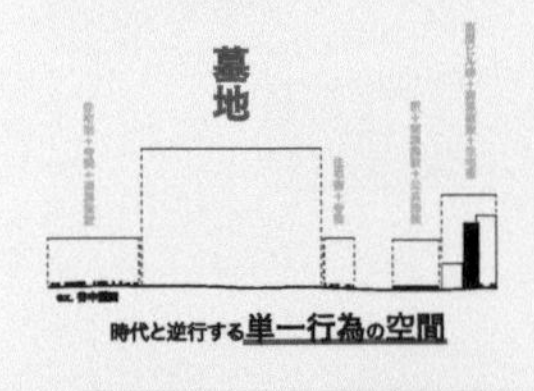


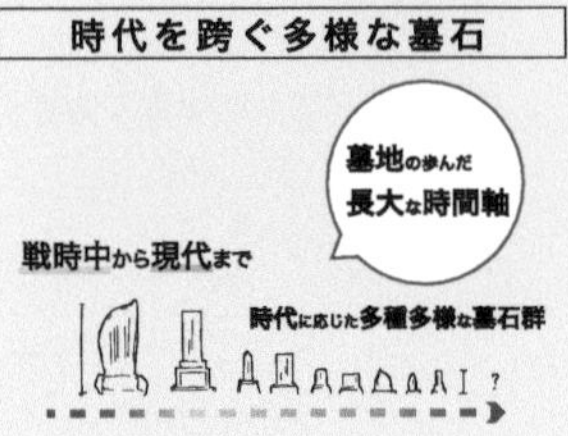


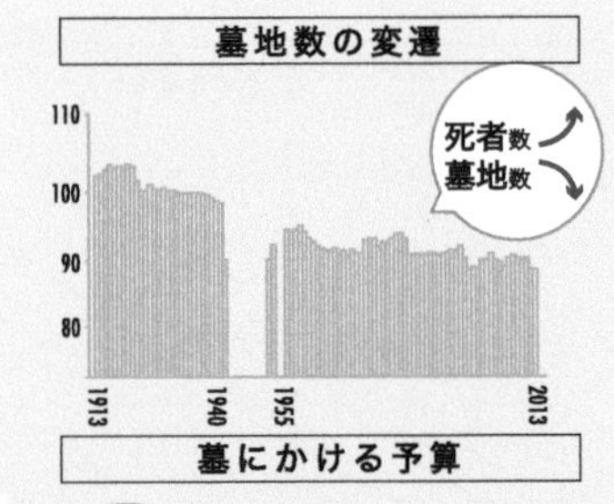

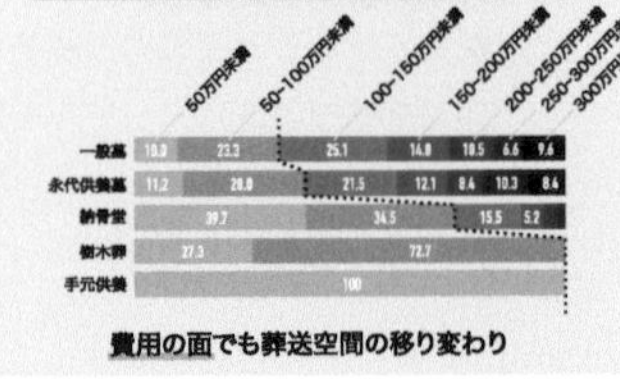

**設計趣旨** 私たちにとって必要不可欠である葬送空間は、日常から覆い隠され切り離された嫌忌施設となり、新しい埋葬法の登場を以て、都市空間における"墓地"は存在意義すら問われている。そこで墓地での過ごし方や、関わり方を多様なものとすることで、新たなランドスケープとして今後の都市においても存在価値を示す。墓地が残してきた極小の家単位の空間を墓石からなる建築を以て、各家の"離れ"のような存在にする。家具と住宅の中間のような建築が何百、何千と群れることで出来る人工物の風景、そのような新しい都市のランドスケープとなりうる墓地の秘められた可能性を示唆すると共に、今後の葬送空間との向き合い方を問うものである。

## #03 提案

**墓から生まれる小さな建築**
墓石に寄り掛かってできる家具のような建築

**墓地で生まれる隣人関係**

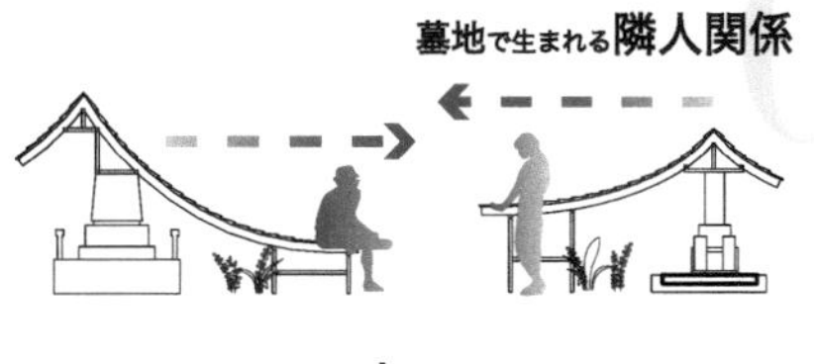

**拡幅される墓地での滞在時間**

t

| |
|---|
| pattern 01 |
| pattern 02 |
| pattern 03 |
| pattern 04 |
| pattern 05 |
| pattern 06 |
| pattern 07 |

…墓参りの行為
…弔い以外の行為
…墓作り（居場所作り）の行為

### 墓の高さ

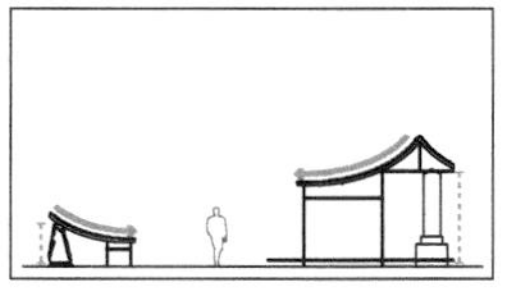

墓石が高ければ空間を作る建築の大黒柱のような役割を担い、墓石が低ければ家具を構成する足のような役割を担う。

### 墓の広さ

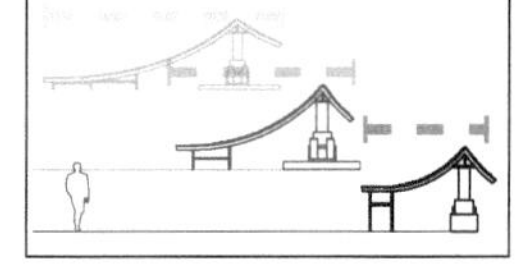

敷地となる基壇の広さや周辺の余白の広さによって建築の侵食する空間が変わり、行為に沿った高さにスラブが伸びる。

### 墓の向き

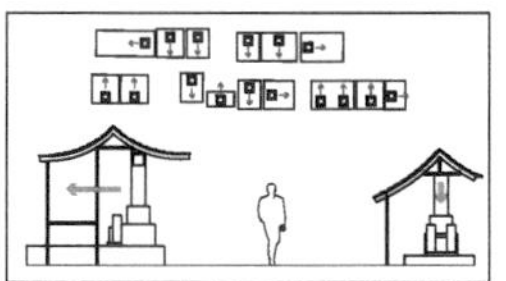

各墓によって向きは異なり、墓地全体で勾配の向きが統一する事で、単体では妻入と平入という方向性が生まれる。

**葬送空間としての墓とランドスケープとしての墓の共存**

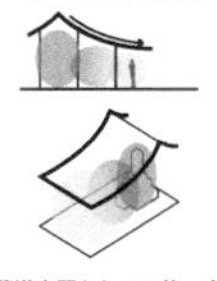

## #04 敷地選定

**歴史**があり**自由度**の高い**公営墓地**

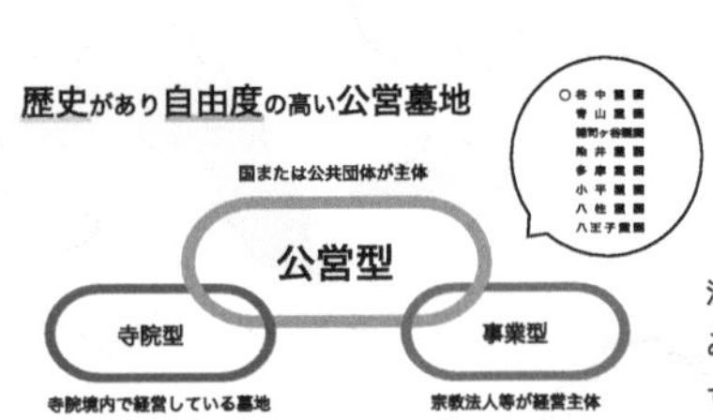


**9**つある都営墓地の中の**谷中霊園**を要する**谷中地区**とは

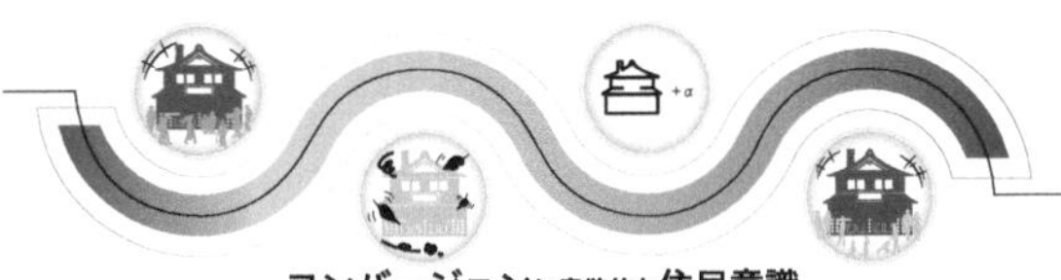

**コンバージョン**に意欲的な**住民意識**

江戸時代から寺町として知られる谷中地区は、その文化や街並みを今も残している街である。街並みの保全に起因しているのが、古民家や雑貨屋を積極的に改装し現代の使われ方にコンバージョンする事で、今もなお世代を超えて人が集っており何を残し何を変えていけるか選択できる街である。

## #05 全体構成

**過ごし方を支えるプログラム**

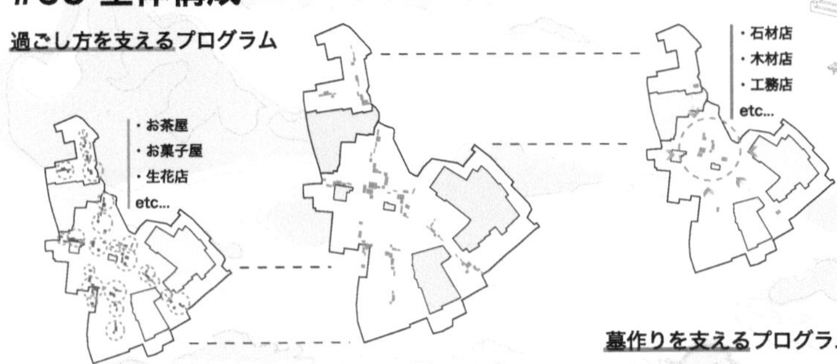


**墓作りを支えるプログラム**

墓地内は大きく二つのプログラムで構成されており、各家からなる墓前の空間と、その墓地の個性を作るテナントスペースである。

谷中霊園においては、テナントスペースに「過ごし方を支えるプログラム」と「墓作りを支えるプログラム」が入る。これらは谷中地区が残してきた、墓地と共に育んだ葬送文化の多くが今度は墓地に回帰する事で、一つの集落のような共同体を作り上げる。

**Q.** 巡回審査のプレゼンで工夫した点は？

**A.** この提案が現代社会においてどのような問題に回答しようとしていて、その結果我々の生活がどのように変化するのかといった全体像のストーリーが伝わるよう努めました。

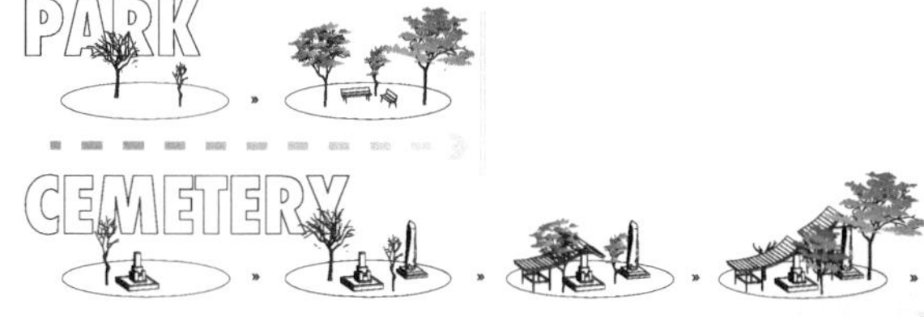


## #06 ランドスケープとしての墓地

墓地から生まれるこのランドスケープは、都市における公共空間である所の公園と同じような立ち位置でありながら、全く異なる空間となる。個人個人がランドスケープを構成する一旦を担い、墓石を軸として建築化されたものが、受け継がれ、譲渡され、持ち主や形態が変化しながらその時代に沿った公共空間となる。

## #07 死生観と呼応した建築

長大な時間軸の中で少しずつ墓石と関わり、墓石は家具の一部になり、空間になり、人の居場所となっていく。

各家の故人との向き合い方が空間化する為、総体としての完成形は無く、墓地の栄枯盛衰に呼応するように建築やランドスケープは変化し続ける。

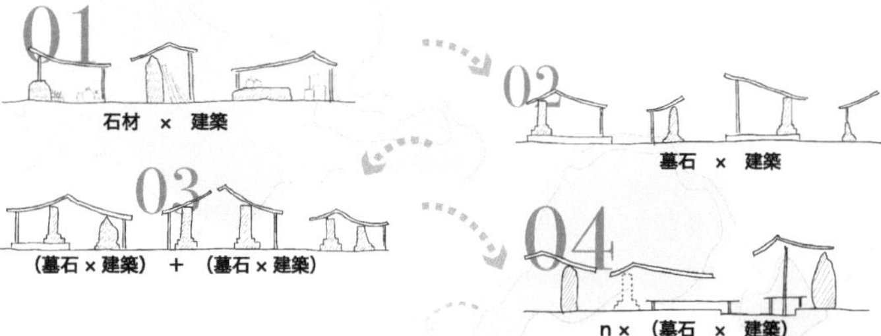

## #07 未来の葬送空間

人に受け入れられ、都市に受け入れられた墓地は我々にとって今までとは異なる価値を与える新たなランドスケープとなる。

**Q. 模型制作で苦労した点や注目ポイントは？**

**A.** 部分模型と全体模型それぞれのスケールの意味合いを考慮した上で、何を具体的につくり込み、何を抽象化するのかといったことに注力しました。

# 円谷英二特撮倉庫

## 特撮を再解釈する建築の提案

圓谷 武大 Takehiro Tsumuraya
慶應義塾大学SFC 環境情報学部 環境情報学科 坂茂研究会

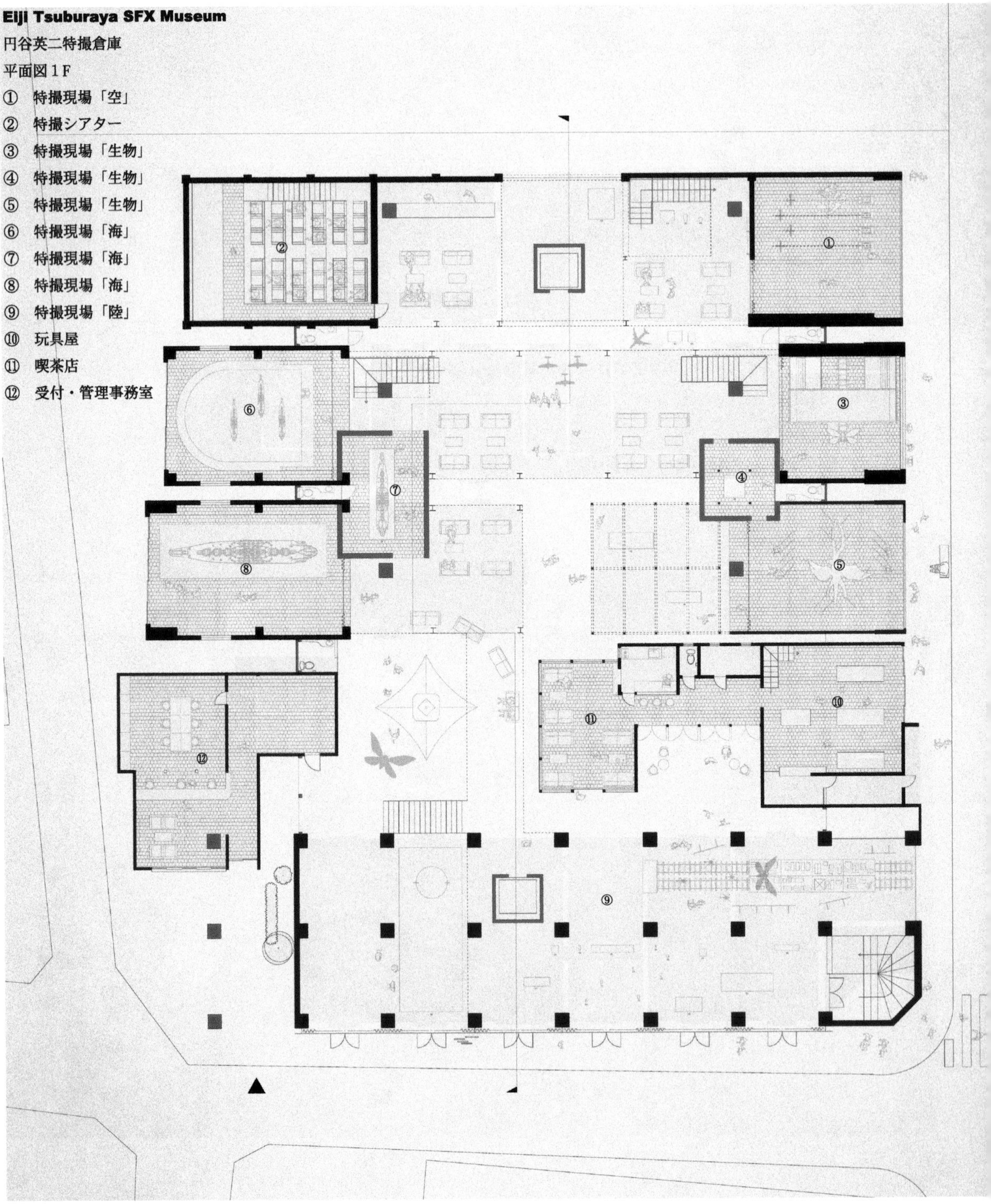

**Eiji Tsuburaya SFX Museum**
円谷英二特撮倉庫
平面図1F
① 特撮現場「空」
② 特撮シアター
③ 特撮現場「生物」
④ 特撮現場「生物」
⑤ 特撮現場「生物」
⑥ 特撮現場「海」
⑦ 特撮現場「海」
⑧ 特撮現場「海」
⑨ 特撮現場「陸」
⑩ 玩具屋
⑪ 喫茶店
⑫ 受付・管理事務室

**設計趣旨** 私の先祖にあたる円谷英二は特撮文化を切り拓いた監督である。これまで、特撮模型の展示や映画鑑賞によってその魅力を伝えてきたが、特撮という行為そのものの価値については語られてこなかったように感じる。本提案では遠方で保存されている特撮模型を聖地の空き建築群へ移転し、実際の特撮を行える倉庫へと改修した。設計にあたって、代表的な特撮現場をそのまま切り取るように空間を確保した。また実在する模型を全て実測し、必要な床面積を算出し、その他減築によって空間ダイナミズムをつくりだした。既存商店通りを歩く人はショーウィンドウを通して各特撮現場を覗く。特撮現場とショーウィンドウの関係が特撮者／鑑賞者という特撮それ自体の構図を物語る。

Q. 巡回審査のプレゼンで工夫した点は？

A. 堂々としながらも常に等身大の発言を心掛けました。その日限りの戦略的なコミュニケーションにならないよう、普段の活動の延長だと思いながらプレゼンを行いました。

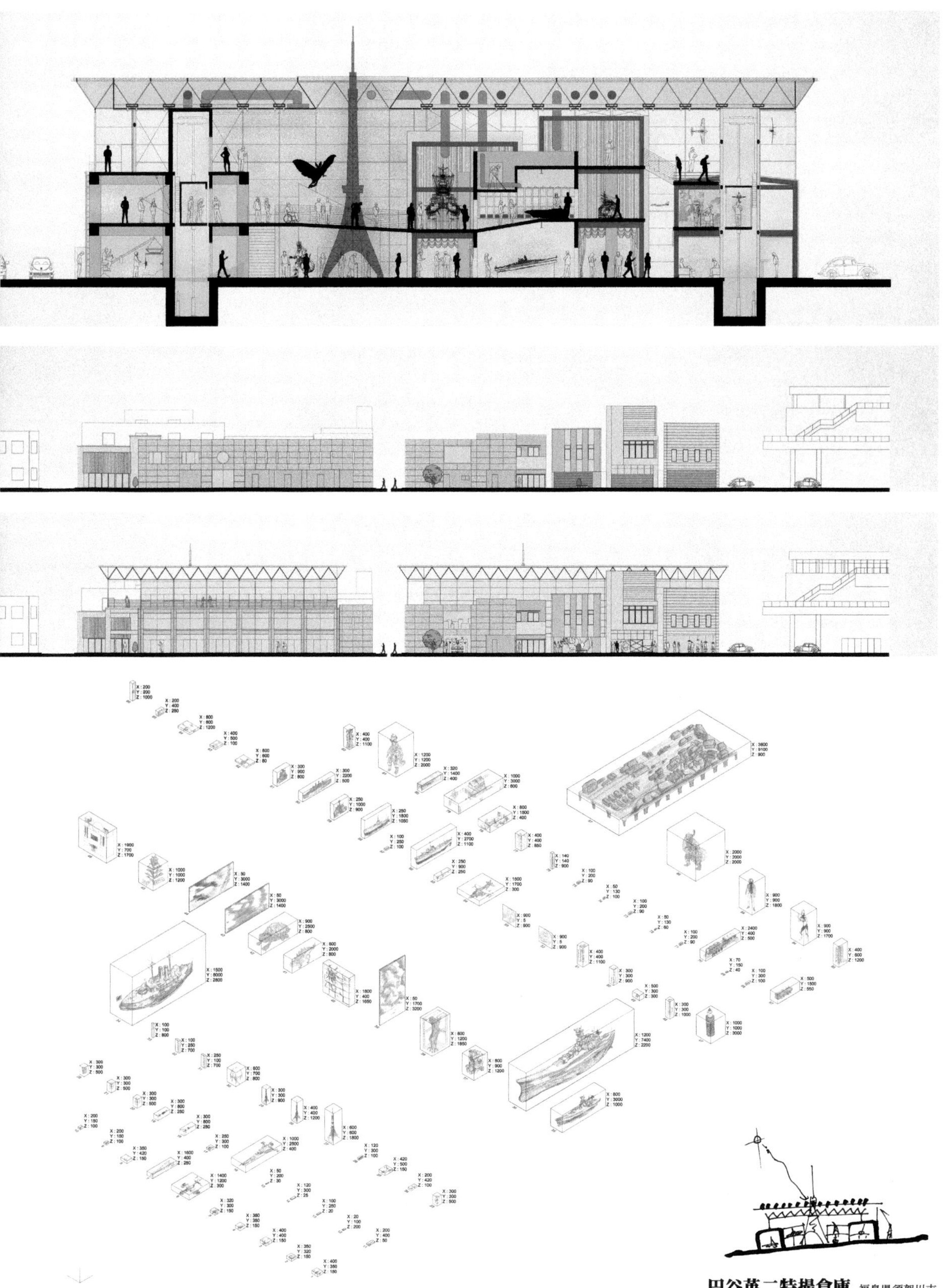


**Q.** 模型制作で苦労した点や注目ポイントは？

**A.** すべてに責任が持てるよう、すべてのものを一人でつくりました。図面と模型はすべて同じ縮尺で制作し、描いた線がそのまま模型へと反映されることの意味を自身に問いました。

# 色の変化と距離感に関する実験記録

鵜川 友里香 Yurika Ukawa
明治大学 理工学部 建築学科 構法計画(門脇耕三)研究室

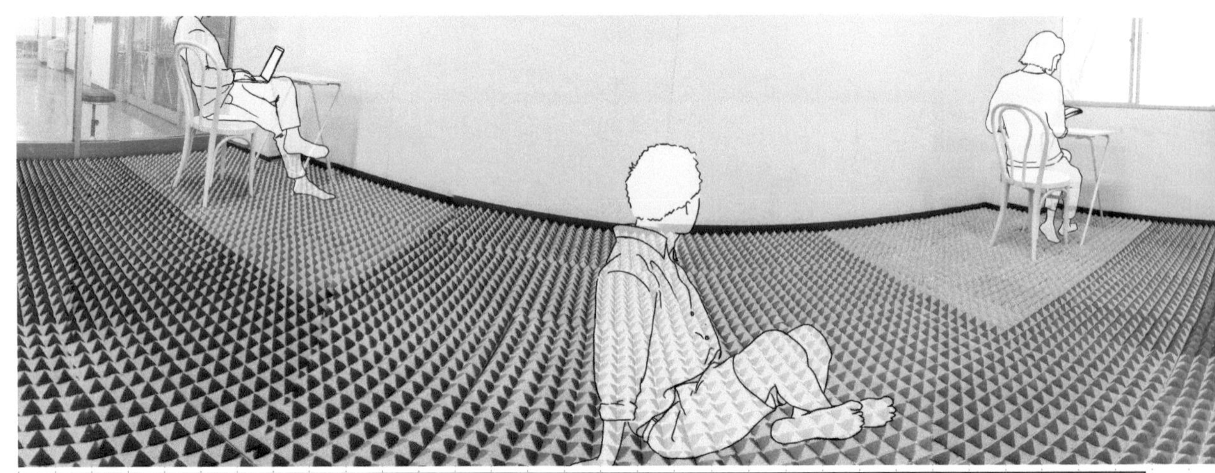

## 0. 色を考える

色が空間に及ぼす影響は大きい。しかし、私たちは色の本当の価値に気づけているだろうか。色は、「見る者」が作り出す現象であり、見るとき、状況、その人によって変化するものである。変化する色は、固有の色が起こす心理的効果にとどまらない可能性を秘めているのではないだろうか。変化する色の現象を作り出し、空間に適用する実験を行う。

## 1. 変化する色に関する実験

現象する色、色の変化を作る方法を考える実験を行う。

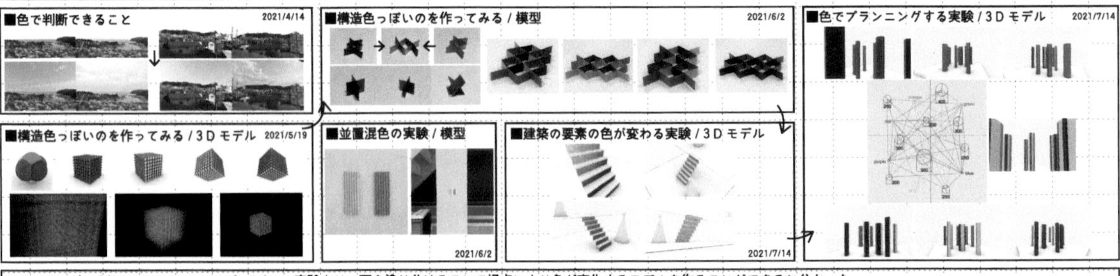


## 2. 四角錐モデルの実験

実験より、面を塗り分けることで視点により色が変化するモデルを作ることができると分かった。
ここでは四角錐の塗り分けについて考える。

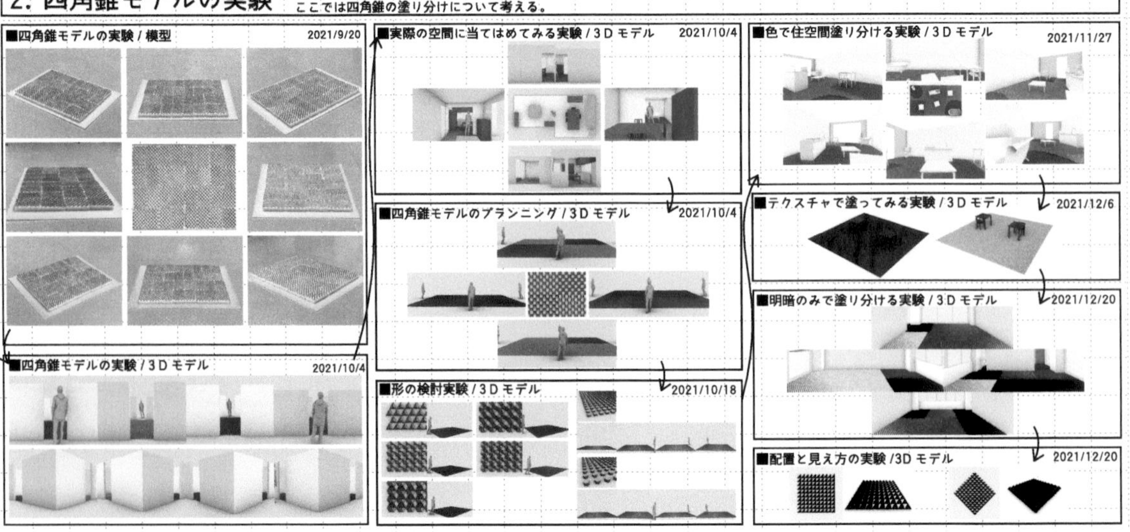

**設計趣旨** 色が空間に及ぼす影響は大きい。しかし、私たちは色の本当の価値に気づけているだろうか。色は「見る者」がつくり出す現象であり、見るとき、状況、その人によって変化するものである。変化する色は、固有の色が起こす心理的効果にとどまらない可能性を秘めているのではないだろうか。色が変化する現象をつくる実験を行い、見る方向によって見え方の変わる床面を作成した。この床面によって複雑な領域性をもつ空間を設計し、人と人との距離感を考える。「自分の見ている自分のいる空間」と、「人が見ている自分のいる空間」が異なる場合、自分と相手の距離感の感じ方は変わってくるはずである。これを実大空間における展示により検証し、さらに断面方向にも展開した。

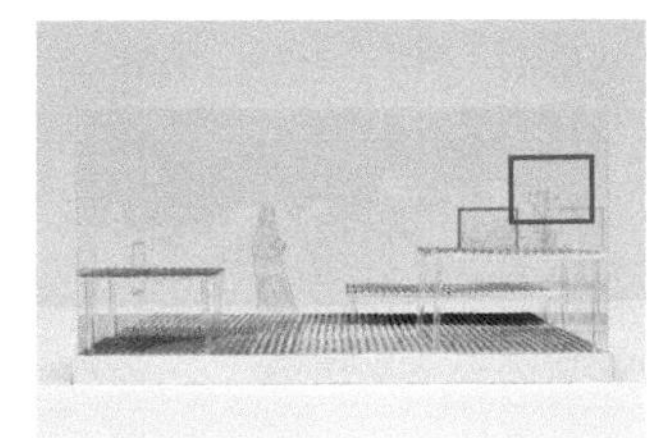

## 3. 実験の考察とその活用

実験によって、規則的に並べた小さな四角錐を色で塗り分けることにより、様々な視点からの異なる見え方や、変化する色を作ることができると分かった。これを建築空間に活用することを考える。

### ■四角錐モデルによる「知覚する空間」

色と四角錐モデルを使って、ひとつの空間の中に、複数の「知覚する空間」を作る。普通、どのような視点で見ても「知覚する空間」は実際の空間と同一だが、四角錐モデルを使うことで床面の色が視点によって様々なパターンを映し、知覚する空間を実際の空間以上に増やすことができる。見ている空間が同じ / 違う場合を様々に作り、視点の違う複数の人同士の多様な距離感を作り出す。

「知覚する空間」
実際の空間
同じ場所にいる
違う場所にいる
近く感じる
遠く感じる

### ■多様な見え方のパターン

これらは、自分側からの見えであり、相手側からの見えと必ずしも一致しない。組み合わせによって、自分側と相手側が同じ距離感を感じられる空間も、異なる距離感を感じられる空間も作ることができる。この基本パターンを組み合わせて、四角錐の4つの面のパターンを決め、それらを統合することで、見る向きによる多様な距離感を作る。

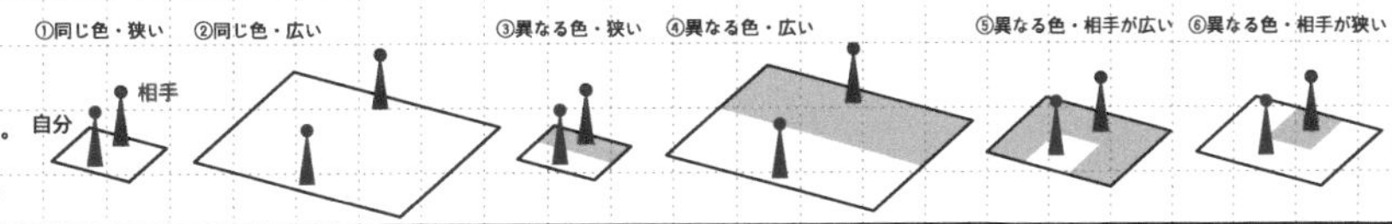


## 4. 検証　実空間での展示

展示を行うことで様々な人に色の変化する空間を体験してもらい距離感を作れるのか検証する。

**■概要：**
実空間における 1/1 スケールの展示を行った。視点によって、また移動によって色が変化する床面を作成し、既存の空間の中に設置し、体験してもらう。実際に体験した結果、他人との距離をどのように感じられたか体験者にアンケートを取り、その結果を分析した。

**■目的：**
1. 実際に色が変化して、様々な見え方が現れることを示す
2. 見え方の違い、色の変化によって距離感の感じ方が変わるかどうかを検証する

**■検証方法：**
場所：明治大学生田キャンパス学生会館 Gallery
日時：1/14、17　10：00 ～ 17：00
規模：30 ㎡
生田キャンパスの学生会館にある Gallery に、色の変化する床面を設置し、展示の来訪者に体験してもらう。
色が変化する床面はピラミッド型の吸音材を用い、四角錐のそれぞれの面に着色し作成した。
展示は二人暮らしの住まいの空間を想定しており、「寝る」「食べる」「仕事する / 勉強する」「リラックスする」の4つの行為それぞれに必要な範囲で塗り分けをした。
塗り分けには赤、黄、緑、青の4色を用いる。これは、心理4原色と呼ばれ、ヘルムホルツの反対色説により唱えられた原色である。
各行為の場所に A ～ E で名前を付け、体験者にその場所にランダムに行って見回してもらい、他の体験者との距離感を体感してもらった。その後アンケート（紙）によりどのように感じられたのか調査した。

ピラミッド型吸音材　色塗りの様子　設営の様子

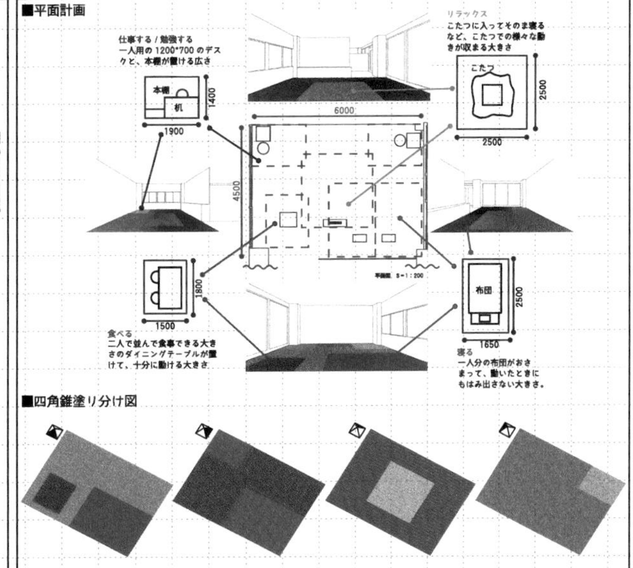

## ■考察

### ・空間の知覚と時間

ひとつの空間に複数の知覚があることを指摘したコメントと、自分が居る場所が分からなくなるというコメントは、実は同じことをさしているのではないかと思う。歩き回っても全体像が把握できず、自分がどこにいるのかを考えさせられる。それが一時的だと分からないままかもしれないが、時間をかけてこの部屋にいることで、また違った体験になると感じた。私自身は展示の期間を含め長い時間をここで過ごしたが、場所の色を覚えたり、特定の場所から見える色、見られる色を覚えたりしていった。その体験は実際に展示に来たもらった人たちとはおそらく違う体験のはずで、自分で好きな居場所を選び取って生活するのが想像できた。

### ・色の塗り分けについて

この部屋を計画したときは「見える色の違い」と「領域の広さ」を考えながら色分けを決めていったが、今回の展示のアンケートから、そこにさらに「色の分かれ方」「色数、領域の配置」が重要だということが考えられる。

「色の分かれ方」
色がはっきりと分かれているのか、違う色だが徐々に変わっているのかで領域感の感じ方が異なる

「色数、領域の配置」
相手の居る領域と自分の居る領域の間にいくつ領域／色があるかどうかで感じる距離感が異なる

**Q.** 巡回審査のプレゼンで工夫した点は？

色が変化する床を実際に見ていただき、身体レベルで体感できるのが自分の案の強みなので、先生方にも一緒に周りを歩いてもらいながら具体的な例を示してプレゼンしました。

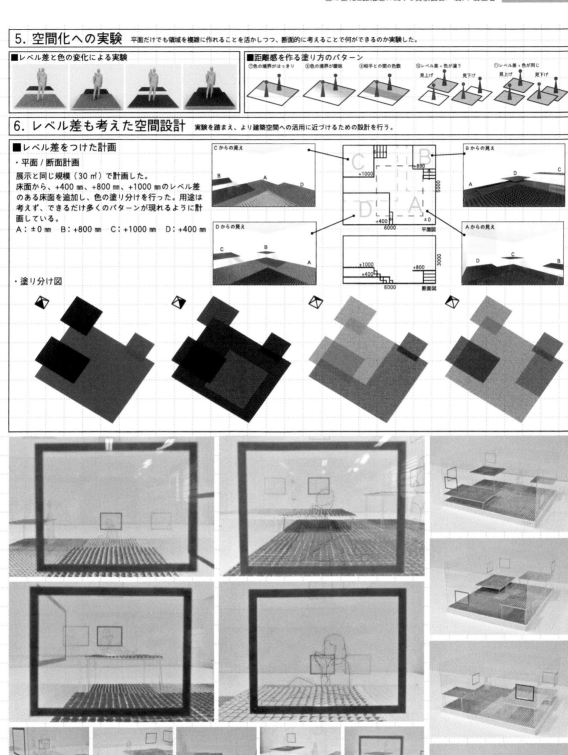

## 5. 空間化への実験

平面だけでも領域を複雑に作れることを活かしつつ、断面的に考えることで何ができるのか実験した。

■レベル差と色の変化による実験

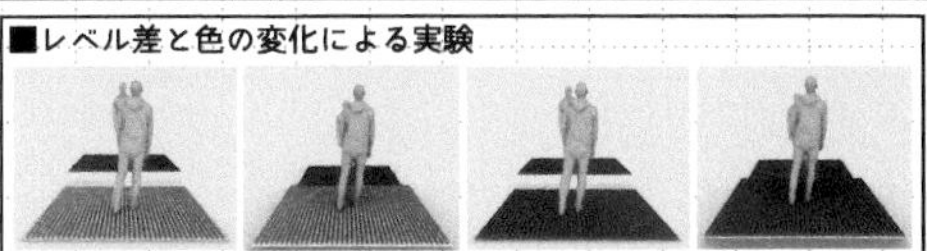

■距離感を作る塗り方のパターン

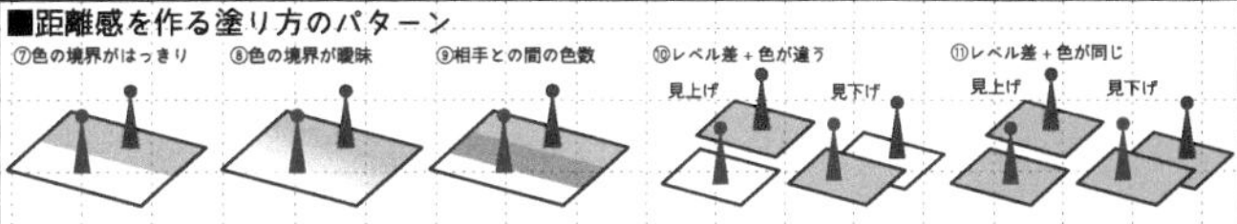


## 6. レベル差も考えた空間設計

実験を踏まえ、より建築空間への活用に近づけるための設計を行う。

■レベル差をつけた計画

・平面／断面計画

展示と同じ規模（30㎡）で計画した。
床面から、+400㎜、+800㎜、+1000㎜のレベル差のある床面を追加し、色の塗り分けを行った。用途は考えず、できるだけ多くのパターンが現れるように計画している。

A：±0㎜　B：+800㎜　C：+1000㎜　D：+400㎜

Cからの見え　Dからの見え　Bからの見え　Aからの見え

平面図　断面図

・塗り分け図

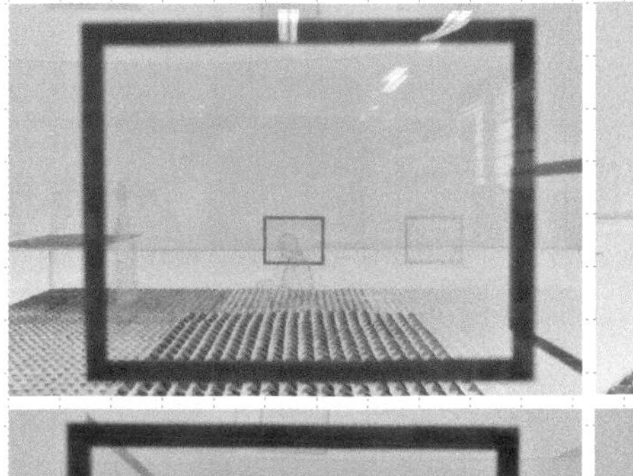

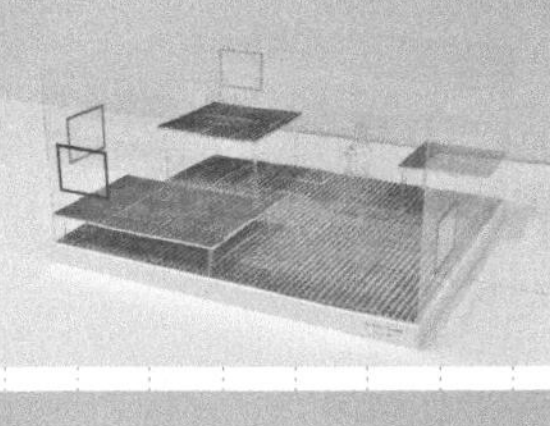

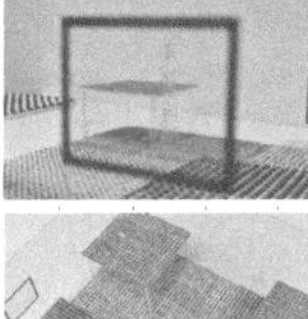

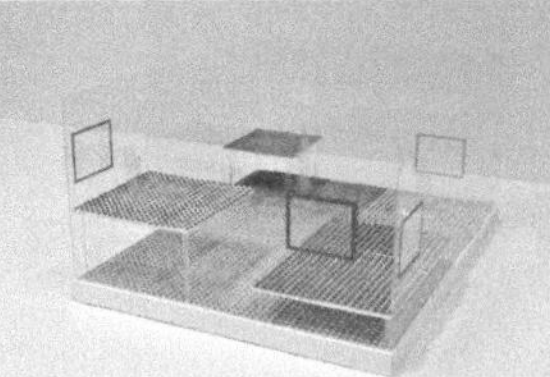

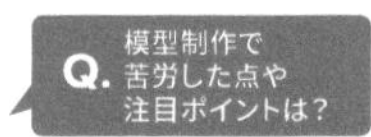

**Q.** 模型制作で苦労した点や注目ポイントは？

**A.** 色が変化するシークエンス的な経験に注目が行きがちなので、模型は視点による色の違いを疑似体験していただけるように窓をつくり、覗き込んだり写真を撮ったりしてもらえるようにしました。

# 人は信号に支配されている

## 都市の中の新たな「時間」の設計

佐藤 可武人 Kabuto Sato

東京工芸大学 工学部 建築学科 建築設計計画Ⅱ(田村裕希)研究室

人は信号に支配されている
-都市に流れる新しい「時間」の設計-

**設計趣旨** 都市に流れる「時間」を考えるとき、そこには必ず「目的」があるように思う。どこへ行く、何をする、誰と会うなど、「時間」は常に「目的」と対になっている。このプロジェクトでは、信号を使って、都市の新しい「時間」を設計する。「時間」から「目的」を、どれくらいはく奪できるのか、という試みだ。信号は、都市を流れる「時間」の中でも特に異質なものとして存在し、一定のリズムを刻む信号を通過する体験は都市の中でリズムとなって現れる。もしこれから青信号を連続して渡ることがあったなら、それは私の建築の中にいるのかもしれない。

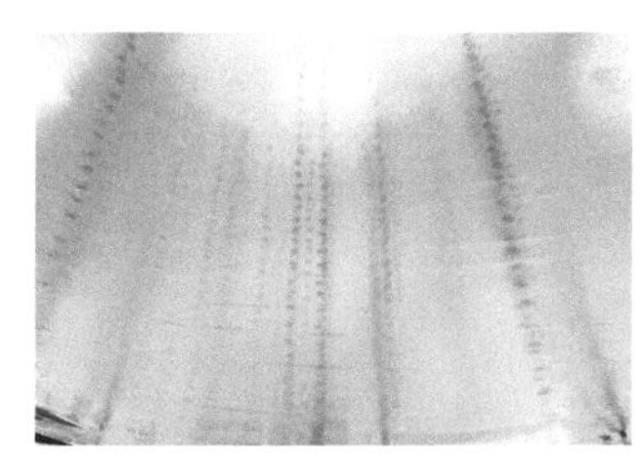

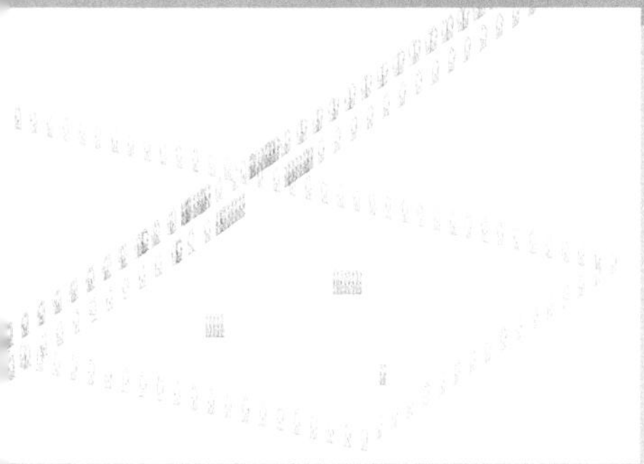

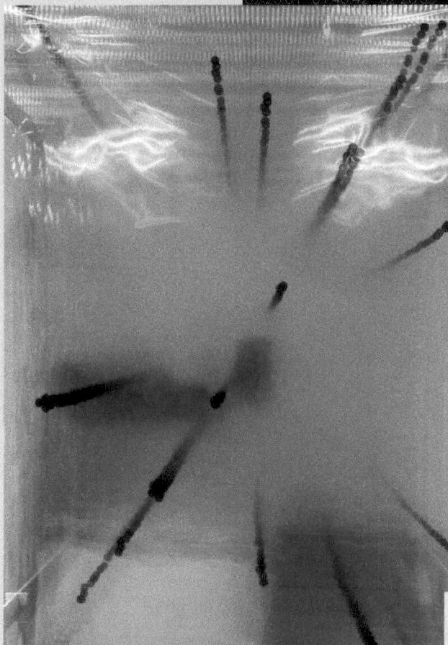

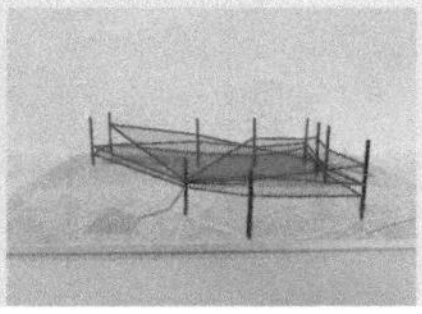

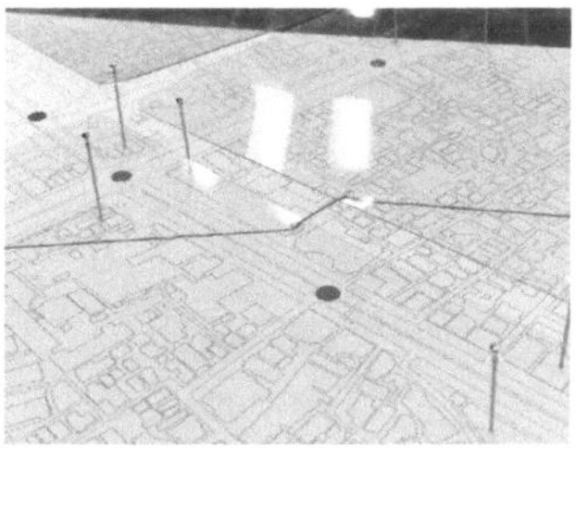

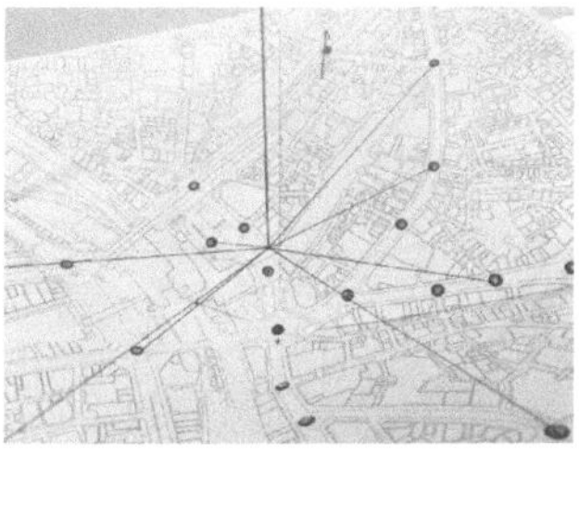

「あれに乗らないと」「あれに間に合いたい」など、都市に溢れるタイミングに合わせる都市の歩き方では、都市の 10% しか体験できていないのではないか

## 1. 都市に流れる「時間」

都市に流れる「時間」を考える時、そこには必ず「目的」があるように思う。何処に行く、何をする、誰と会う、など、「時間」は常に「目的」と対になっている。

## 2. 新しい「時間」の設計

このプロジェクトでは、信号を使って都市の新しい「時間」を設計する。「時間」から「目的」 をどれくらい剥奪できるか、という試みだ。

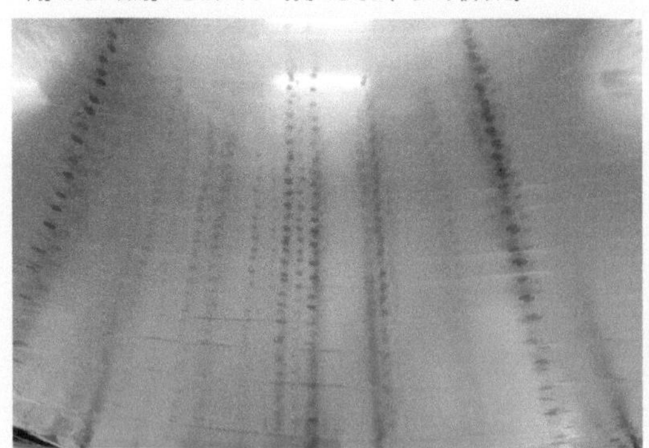

## 3. 関連事例のリサーチ

偶然性をアート作品にしたり、人為を超えた動きをノーテーション にしている事例は複数あるが、日常の都市に流れる「時間」を扱った例は少なく、卒業設計のテーマとした。

## 4. 独立した奇妙なリズム

信号は、都市に流れる「時間」の中でも、特に異質なものである。ランダムな時間の中で、信号だけが唯一、常に一定のリズムを刻んでおり、信号機を通過する体験も、リズムとなって現れる。

site.1- 日常の中の都市の体感の記憶

## 5. 信号の分布から都市を見る

信号の分布に特徴のあるエリアの配置図。全ての信号機をプロットする。

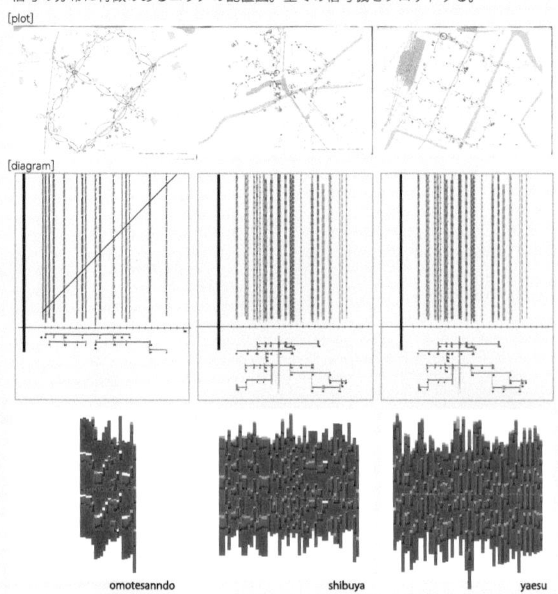


## 6. 点滅時間の計測とダイアグラム化

信号をプロットしたエリアで「赤 / 青」の点滅時間の計測を行った。上はそのダイアグラムである。横軸を「距離」、縦軸に「時間」をとり、道順に沿って並べた。信号には、「ある方向」があることがわかり、ある一定速度の交通を優先させるように、信号同士が連動していた。

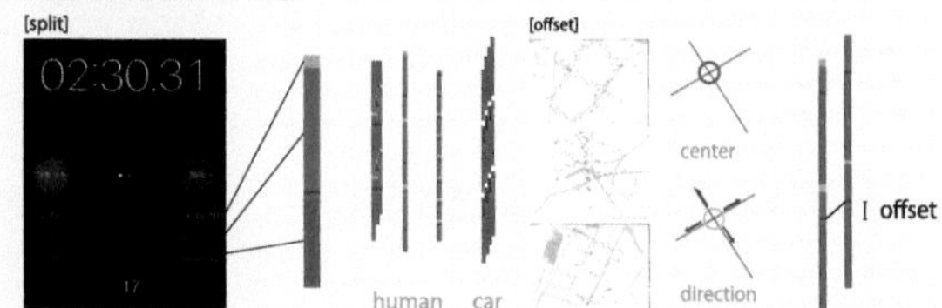


## 7. 信号は都市の脈動である

「リズムの連動」はそれがそのまま「都市の脈動としての顕在化」であり、つまり「信号のリズムこそが、都市の脈動なのである」と思った。

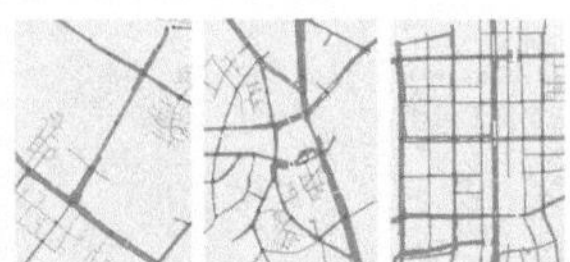

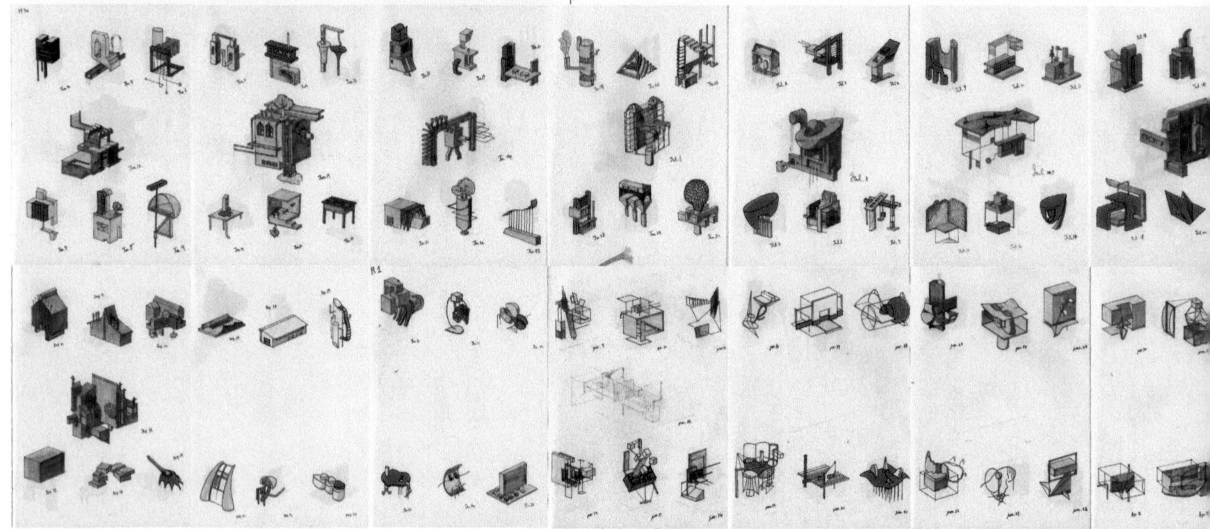

**Q.** 巡回審査のプレゼンで工夫した点は?

**A.** いかに設計で笑わせられるか、は重要視しました。短い時間の中で全てを理解してもらうことが難しい作品なので、模型やドローイングに対して、わかった瞬間の面白さで設計の全体を掴ませるようにプレゼンしました。

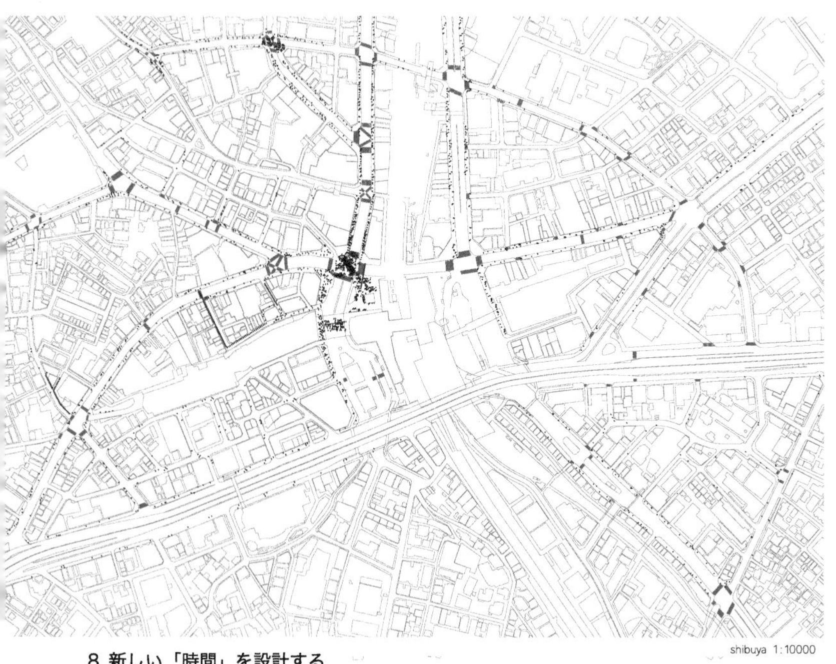


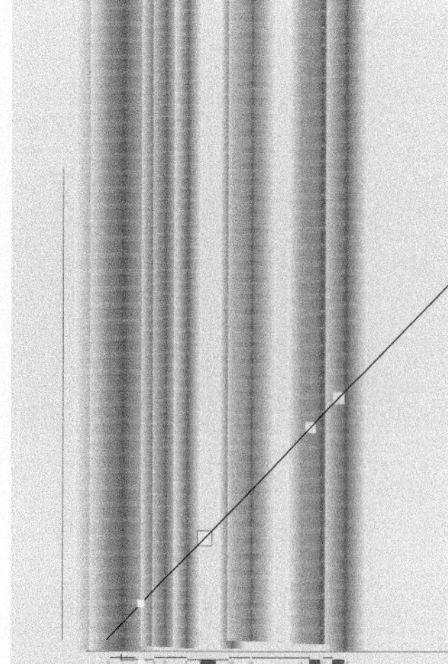


## 8. 新しい「時間」を設計する

都市の中に点在させるパビリオンと、そのパビリオンを経由する特定のルートを設計する。このルートを歩いている限り、信号機には捕まることなく、都市を歩き続けることができる周遊ルートとなっている。

## 9. パビリオン

パビリオンは、信号機同士のリズムのギャップがある場所に立てる。歩いている人を引き込み、時間を調節して次の信号に送り出すとともに、都市の中での特異な視点場としてルートにアクセントを与える。

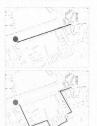

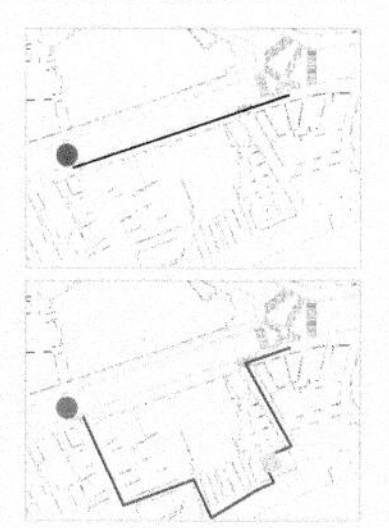

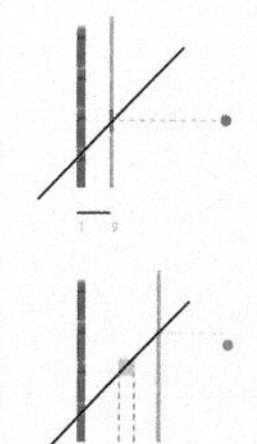

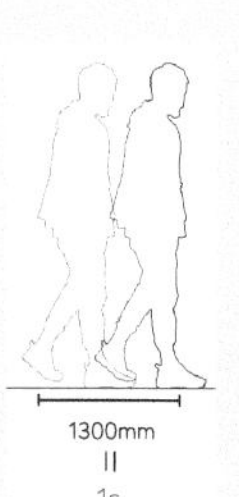


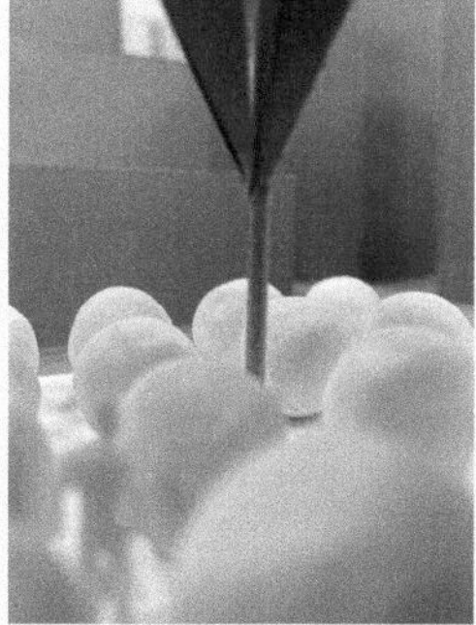

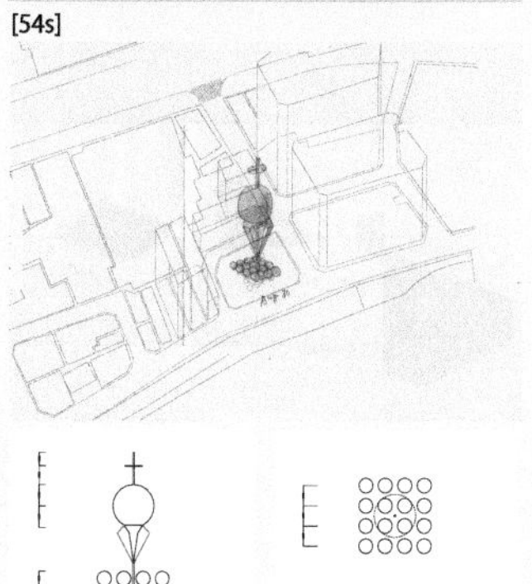


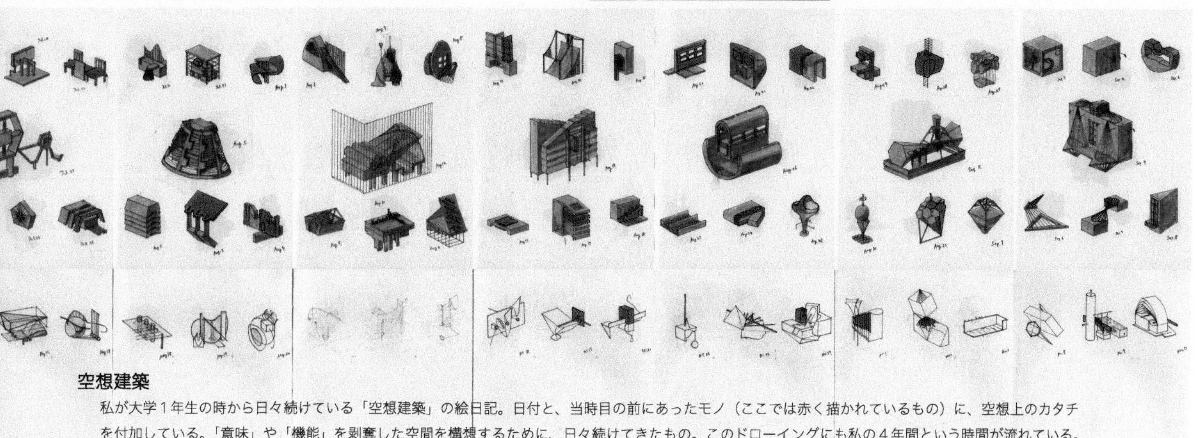

## 空想建築

私が大学1年生の時から日々続けている「空想建築」の絵日記。日付と、当時目の前にあったモノ（ここでは赤く描かれているもの）に、空想上のカタチを付加している。「意味」や「機能」を剥奪した空間を構想するために、日々続けてきたもの。このドローイングにも私の4年間という時間が流れている。

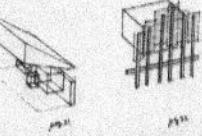
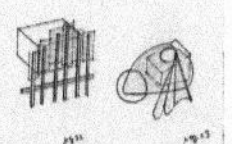
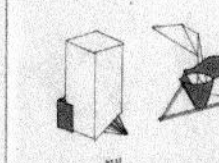

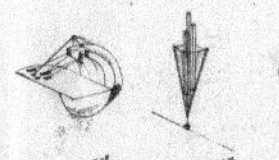
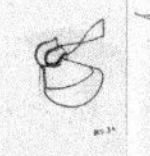
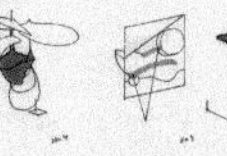
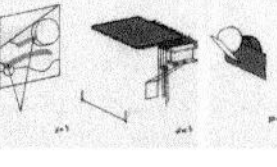
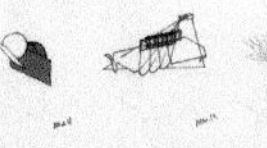

**Q. 模型制作で苦労した点や注目ポイントは？**

**A.** 自分の表現したい感覚が消えないようにカタチにするのは試行錯誤の連続でした。時間という見えないものが持つ不安定さの表現は難しかったです。5000以上の赤／青の点からなる、都市に存在する信号のリズムは圧巻です。

# 萌え沈む都市

## 地球と人間、それぞれの生命活動における相互関係を築く都市の在り方の提案

永山 千夏 Chika Nagayama

関東学院大学 建築・環境学部 建築・環境学科 柳澤潤研究室

### 1. 対象敷地

東京都江東区辰巳一丁目　都営辰巳団地。
東京湾を埋め立てた人工島群のうちのひとつ。
地盤が緩く、地盤沈下・液状化現象の被害に度々遭い、その都度インフラや地表を工事し修復している。

### 2. 分析

＜辰巳の生活的特徴＞

①ある環境を柔軟に生活に取り込むことが得意
②屋内の活動が屋外へ出現することを許容する

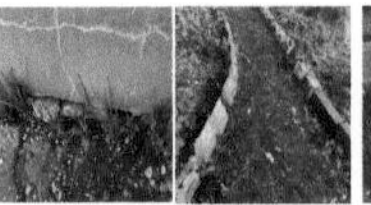

（例　地割れのネギ、駐車場に仮のリビング）
（例　ごみで出来た柵、全体的にトイレのにおい）

「放棄されたものをストックし、別の用途で用いる」という一連の流れ

＜空間的特徴＞

突拍子のないところに場所が現れ、グリッドに沿ってどこまでも影響させ、重なる。

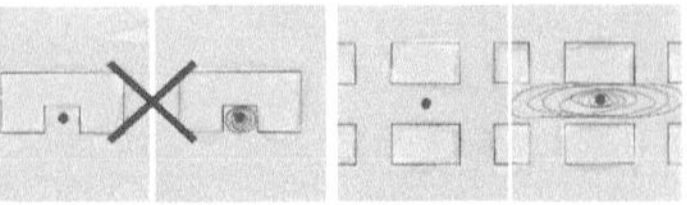

辰巳の場所同士の関係性の特徴は、団地がつくるグリッドが影響

### 3. 設計

＜操作 1＞分析をもとに、辰巳特有の空間を「辰巳のスラブ」で表現する。

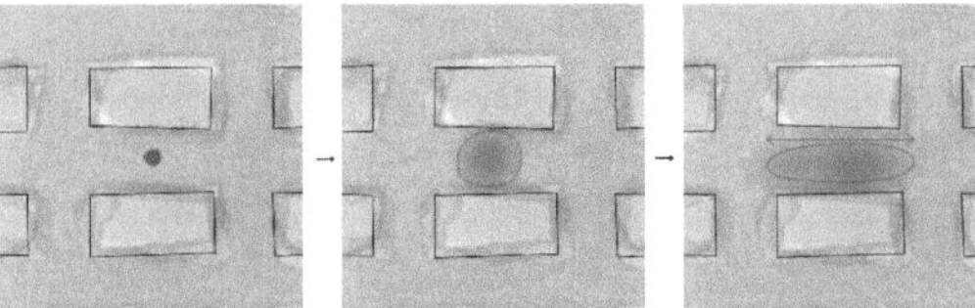

1. 辰巳特有の場所（点）
2. 面の上や下、隙間に空間をつくる（面）
3. グリッドに沿って引き延ばす

既存のグリッドを尊重するため、空間をつくるうえでコンクリートよりも弱く透過性のある鉄筋のメッシュを用いる。

**【地盤沈下・液状化現象のデザイン】**

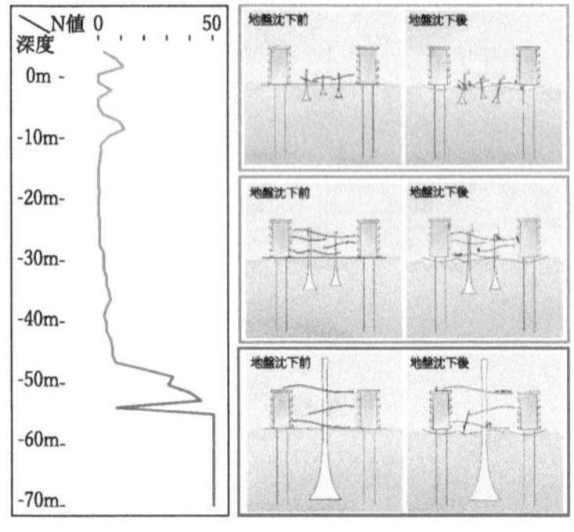


**深さ約 0~4m**
不動沈下を起こす。
→変形する地表と、高さ・角度を変えるスラブの関係性

**深さ約 5~50m**
不動沈下を起こす。
→団地からはみ出した活動と、高さ・角度を変えるスラブの関係性

**深さ約 51~70m**
地球の配水管は動かない。
→生き物のような人工物の存在と、団地からはみ出した活動の関係性

＜操作 2＞「地球の配水管」を挿入しスラブを支え、地盤沈下・液状化現象を空間に影響させる。

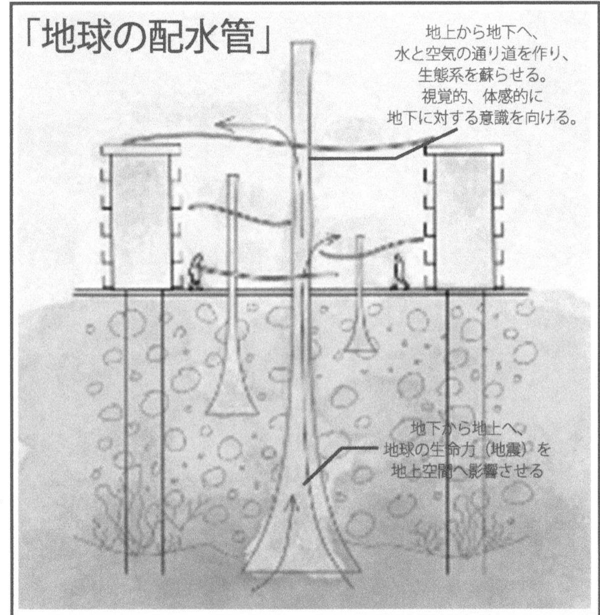

**設計趣旨**「地震大国日本」であるにも関わらず、未だ大地震が起きる度に莫大な被害を受ける。その理由の一つとして、地盤の変動に対し構造力学的に耐え、押さえつける解決方法が一般化したことが挙げられると考える。しかし本来地震は地球の健全な生命活動である。本提案では、地震の二次災害である地盤沈下と液状化現象を取り上げ、地形の変動を許容する「地球の配水管」という土木兼環境装置と、それを体験として答え合わせし都市へ広げる「心臓」を挿入する。
この都市の異物は、地球の生命活動を“都市とは切り離せないもの”“寄り添っていくもの”“害だけでなく豊かさも与えるもの”だと再認識させ、新しい都市の在り方へと変化するきっかけとなる。

**【地盤沈下・液状化現象を許容する】**

地盤沈下・液状化現象を「許容」しつつ、人間の暮らしを守るという新しい土木の在り方

・空間的許容

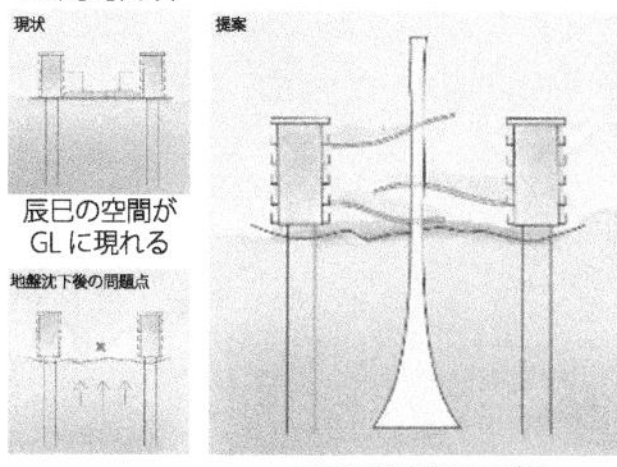


GLに現れる

現れることで守られる

・設備的許容

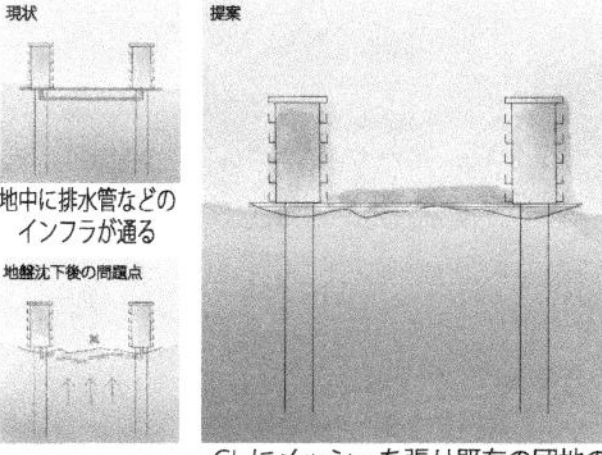


地中に排水管などの

地中で破裂
GLにメッシュを張り既存の団地の
杭で支え、インフラは守られる。

・環境的・構造的許容

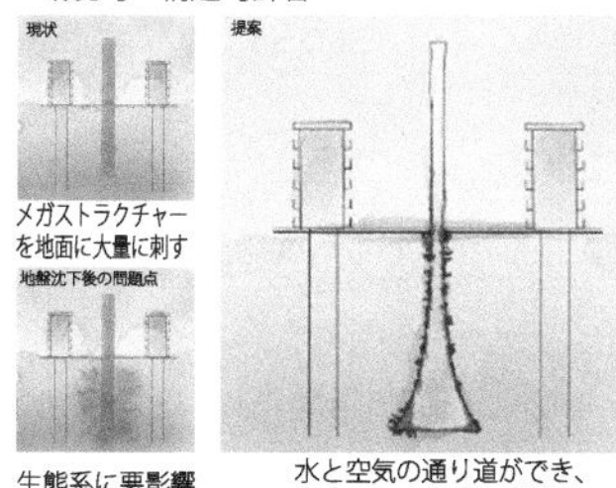


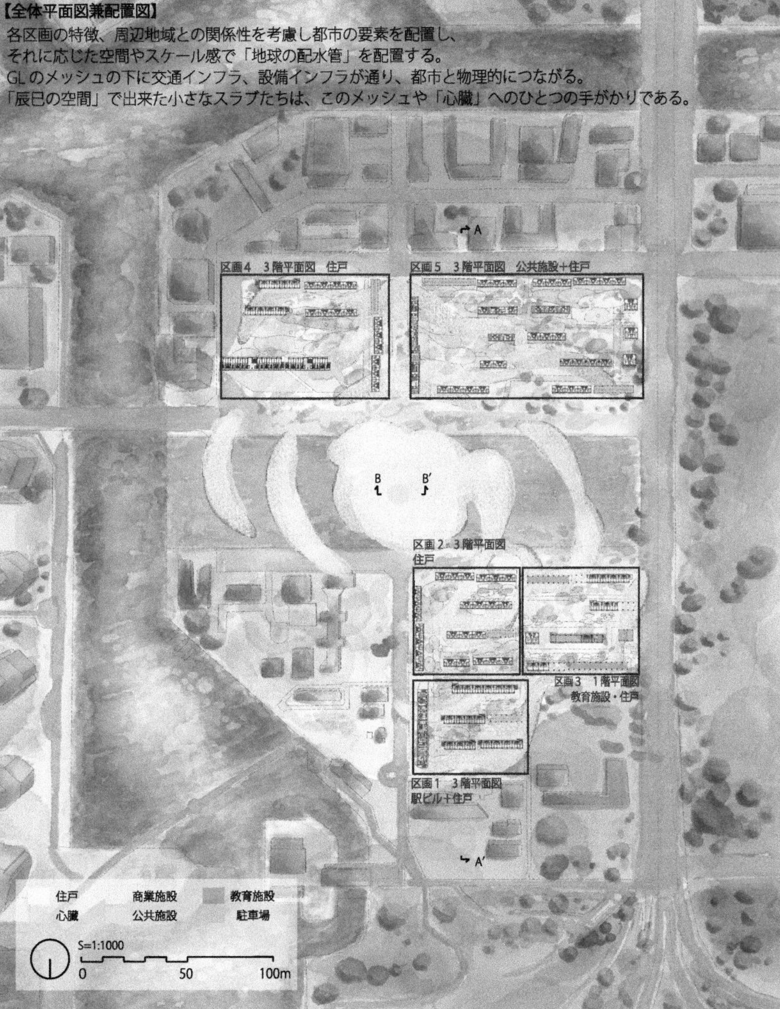

メガストラクチャー
を地面に大量に刺す

生態系に悪影響
水と空気の通り道ができ、
沈んでいた生態系が蘇る

【全体平面図兼配置図】
各区画の特徴、周辺地域との関係性を考慮し都市の要素を配置し、
それに応じた空間やスケール感で「地球の配水管」を配置する。
GLのメッシュの下に交通インフラ、設備インフラが通り、都市と物理的につながる。
「辰巳の空間」で出来た小さなスラブたちは、このメッシュや「心臓」へのひとつの手がかりである。
区画4 3階平面図 住戸
区画5 3階平面図 公共施設+住戸
区画2 3階平面図
住戸
区画3 1階平面図
教育施設・住戸
区画1 3階平面図
駅ビル+住戸
A
A'
B
B'
住戸
商業施設
教育施設
心臓
公共施設
駐車場
S=1:1000
0
50
100m

【A-A'断面図】

<操作 3>「心臓」を挿入し、意識的にも都市スケールでも、都市を変える存在にする。

地上 70mの展望台。
都市からの見え方、団地での体験、空間の答え合わせ、その成り立ちを知り、俯瞰して都市を見る。今後の都市の在り方について考える。

周辺のタワマン群、高速道路などから、都市の異物と映るこの建築を見る。
現時点ではその異様さから異物と捉えられるが、時間をかけて空間が変化する様子が、次第に「次世代の都市の在り方」として認知さてゆく。

各区画から「心臓」へ、「心臓」から江東区へ、そしてさらに少しずつ広がってゆく「都市と地球の相互関係」という考え方。それは都市の形態にあわせて様々な応え方をする。

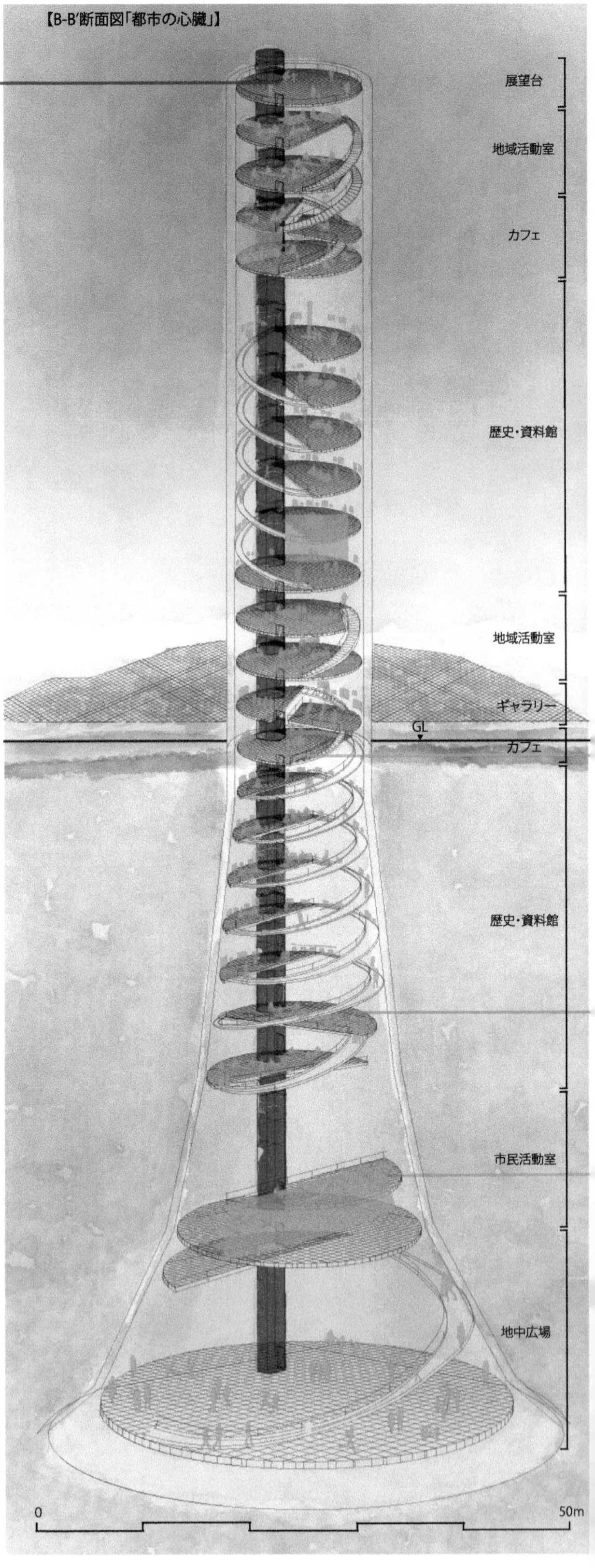

【B-B'断面図「都市の心臓」】

展望台
地域活動室
カフェ
歴史・資料館
地域活動室
ギャラリー
GL
カフェ
歴史・資料館
市民活動室
地中広場
0
50m

Q. 巡回審査のプレゼンで工夫した点は？

A. 模型に対応させるようにパースをレイアウトしつつ、スケールの横断ができるようにしました。プレゼンの際は、ボードは最低限にし、主に模型とパースを用いて空間やその体験で説明するようにしました。

地中 5m の「心臓」。
カフェからは、蘇った生態系、排水管の断面、埋め立てた土特有のコンクリートや木片、ガラなどが混じった地層が見える。

地中 25m の「心臓」。
地質の変化を感じながら、東京湾埋め立てから都市ができるまでの歴史を資料で理解する。

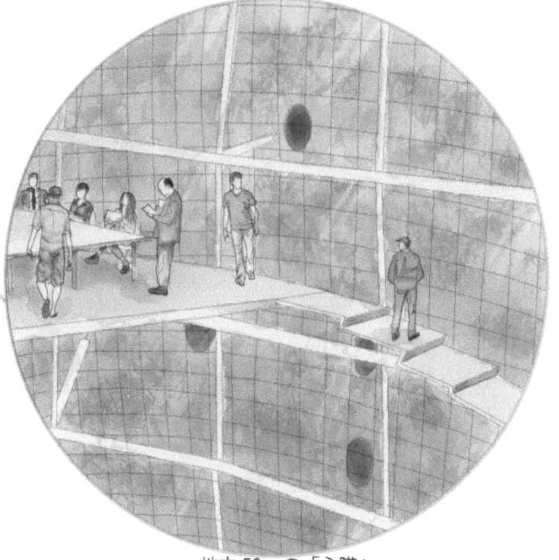
地中 50m の「心臓」。
市民活動室では、既存の団地を固定している杭の終わりの断面や、支持地盤の硬い地層が見える。

GL が沈んでできた団地の下の隙間

スラブの傾きでできた小さなホール

辰巳の空間がまとわりつく

グリッドとメッシュと、重なる辰巳の空間

メッシュのテラスと屋上の活用

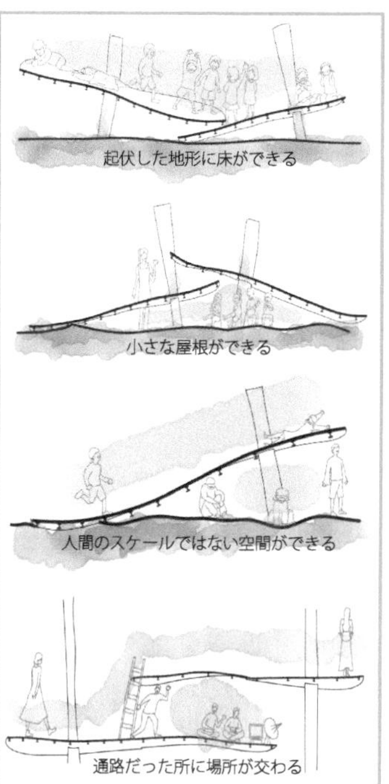

起伏した地形に床ができる
小さな屋根ができる
人間のスケールではない空間ができる
通路だった所に場所が交わる


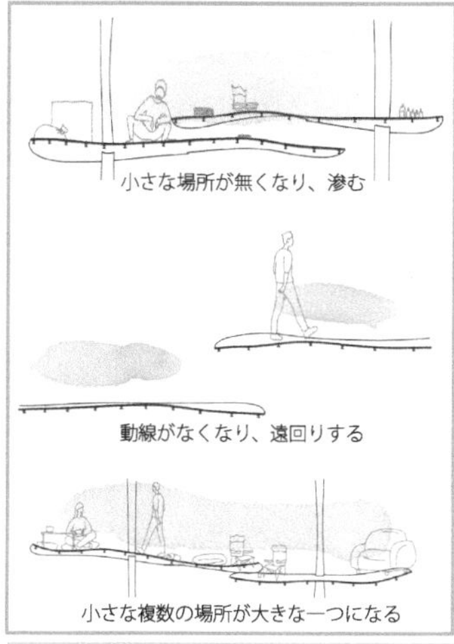

小さな場所が無くなり、滲む
動線がなくなり、遠回りする
小さな複数の場所が大きな一つになる


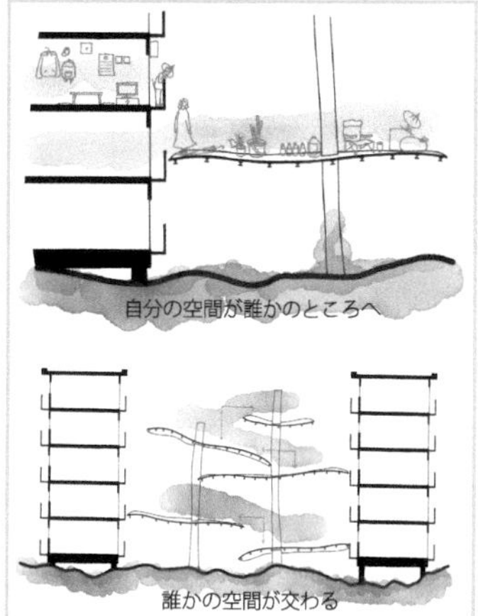

自分の空間が誰かのところへ
誰かの空間が交わる


**Q.** 模型制作で苦労した点や注目ポイントは？

**A.** リアルの中の生々しさを表現するため、模型・パースの着彩は全て手描きにしました。また、この異物を特別視せず、良くも悪くも捉えない世界観を大切にしているので、全体の統一感とアンビアンスにこだわりました。

# 破壊せず、密接し、喰らう
## 岩と観音と懸造の密着という事実性を読みあげよ

渡会 裕己 Yuki Watarai
明治大学 理工学部 建築学科 建築史・建築論(青井哲人)研究室

### 文献調査

笠森寺観音堂の歴史

千葉県長南町笠森に位置する天台宗別格大本山の寺院。周囲が自然林に囲まれている重要文化財、笠森寺、これに対し全歴史をさらし、アーカイブ化を行っていきます。

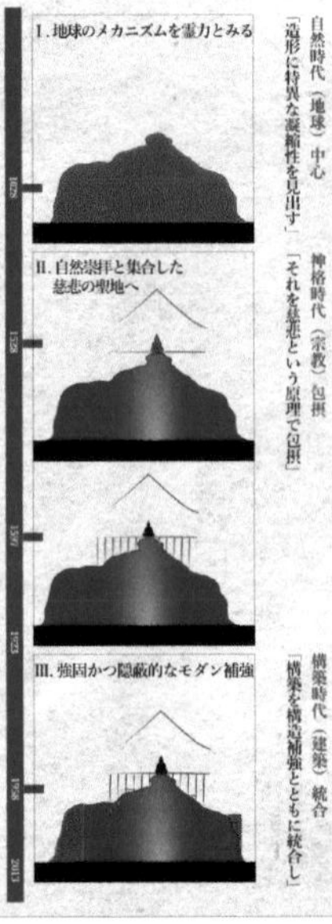

自然時代(地球)中心
「造形に特異な凝縮性を見出す」
神格時代(宗教)包摂
「それを慈悲という原理で包摂」
構築時代(建築)統合
「構築を構造補強とともに統合し」

I. 地球のメカニズムを霊力とみる
II. 自然崇拝と集合した慈悲の聖地へ
III. 強固かつ隠蔽的なモダン補強

### 実施調査

事実性を読み上げよ

笠森寺にはモノとモノが出会う、その事実性が存在する箇所が数多くあります。記録としての文書がないこのお寺では、このモノの在り方を訪れた人が読み上げるように経験する場所を設計し、そこを体験することで人々がこの事実性を読み伝えていきます。モノの生々しさを体験することで歴史に触れる。

### 構築時代から事物時代に転換する

事物を解き、全歴史を曝す

調査をもとに笠森寺観音堂を事物時代へと転換していきます。笠森寺にあるモノとモノが繰り広げた事実性を読みあげることで、まるで『源氏物語』を読み伝えたかのように物質保存を行います。実際に和尚さん含め笠森寺の方と話し合いながら七つの場所に補強と保存を兼ねた設計物を建てました。

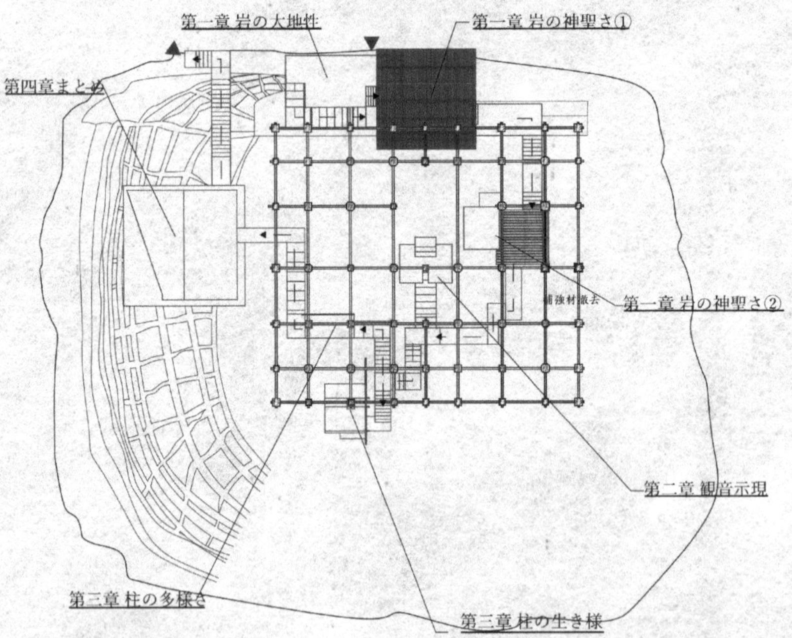

第一章 岩の大地性
第一章 岩の神聖さ①
第四章まとめ
補強材撤去
第一章 岩の神聖さ②
第二章 観音示現
第三章 柱の多様さ
第三章 柱の生き様

**設計趣旨** 建築の保存には復元という言葉がつきものである。ある時点を定め、そこに向かって復元し、建築をある時点のまとまった統合的な状態に戻して提示すること、これが保存の原則である。その統合的な保存論の原則に対し、本プロジェクトは統合するのではなく、全歴史を曝すことで建築の保存をする提案である。千葉県長南町笠森に位置する天台宗別格大本山の寺院。周囲が自然林に囲まれている重要文化財、笠森寺。これに対して全歴史をさらし、アーカイブ化を行っていく。文書があまり残っていない笠森寺では、ものの在り方を訪れた人が読み上げるように経験する場所を設計し、そこを体験することで人々がこの事実性を読み伝えていく。

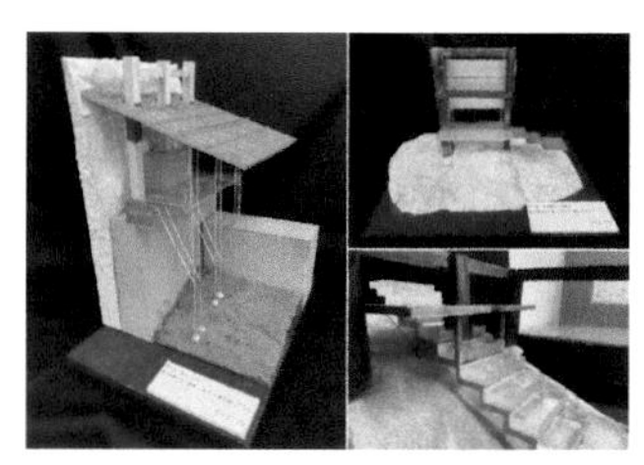

## 全歴史を曝すことによる物質性保存論

**統合の拒否　すなわち　全歴史のアーカイブ化**

ある時点を定め、そこに向かって復元し、建築をある時点のまとまった状態に戻して提示すること、これが保存の原則です。統合的な保存論の原則に対し、本プロジェクトでは統合するのではなく、全歴史を曝すことで建築の保存を行います。物質を読みあげるように保存を行う物質的保存論を提案します。

「令和三年　笠森寺観音堂」（安藤広重「諸国名所百景　上総笠盛寺岩作り観音」模写／加筆）

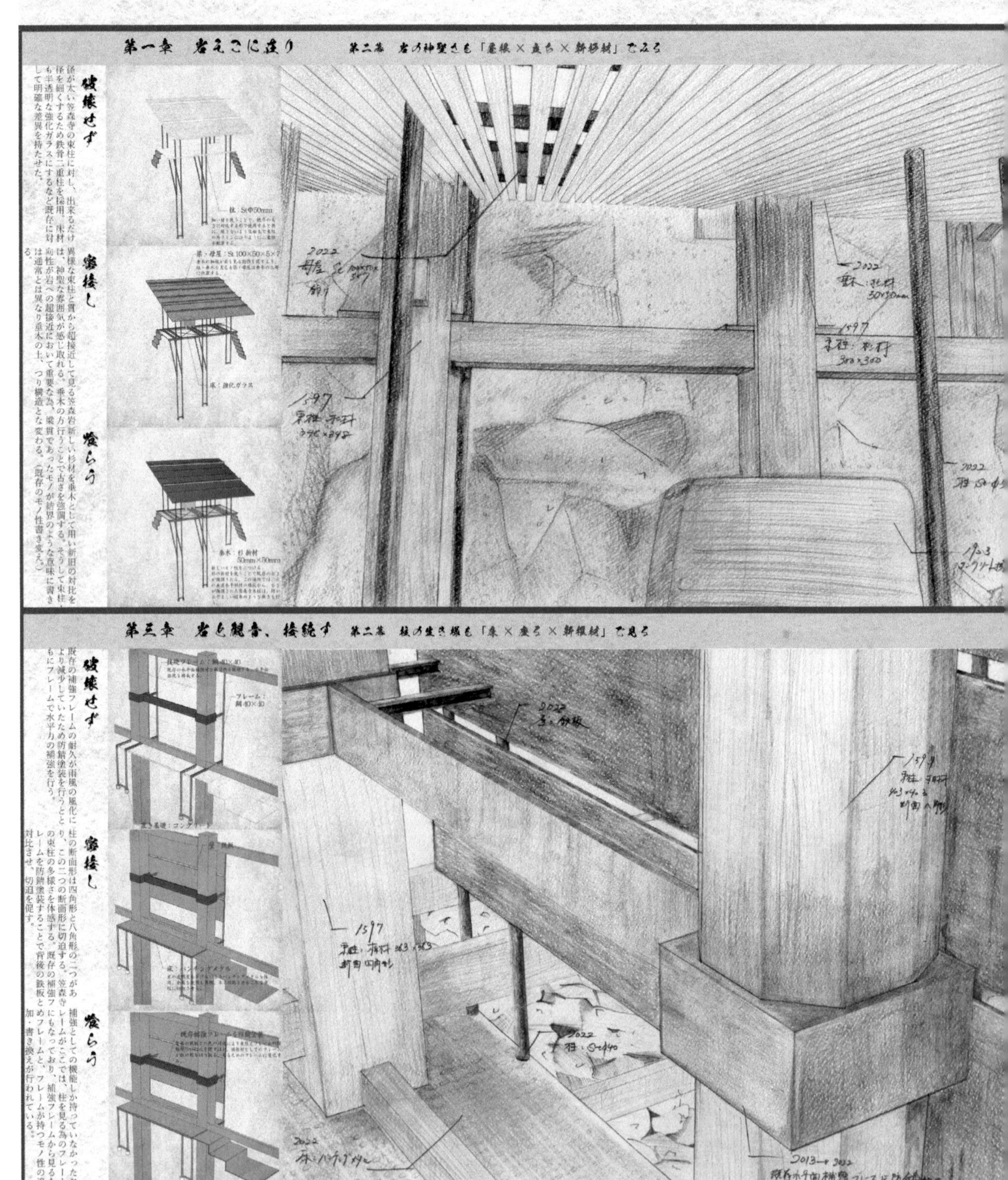


**Q.** 巡回審査のプレゼンで工夫した点は？

**A.** 表現の主軸である7枚のドローイングを目立たせることに一番力を注ぎました。角地の場所も利用し、目に入るところ至るところに強烈な独自の言葉やパース、模型、ドローイングを配置しました。

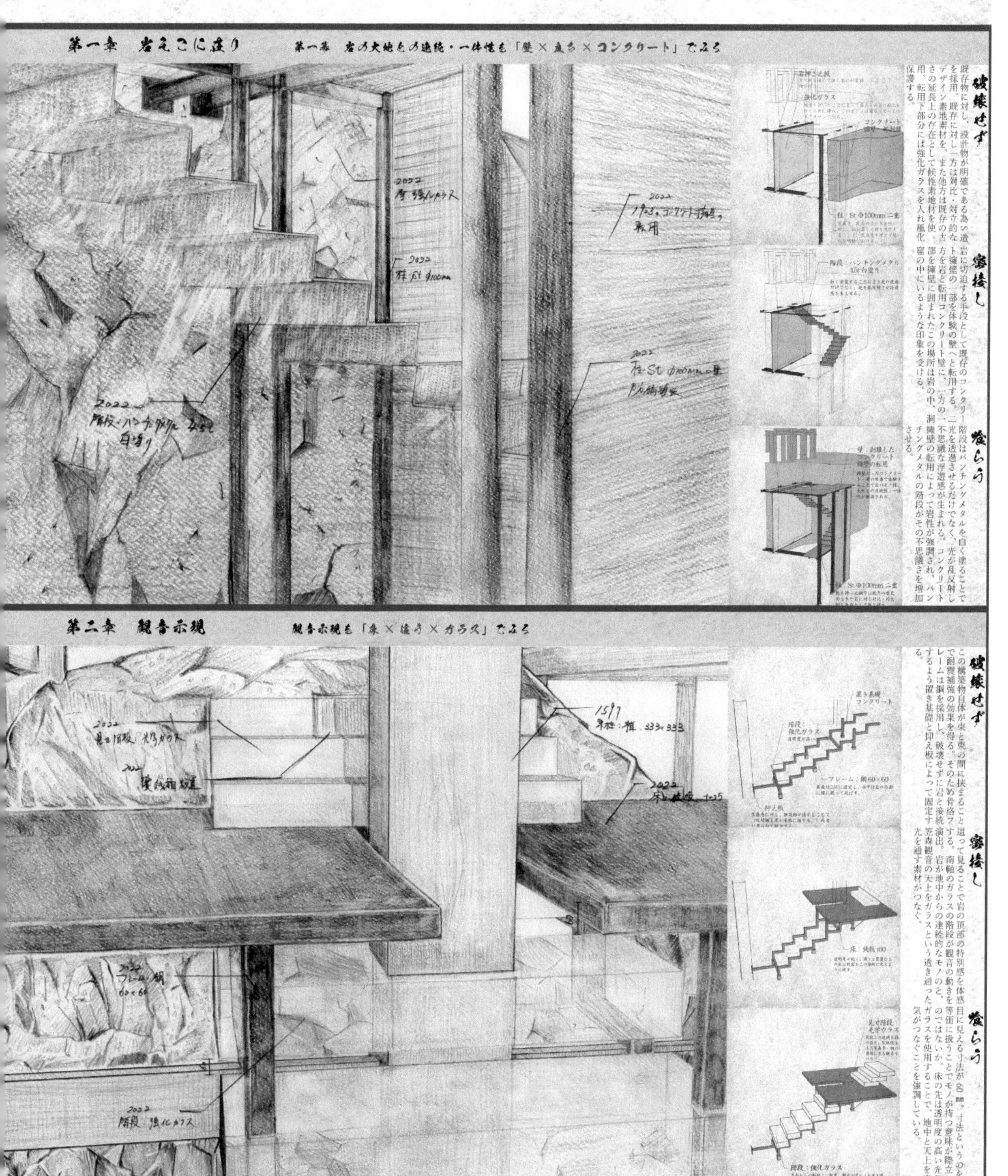


**Q.** 模型制作で苦労した点や注目ポイントは？

**A.** 私の作品の表現は模型ではなく鉛筆ドローイングで主に行いました。モノの在り様に切迫して、超接近して見せることや「破壊せず、密接し、喰らう」ということをドローイングで表現することに時間をかけました。

第33回 JIA神奈川建築Week
かながわ建築祭2022
学生卒業設計コンクール

# 出展者インタビュー

# Interview

浅野工学
専門学校

## YOKOHAMA COMPLEX

田代 悠輝 (P.058)

昨年、1つ上の先輩たちのさまざまなテーマでつくられた卒業制作を見た時に、卒業前に、オランダ構造主義のアルド・ファン・アイクが始めた中間領域の概念のようなものをつくりたいと考えるようになりました。そこから、担当の山本大貴先生に相談し、用途を限定せずに間の空間を自由に人が使えるような空間を提案いただき、さらに、ちょうどコロナが再流行したので、コロナ禍でも人が制限なく使える空間をつくりたいと考え、今回の設計に至りました。そこからまず、アルド・ファン・アイクと、レム・コールハースのボイド戦略など、空間の創出について歴代の著名人が取り組んできたことを研究しつつ、山本先生の研究にも空間の創出があったのでそれらと併せて、建築誌『新建築』を50年分ほど遡って複合用途での吹き抜けなど、用途のない空間がある事例をまとめました。そして大さん橋の何もないけれど人が集まる場所など、横浜の中にある僕が思う中間領域的な、用途に属されていない、さまざまな空間を見に行って分析し、建物の中に取り込むことを試行錯誤しました。最初は自分が思う空間を抽出し、それを3DやCADでどんどん図面化していき、人が集まる用途を検討し、無難にはなりますが図書館や美術館のような公共施設を入れれば多世代が集まれると考え、間に広場的な機能を入れて年齢に関係なくいろいろな人が立ち寄れるようにつくっています。

敷地周りの環境や人が集まる場所にするためにどのようなものが必要か、1から考えてつくり上げることを授業ではしたことがなかったので、卒業設計を通して、つくり上げる力が身に付いたと思います。

浅野工学
専門学校

## huminboxture+

松元 愛慈 (P.060)

友人のワンルームで過ごした経験から、もう一度、人間の最小サイズを再考して部屋を構成することで、狭い空間でもそれぞれの住まい方が滲み出るような空間をつくれるのではないかと考えました。私たちが日常で触れる建築は、同じようなスパンでできている金太郎飴のようなアパートやマンションであり、建築家が設計した建築にはなかなか触れません。そして、そもそもワンルームは、建築に必要な大きさとして適切ではなく、解像度も粗い。廊下は用途が特にないし、歩くことにしか使われないため、そのためのスペースしかありません。ワンルームは最低限の間取りと言われていますが、設備や家具を収めるための最低限であり、人間が楽しく住む空間はない。一方で余剰はあります。そこで、人体寸法に目を付け、一つひとつの行動に必要な大きさを考えて、それをもとに正面と側面を合わせてブロックをつくって立体化させました。

私の好きな建築家のリカルド・ボフィルが設計した「アブラクサス館」は、低所得者のための市営住宅で、極端に演劇化された空間を彼は目指していたそうです。詩やポエムといった美術は感性の差があるため、理解できない人がいるのは仕方がないことで、そういう人も感じ取れるようなものをつくりたいと考えたのです。この広場でボールを使って遊ぶだけでも、公園の日常と異なるように感じられると思うので、私の建築の面白さを伝えたいという想いはある意味、今回の方法で成し遂げられたと思います。さらに、工業製品を多用することで低コスト化を可能にしました。限られた条件の中でもいいものをつくれるということを、今後も考えていきたいです。

浅野工学
専門学校

## Sora-moyo

谷米 匠太 (P.062)

空からテキスタイルにたどり着くのは時間がかかりました。おそらく、つくらないのが空であり、空はつくらないため、いろいろと影響される。でも、つくらないと、ものにならないので、極限までつくらない状態から、テキスタイルという表現方法が浮かびました。光や水を通して、水が流れれば水の動きをテキスタイルが映す、光が入れば光の量によってテキスタイルの透けが変わる。そういう環境のメディアとなってくれるテキスタイルは、空になり得るのではないか。そして、写真を撮ると空は背景になる、そのような背景となる建築を目指しました。ただ、それは現代の建築を批判したいわけではなく、もっと素直に空を表現したかったからなのです。つまり、雨雲を見れば気分が憂鬱になるし、晴れ渡る空を見ればさわやかな気持ちになるという、人の感情まで揺さぶる、愛しさのようなものを表現するにはどうするか。背景となれば、その手前で起こる人のアクティビティやものなどが強調されるのではないか。あくまで空の可能性を突き詰めて建築化をしました。

リサーチは、ひたすら空の見え方を観察しました。建築を覆ったり木を覆ったりするアーティストによる環境アートなども参考にしました。インスタレーションと建築の間のようなものであり、建築と定義する必要もない。この提案を見た人の中に余韻のようなものが生まれて欲しい。これを見て、よくわからないけれど面白いかもしれないなど、感性を広げる機会につながればいいなと思います。

審査会後、出展者には卒業設計ができるまでの取り組みや苦労した点、卒業設計で得たものなどを取材。
これから卒業設計に取り組む後輩たちにとって、道しるべのような話が盛りだくさん。

神奈川大学

## 自分だけの体験を

野中 美奈 (P.064)

まず、外部への進学を希望していたため、研究室の担当教員である六角美瑠先生より、4〜7月は自分の興味あるテーマを探すことを課題として出されました。そこで、歩いている時に興味が惹かれたものを中学生のころから写真に収めていたので、4月はスマホやカメラにある画像をさかのぼって、これらのデータをまとめる作業をしました。卒業設計のテーマとして、訪れた人に想像を促すようなものを目指し、それらの行為を生むものとして結末のわからない小説が浮かんだため、まずは小説や絵本の分析に着手しました。ただ、ジャンルが多過ぎるうえ、あまりにも具体的過ぎて空間にはできず、「歩く」という自分の原点かつ抽象的なテーマに立ち戻ることにしました。

データをまとめるなかで、目の前の風景を切り取るトンネルのような奥行きのある空間や、子どもだけが通れるような狭い場所などが好きなことに気付き、歩くことから連想されるオノマトペをもとに設計に取り組みました。例えば一番好きな「じゃぶじゃぶ」という空間では、水の中をじゃぶじゃぶ歩くようなイメージを表現したく、グランドラインを一番上の床に設定し、下は透き通らせるために耐久性の高いガラスにし、ガラスのところどころに穴を開けて水の中を動いているよう感じられる空間にしました。屋上のプロムナードは、周辺の木と同じ高さにすることで、プロムナードを歩いている人が木の上を歩いているような体験ができます。これまでの設計課題では、依頼主を助けるような気持ちで取り組んでいたので、卒業設計では、問題の設定をどこから得たらいいか悩んでしまいましたが、卒業設計を経て、自分で問題を探し出す力が得られたと思います。

神奈川大学

## 生き生きとした一齣を繕う

福與 栄多 (P.066)

一般的に自然と呼ばれるものには人工物があまり含まれていませんが、田んぼの風景には、人間と自然がぶつかりあうようなところがあります。そういう風景に惹かれるのですが、人工と自然が混ざり合っているのにどこか一体感がある建築空間はあまり見かけません。それをひも解くことで、新たな環境に関する建築への問いになるのではないかと考えました。敷地は静岡県の吉田町。かつて50カ所以上のウナギの池があったのですが、今は使われず遺構となっています。自然の中に擁壁のようなものが残っているのが面白く、そのコンクリートが存在することで、実は環境建築よりも自然のことを考えさせられるのではないか、そして、それが新たな環境建築につながっていくのではないかと考えました。

建築家の作品を見るのがすごく好きで関連する本もたくさん読んでいます。それらを要約し、今回の周辺環境に対して、どうアプローチできるかを考えました。夏までずっと、歴史や海外特有の独特の視点、ベテランの建築家の見方などを要約し、それを指導教員の曽我部昌史先生に話すという作業をしていました。その際、言語化するための視点はさまざまな建築家を参考にするけれど、必ず自分の言葉に変換して落とし込みます。田んぼのような空間をクリストファー・アレグザンダーは「生き生きとした秩序」と呼びましたが、「生き生きとした一コマ」と変換しました。

私は、出来上がったものと同じくらい、スタディや、設計手法を設計するプロセスに価値があると思います。設計行為そのものがもっと評価されるようになるともっと面白くなるはずです。そこに対して価値をつくっていけないか今は考えています。

神奈川大学

## 興復のとりで

毛利 菜稜 (P.068)

実際に博物館のボランティアに数週間参加したうえで、地域住民のボランティア施設を提案しました。横須賀市は高齢化が進んでいるため、バリアフリー化はもちろん、高齢者以外の多様な年代が関わることで、仕事のしやすい環境づくりを意識しています。また、観音崎公園の植生をリサーチした結果、照葉樹林で構成されていることがわかったので、1年中、葉に覆われて日差しを除けて歩きやすいことを利用して山の中に動線をつくりました。

遺構に新たな要素を加える行為が自分にはおこがましいように感じられたため、そういう手法でやるべきか、もしくは遺構をつなぐ場所として新たなものを点在させてつくるべきか、それとも全体的な動線計画を考えるべきか、非常に悩みました。最終的には、新しく別のものを建てることにしましたが、それに対する葛藤はずっとありました。ただ、規模の小さな建築や、遺構に新たなものを付与するだけでは融通が利かず、大きい規模でつくるほうがさまざまなことができるのではないかと考え、現在の形になりました。

今回の提案を通して、あまり手を加えず循環しやすい素材を使うことが自然のためになるとずっと考えていましたが、むしろ自然に優しい素材ではないものを使い、建築が自然と一体化することで、建築が自然破壊を止めることができるのではないかと考えました。観音崎には地下壕が埋まっており、立ち入り禁止の場所などもたくさんあります。これらがあることで今の自然環境が出来上がった、つまり、建築を地中に埋めたことで雨水を取り入れた池がつくられ、それが生物のためになっているかもしれない。これらは、今までの設計課題では絶対に出てこない案だったと思っています。

# 出展者インタビュー

関東学院大学

## 00式ヨコスカ

黒柳 静希　(P.070)

再開発によってビルが立ち並んでいる横浜や東京の街並みは美しいと感じるが、横須賀にもその街並みをコピー&ペーストするという開発方法が適切なのか考えていたところ、京急線の上大岡駅が目に留まりました。上大岡駅の周りにはショッピングモールなどの大きな施設が立ち並ぶ一方で、少し外れたところに昔ながらの建物や路地などがありますが、それらは瞬く間に壊されてスケールの異なる高層マンションへと変わりつつあります。同じ沿線である横須賀中央駅も最終的には同じような姿になるのではないかと危惧し、そのアイデンティティを守るために敷地としました。横須賀の魅力として、街全体のおおらかさと入り組んだ路地による奥性があります。その魅力を生かすために、構造体も入り口から柱、壁柱、壁とグラデーションのように強くなっていくことで、中に入ると横須賀の路地のような美しい奥行きが生まれ、どんどん奥に入りたくなるような構造にしました。そして再開発により、切り崩されてしまった山を建築で再構築し、丘陵地に沿わせてスラブをずらして丘陵地分の隙間の容積を埋めることで、低層でも延床面積を確保しています。スタディ模型は1日1個を目標に、自分の感覚を信じて何回もつくり直しましたが、敷地が非常に大きかったため、流動的なスラブが積み重なっていくようにつくるには、全体の統一感との兼ね合いが非常に厳しくて苦労しました。これらを比較的軽い構造でつくったことで、奥の丘陵が見え隠れして自然を常に感じられるような構成になっています。表現としては、パースや図面などはすべてiPadで描き、横須賀の混沌とした雑多で薄暗い色調で統一してビジュアルから訴えかけるようにしています。

関東学院大学

## はざまの長屋

内藤 伊乃里　(P.072)

まず4月から半年ほどかけてアンケートなどの調査をしました。サードプレイスとして必要な空間についての質問を、弟が港区の特別支援学校に通っているため、母親の知り合いを辿り、港区、品川区、大田区に住んでいる保護者やきょうだい児に拡散協力してもらったりと、おおよそ60人から回答をもらいました。そこから敷地として大田区を選んだのは、空き家問題と廃工場増加などの大きな課題を抱えているからで、きょうだい児の問題と合わせてそれらも解決するために町工場をリノベーションすることにしました。起点として1個つくることで、そこから広がっていくきっかけのようなものになることを目指しています。特に苦労したのは作図で、調べていく中で2、3カ月後くらいにその町工場が売られてしまい、中の実測ができなかったので簡単な間取りと写真を元に詳細は想像して描いています。奥行が25mという、とても面白い建物なので、その奥性のようなものは切らないプランにしました。また、きょうだい児と地域の人々、それぞれのきょうだい児が抱えている問題の重さと必要としている空間は違うため、両者の距離感を建築でどう捉えるかは悩みました。個人の感覚の問題になってしまうので、そこがプランをつくる中で苦労したところだと思います。実際に敷地周辺は、ものづくり作品を展示できる小さなスペースがあったり、町工場同士がコミュニケーションを取って人を呼び込んだりしている地域のため、ものづくりができる場所を建てることで、それらの活動と協力関係ができると、地域として面白くなるのではないかと考えています。

関東学院大学

## 萌え沈む都市

永山 千夏　(P.038)

江戸の開発で余った土砂を東京湾に捨てることにより陸ができていきました。こういった人間の都合で生態系を壊す手段で形成された東京湾の人工地盤のうち、江東区の辰巳団地を敷地としました。辰巳は50年ほど前までは栄えた工業地帯でしたが、現在は衰退し、タワーマンションがどんどん建ち始め、団地には高齢者がぽつぽつ住んでいるくらいです。そうしたスラム化が進んでいったストーリーと、埋められた海の地中深くでも辞めない自然活動が、重なっているように見えました。社会の中で一度死んだようで実は生きている。この生命力を融合させ化学反応を起こしたいと思いました。

地中のエネルギーを吸い上げ都市へ放出するイメージや、空気や水を地中へ流れ込ませることで生態系が再構築されるのではないかという意味で、つないで運ぶという縦の関係をつくる「地球の配水管」と名付けた環境装置を用いました。地震や地盤沈下を良くも悪くも生活とは切り離せなくて当然と捉えて欲しい、それによってできた空間の良さを、特別ではなく普通と捉える価値観になって欲しい。そう考え、模型やパースもリアリティとグロテスクさのバランスを意識しています。均質なデジタルの線や、整列する団地群に、手で質感をつくったり水彩を用いることで綺麗過ぎないようにしています。

これからの都市のあり方として、土木について考えることから始まると思います。今まで意識していなかった地面の下について、過去を通して現在何が起きているのか。問題の対処が今の技術や考え方に合っているのか。それらを本提案が考える機会になればと思っています。

審査会後、出展者には卒業設計ができるまでの取り組みや苦労した点、卒業設計で得たものなどを取材。
これから卒業設計に取り組む後輩たちにとって、道しるべのような話が盛りだくさん。

慶應義塾
大学

## まちの作業部屋

廣瀬 未奈 (P.074)

慶應義塾大学（矢上キャンパス）では、春学期に卒業論文と卒業設計の両方に取り組みます。そして卒業設計は設計課題として取り組むため、テーマや敷地が決まっています。今年は渋谷の中の4つのまちが敷地の候補に挙げられていて、そこから1つを選ぶ形式でした。候補には、再開発が進んでいる渋谷駅前や商店街のたくさんあるエリアなどがありましたが、代官山駅と渋谷駅の中間くらいにある、わりと静かな住宅エリアを私は選びました。リサーチ当初は、建物の中で時間がどのように映るかを考えたくて、時間と空間に関わるような文献を読み込みました。また、学校や図書館で居心地の良い席を見つけるのが好きなことから、各々が気に入った場所を見つけられるように、外部の変化を取り入れて光や時間の動きも意識して設計しました。コンセプトやプログラムも大事ですが、それよりも空間の質などの中身をきちんとつくりたかったので、例えば、階段の位置をはじめとしたアクセス動線までしっかり考えています。

起伏の激しい地形にあり敷地も高台に位置するのに対し、これまでコロナ禍で模型をしっかりつくる機会が少なかったことから、模型をつくり慣れておらず勾配を表現するのが大変でしたが、各階で取り外せるようにして、どのような空間かわかるようになっています。学内講評会では、屋根が平らだったのに対して「勾配があるほうがいい」とアドバイスを受けたことから、本コンクールに向けて屋根にも勾配をつけています。そのほかに、構造的に問題のない壁の近くの柱を細くするなどといった変更も加えています。

慶應義塾
大学SFC

## Auto Junction

岡崎 恵大 (P.076)

建築をベースに学んでいましたが、もともと車が好きで3年生くらいまではカーデザイナーを目指していました。卒業設計も車好きが高じて、自動運転時代に車を楽しむための建築を表現しています。敷地は3年生頃からすでに決めていたのですが、敷地のどこに何をつくるか、特に周辺のジャンクションの造形に悩みました。いかに既存を上手く残しつつ新しいものを取り入れるか、そのバランスが難しく、CG上でいくつも試作をつくって検討をしています。全自動運転の時代になるなら建築はシンプルな形状のほうがいいと考え、全自動に最適化された形として2枚のディスクを重ねたような、人間には絶対運転できないけれどコンピューターなら捌けるような形を提案しました。

スタディ模型はほぼつくらず、映像メインのプレゼンテーションとしました。学内ではオンラインでエスキスをすることが多く、CGでリアルに表現できることから、模型ではなくてCG上で検討し、模型は最後の表現として制作しています。また、自動車で走っている疾走感やエンジンの音などは、模型や図面といった通常の建築のプレゼンテーションではなかなか表せないエモーショナルな部分であり、いくらきれいなCGを描いても伝えきれないと思ったので、動画を媒体にして伝えることにしました。

一方で、本設計を考えていく中で自動運転の先も考えました。空の交通が整備されたら、今ある道路は均一なアスファルトではなく、もう少し土着的なマテリアルを使った道路になるかもしれない。土の道路に替わることで水を吸収するスポンジ的な機能を持つようになり、ヒートアイランド現象や洪水なども防げるようになるかもしれない。その方向性も考えると面白いですね。

慶應義塾
大学SFC

## 円谷英二特撮倉庫

圓谷 武大 (P.026)

卒業設計を始めるにあたり、現地に行って自分の先祖が残してきたものは何だったのか1つずつ巡りました。そのなかで、先祖の残した特撮模型があるのに、多くの人に見られておらず街としてのもったいなさを感じ、駅前にある先祖の空き家に特撮模型を置いて美術館倉庫のようなものをつくれないか考えました。鑑賞者は、舞台上で行われているものを見るのか映像として見るのかなど、体験によって受け取り方が異なる。それらを、本設計を通して、世界の見え方は多様であることを世の中に投げかけたいと思いました。

また、所属している坂茂研究室での実寸プロジェクトなどを通して、実作のプロジェクトに強い興味があり、設計時は常に本当に建つかどうか考えています。そのため、新しいものをつくるより予算が抑えられる減築で検討し、どこまで博物館機能を持たせられるか、それらを統合するために最小限の屋根をどうつくるかに取り組みました。材料においても、密集した建物の中で施工が行えるよう、細かいユニットで運べるものを採用し、スペースフレーム構造の屋根としています。既存のノスタルジックな部分をできるだけ残して新しい街をつくることを目指す過程で、現状の建物を一度構造に落とし込み、つくった模型を90度回転させたところ、建物の構造や高さ、奥行きも違う建物が急に立ち現れたように見えたことが現在の設計につながっています。そのほかに、1人でどこまで現実味を持ったプロジェクトをやり切れるか挑戦し、模型も1人でつくりきり、模型と図面のスケールをすべて揃え、図面がそのまま模型に反映されるような仕掛けもつくっています。

# 出展者インタビュー

東海大学

## 水のない水路を引く

(P.078)

榎本 直子

街が暗渠に対して開くことで不可侵領域という川が持っていた領域が失われるのではないかと考え、その不可侵領域に着目して、川の隠し方によって生まれる空間を提案しました。計画地は、谷中にある藍染川の蛇行を残す「へび道」と呼ばれる350mほどの場所です。そのへび道と、へび道に対して開いた周囲の建物とを1つの建築として小学校を設けます。小学校という、生徒や教職員を除いた地域住民にとっては日常的に使う場ではない、ある種の不可侵領域の場とすることで、暗渠に対する両岸の距離感を保ちつつ、川が持っていた不可侵領域性を建築として引き継ぎます。

教室と教室の間に設けられた余白を校庭として捉えたり、教室の外側をつなぐことで広い空間になる部分を体育館にしたりといった構成をしています。規模としては、1学年3クラス程度で6学年分を想定しており、一般教室は全体に点在させ、特別教室などの計画もあります。へび道の上には柱を落とさず、屋根のみを架けることで、道としての視線の抜けが残るようにし、また床のレベルを下げることで、対岸へ視線は抜けるけれど直接行くことはできない空間を生みました。暗渠であることから敷地は細長い形状をしており、大きな空間を構成しづらいため、教室を外側の角でつなぐことで、内側に大きな空間を設けました。また、階段状の教室を設けることで、直接行き来できないけれど地域の人との距離が近付き、小学校と地域の関わりが生まれるよう設計するなど、小学校内のプログラムが箱の中だけで完結しないように地域側の余白と接する配置にしています。

東海大学

## 弔いの聚落

(P.022)

太田 匠

簡単に言うと、墓地をポジティブに捉える提案です。都市空間における墓地の存在意義を示すことで、今消えつつある墓地が今後も残り続けるような、弔い以外の役割も持たせるプロジェクトです。例えば、墓参りに集まった親族で一休みするとなった時に、ちょっと腰かけられる小さな椅子のような建築、そのものが墓であるとか、それぞれの家と墓の関わり方が顕在化していく、その集合体としての墓地を考えました。墓地の種類を大きく分けると、公営型と寺院型、事業型の3つとなります。公営型の墓地は事業型のように固有の宗教色が薄く、また寺院墓地のように歴史があり長大な時間軸の中にあるため、変化し残り続けるランドスケープとして公営型の墓地で提案しています。そして、一般的に墓地は周辺から切り離されて文化として完全に断絶されているようなものが多い中、谷中は小さな墓地がたくさんあり、寺町から生まれた文化として墓参りから派生する石材業や花屋、墓参り後の茶屋などが今も残っています。弔いを日常に取り入れる計画であることから、それらの文化と寄り添う谷中霊園を敷地にしました。一方で最近は墓に対する関心が減りつつある中で、参拝の負担や経費がかからないビル型納骨堂が増えているのだと思います。本設計は、今の墓地のトレンドであるビル型納骨堂に対し、これからの葬送観を問いかけるような、それらに対する問題提起としての提案を考えました。正直、既に亡くなっている人にさらにお金をかけるのは抵抗があって当たり前だと思うけれど、本当にそれでいいのか、そこにお金をかけて居場所ができたらどんなに新しい可能性があるのか、個人個人の葬送文化に疑問を投げかけるような提案にしたかったのです。

東海大学

## 真鶴を継ぐ

(P.080)

松本 乙希

自分の根底にある興味から建築の手法に発展させるという、野口直人研究室の指導方針のもと、金継ぎの手法を応用して設計に取り入れました。割れたものにしかできない風景をつくっているのが金継ぎなので、この街にしかない傷のようなものに対して、違う修復の仕方で新たな風景をつくります。金継ぎを深く分析すると、まず形態を修復して完璧な状態に一度直したうえで金粉を撒いて目立たせる、つまり、修復してから着色などをして当初の陶器との差別化します。それを「修復と対比」とすると、現在の採石場は、採掘の痕跡が残るかっこいい姿を、土を埋め戻すことで消している状態のため、削られている山の稜線を建築の屋根によって復元し、さらに色や形、空間などを対比させています。異素材として、建築自体を鉄骨造、屋根をガルバリウム鋼板とし、屋根を4mと一定の高さにすることで、採石場と道の空間のメリハリができて傷が際立ち、金継ぎの傷を目立たせるデザインとなっています。

真鶴は、東海道線を挟んで山側と海側に分かれますが、海側には「美の基準」という厳しいまちづくり条例があります。条例にはリゾートマンションを新たに建設しないことなども含まれ、昔ながらの港町の風景が守られることで現在は移住者などが増えています。それに合わせて山側の敷地も条例に適応させていくべきか大変悩みました。でも、デザインコードは統一せず、観光地のような風景にはしないようにしました。そして、広大な敷地だけれど、人間のための空間はそれほど必要ではないことから、もっと動物など自然環境に空間を還元することを考え、また、石材業に代わる産業として岩場を好むヤギを利用した産業を計画しました。

審査会後、出展者には卒業設計ができるまでの取り組みや苦労した点、卒業設計で得たものなどを取材。
これから卒業設計に取り組む後輩たちにとって、道しるべのような話が盛りだくさん。

## 人は信号に支配されている

佐藤 可武人 (P.034)

一番初めは、散歩が好きなことから、田舎から東京に出て来てどう都市を歩けばいいのか疑問を抱いたのです。目的がないと歩けないので、とりあえず青信号を辿ることにしました。自分ではなく信号が「青に進め」と指示してくれるので、それを辿った時にどういう見え方ができるか。また、真夜中の交差点は人も車もいないのに信号だけがずっと動いているのが「なんだか不思議でかっこいいな」と、どこか違和感がある存在で面白いと思ったことが本テーマのきっかけです。そこから、青信号を通して人を制御するというよりも、一定のルートを歩くと、青信号に操られていたというものを設計しました。

参考文献にしたのは、「猫にGPSを付けたところ、人が持っている図面的な都市とは関係なく、さらに無目的であるが故の動きをする」という研究です。人間は目的地を決めてから都市を歩きますが、そういう歩き方では都市を10%くらいしか使えていないのではないか、何かに頼った都市の歩き方では簡単な見方しかできていないのではないか、残りの90%をどうすれば引き出せるかを考えました。ただ、どのように感じてもらうか、自分の中にある表現を第三者に伝えるためのツールをつくるのが大変で、一つひとつのダイアグラムやドローイング、模型など、何か1つでも欠けたら自分のつくりたかった表現ではなくなるので、伝え方は非常に難しかったです。当初は、グラフと模型、映像のみで「青信号を辿ると無限の体験ができる」ことを表現していました。しかし、指導教員の田村裕希先生から、「みんなから理解されないところが多いのは実際に形がないからだ」と言われ、これを建築にしてもいいのかは葛藤しました。

## へた地の連続帯による新しい街並みの形成

佐藤 健太 (P.082)

水田と高層建築に興味を持ったのは、海老名の風景のように水田と高層建築が近い場所はあまりないと思ったことからです。そこから、いわゆる田園風景ではなく、水田越しにビルが見える風景をつくりたいと考え、水田と高層建築が近接する街を選定しました。リサーチをしていく中で、水田がなくなる歴史やインフラが通された順番を整理すると、水田にインフラが上書きされたことでへた地が多く存在することに気付いたのが今回の設計のきっかけとなりました。

当初は敷地を車の通れない水路沿いで考えていましたが、エスキスを重ねるにつれ、大きいインフラがズバッと通っているのに対し、細々としたプロジェクトになっていると指摘を受けました。それから敷地の範囲を2カ月ほど試行錯誤して、最終的には駅まで伸びるへた地の連続体を扱うことにしたのです。もともとの範囲から倍近く敷地を広げることになりましたが、海老名の街を新しい視点で見るという意味では良いのではないかと考えています。ただ、範囲が広い分、建築の高さや断面方向を考えるのが大変で、設計をしつつ本番用の模型をつくるという同時並行の作業は苦労しました。

東京工芸大学の卒業設計は、1月の提出とは別に任意で2月にも提出して講評を受けられます。その際に、敷地は変えず3週間かけて設計を大きく変更しました。水田と建築の交わりが切り離されているところが多かったのを、壁越しの屋根の高さなどを意識したり、屏風の壁の開口部を開けたり閉じたりして、奥の水田が見えるようにしています。そのほかに、同じ開口部に見えても施設の窓になっていたり、屋外空間に風を通すための開口部になっていたりというブラッシュアップもしました。

## イロトリ通り

山倉 璃々衣 (P.084)

アートに興味があり自分を表現することが好きなので、模型やプレゼンボードもアートの一部だと考えたら、誰でも気軽に自分をアウトプットできるような場所があればいいと思い、祭りを日常化させる提案を考えました。敷地近くには山梨大学を中心に教育拠点がいくつかあり、例えば小さな教育拠点だとまちのピアノ教室や書道教室もあるので、まちを散策する時にそれらを見つけて、アウトプットの場所とします。立場が違えば教わる人も教える人に、教える人も教わる人になるので、多様なアートの場にしたいと思いました。

リサーチの過程で、敷地周辺をたくさん歩いて写真を撮り、市役所の人や地域の人と話す中で、写真や地図だけでは伝わらないこと、例えばピアノ教室や書道教室などは見落されやすいですが、それらもこまめに見るようにしました。甲府の温かさや祭りの温かさなどはネットでは伝わりませんが、アートも同様です。そのため、人情味を表現するのに手描きのパースなどを用いました。一番苦労したのは図面で、一般的な断面図ではなく絵的に見せようと、甲府盆地に囲まれているような配色にしています。平面図も、家具や人などの手描きのイラストをスキャンして人の顔が見えるような表現方法にしました。設計課題では市役所などに直接話を聞きに行くことはありませんでしたが、この提案では、都市開発や歴史、教育委員会など、市役所のいろいろな部署に行ったほか、水路が張り巡らされている土地なので、下水道の調査をしている人に図面をもらいました。今回はさまざまな専門家やたくさんの人と話したこと、一人で考え込まず友人と話したことでアイデアが出てくることが多く、仲間の大切さを改めて感じました。

## 色の変化と距離感に関する実験記録

(P.030)

鵜川 友里香

色の捉え方に対するちょっとした違和感から本設計は始まりました。夕焼けの空は水色とオレンジ色が混ざっているのに、どうして汚い色にならないのか、色は「付いているもの」として見ていたけれど実はそうではないかもしれないと、小さな頃から色に面白さを感じていました。

色とは固定的なものではなく相対的なものであり、現象的に目の前に立ち現れているもの。だから意識して見ないと、日常の中で色の現象をはっきりと認識するのが難しい。それらをよりわかりやすく実感できるよう、顕著に色が変化するものとして、四角錐の4面を塗り分けて変化する色をつくり出す実験を行い、空間に適用させました。実際に30㎡くらいの空間で展示したところ、さまざまな方に体験していただきフィードバックを得ることができました。居る場所によって見える景色が様変わりすることは、空間に長時間滞在していた自分とは異なり、一時的に来場した人にとって、空間を認識する上で混乱を起こすことがわかりました。滞在時間によって空間体験が異なるのは、大きな発見でした。短時間滞在するための建築に発展させる方法と、もっと実験を重ねて長時間滞在の建築に発展させる方法の両方の可能性があります。また、色の塗り分け方について、領域が大きいか小さいか、色が異なるか同じかという2つのパターンで考えていましたが、展示を経て、境界がはっきり分かれているのか、グラデーショナルに分かれているのかなど、空間の感じ方は人それぞれ違うことに気付きました。本校では実空間の展示の事例があまりなかったうえ、30㎡分の四角錐の色塗りは大変でしたが、2日間の展示で多くの人に来場してもらい、さまざまな意見を聞けたので実施して本当に良かったです。

## 弁当とプラネタリウム

(P.086)

波島 諒

日本語を話しているけれど、日本語が持っている力に気付けていない、無意識的にそういうものを引き受けて使ってしまっているという、思考のインフラに興味がありました。仲のいい人と話している時の無意識下の自分と、初めて会う人と話している時の意識下の自分はおそらく異なるはずです。それら2人の自分が2人いるとすれば、建築をつくっている時の自分と、つくっていない時のもう1人の自分を合わせることができたら、新しいものができるのではないかと考えました。視点を外部と内部の両方に持ち、同時につくり手と使い手に対応する。使っている人は中から建築を体験するけれど、つくっている人はものをどう組み合わせるかを考えるので、外の視点になってしまう。それはもちろん大事だけれど、外の視点と中の視点、自分の意識と無意識を対応させて建築を二度つくるという手法にたどり着きました。

そのなかで、座標変換をして、360度視界に入り得るものすべてを1枚の絵に収めるにはどうしたらいいかは悩みました。例えば不動産屋の間取りでは床は背景になっており、いかに壁が床を分割するかがわかるだけのものに成り下がってしまっている。本当は空間体験というのは空間すべてから受けているはずなのに、図面の描き方によって優劣がつけられてしまう。そうなることで、零れ落ちるものがあるのではないかと考え、全部の建築がフラットになるようにしました。どの部分に何の材料が使われ、それはどの位置にあるか、視界に占める割合はどの程度かをすべて描き込むことで、今まで見ていた図面より材料をフラットに扱えるのではないかと考えました。

## 破壊せず、密接し、喰らう

(P.042)

渡会 裕己

笠森寺の浮世絵に出会った際に、今の建築の表現にはない浮世絵の尋常ならざる力を感じました。それが何故か調べたところ、自然・宗教・人など、モノとモノが生々しくドロドロと衝突し、それが1つの浮世絵の中でバチっと決まっていたのです。それが敷地を選ぶきっかけになりました。テーマとしては文化財の保存です。ある時代にさかのぼって復元するのがモダニズム的な保存論ですが、今回は統合するのではなく、一歩解放することで新しい保存ができないか検討しました。

笠森寺の中の7カ所に提案していますが、よくある点在系のボード表現のように外観と内観のパースと図面という見せ方ではなく、パースは内観だけにして、そのドローイングでいかに自分の思いや表現を伝えるかに注力しました。また、重要文化財などの歴史の積み重ねの表現として、絵の中でどの部材が何年にできたかを細かく描くことにもこだわりました。また、すべて鉛筆で手描きのうえ、1つの絵の中で1色のみ使うことで、色が付いているモノが全体に影響を及ぼしていることを表しています。岩の表現でも、CGでは本物の岩のように描かれてしまうので、浮世絵から伝わってきたおぞましさを表すのに鉛筆による濃淡を用いました。一方で、先日「ミロ展」に行き、紙ではなくやすりや布の上に描かれた作品を見て、今回のドローイングでも、素材ごとにクレヨンや絵具などを使い分けても面白いし、背景の素材なども工夫することができると思いました。ジュアン・ミロが、1枚の絵の中で素材や手法の融合を通してさまざまなことを伝えようとしたように、自分も1枚のドローイングの中で、笠森寺の歴史についていろいろなことを伝えようとしました。

審査会後、出展者には卒業設計ができるまでの取り組みや苦労した点、卒業設計で得たものなどを取材。
これから卒業設計に取り組む後輩たちにとって、道しるべのような話が盛りだくさん。

横浜国立大学

## 重なる水面とGL

石井 優歩 (P.088)

江戸城の外濠に興味があったのと、昔のものをどう考え直していくかに興味があることから、東京の水系が地下に埋められて消えたり、表層に川となって表れていたりしているのが東京の歴史を物語っていて面白いと思い、外濠を敷地として選定しました。また、それが土木インフラとして今も変わらず形骸化して残っている点にも着目しました。外濠自体は流れがある場所なので、有機的な形にしたほうが周辺環境に合うけれど、乗り換え動線や水面を調整するタンクとしての役割があるので四角い形になってしまいます。そこが相反していて形を考えるうえで難しかったです。

中間講評にて「外濠14kmすべてを考えるべき」という意見があったため、当初は特定のポイントで設計していたけれど、範囲を広げて考え直しました。講評前は外濠の価値が土手にあると思っていましたが、外濠自体が変わっていくようなきっかけが大切であると考え、流れの始まりである四谷1点に絞りつつ、四谷の土手だけでなく外濠全体に手を加えました。一方で、転用の歴史がある場所だからこそ、また転用するのではなく、新しい切り口で取り組むべく、昔のように四谷に水を通すことで外濠全体をオープンスペースとし、価値のある場所として設計しています。地下鉄やJRなどのインフラの積層があるので、乗り換え動線を整理するという意味で、水面よりもさらに下に27mのボイド空間をつくり、そこを日常の動線と交わせ、水面に対していろいろな高さの関係が生まれる広場のような空間としました。災害時や雨が降ってきた時は水面が上昇し、広場のレベルに到達すると使えなくなるため、災害時には使えなくても困らない広場という用途になっています。

横浜国立大学

## 学校、歴史の足下

照井 甲人 (P.090)

フィールドワークが好きで、現地の空気感や建築の形、文化を収集して持ち帰り、それを咀嚼してつくるような設計をしたいと思い、本提案に取り組みました。長崎は修学旅行で訪れたことがあり、好きな都市の筆頭であることから敷地としています。1カ月ほど現地で暮らし、都市を知り尽くすまで歩き、歴史を調査し、住民や市役所のかたなどとの密な交流もでき、とても充実したリサーチとなりました。

学校というプログラムにたどり着いたのは滞在期間の終わり頃で、登るのが大変な斜面地に、学校以外の公共空間がないことが気になりました。また、学校は貧富の差など関係なく全ての人が通う場所で、重要な制度・文化であるにも関わらず、建築としては全く上手くできていません。学校という文化そのものが悪者のように見える建築となってしまっていることへの批判もありました。

長崎では墓参りに行くと、親戚が集まって墓の周りで宴会をするのですが、そこには昔ながらの親戚づきあいという文化が残っています。そうした市民に根付いた長崎の歴史観を育み、継承するために、学校建築という普遍的な形を変えていく提案を考えました。普段の生活の中で通る道に、学校というプログラムをプラスの要素として取り入れた「学びの道」というものを構成に編み込み、交点の中庭や奥のクラスルームなどが織り混ざった、足元から歴史を感じることができる建築をつくりました。

横浜国立大学

## 諦めない人生を支える、まちの大給食室

藤本 梨沙 (P.018)

敷地の糸島は私の地元から車で1時間ほどの距離にあり、ドライブで行った時には自然が豊かで食べ物がすごくおいしかったです。「みんながいろいろなことを欲張って生きていく社会をつくる」を卒業設計のテーマとし、何か1つ大きい魅力をみんなで共有して、新しい価値観を得られる提案を考えようと思い、この糸島の魅力を生かしました。建築としては、1ユニットに柱を4つ落とし、1つの四角ですべて建つような簡単な構造で、パーツごとに手入れができます。

また、糸島は学校給食での地産地消が盛んなため、普段関わらない人同士の関わりを生むのに、「同じ釜の飯を食う」ことが良い影響を与えると考え、給食室というプログラムを取り入れました。ただ、用途をすべて決めるのではなく、何に使えるのか想像する余地があり、わくわくするような空間を目指しました。だから、プログラムはあるけれど、「絶対にこれをする空間」という固定はあまりしていません。また、糸島市は観光にも力を入れているけれど、提案した建物は観光がメインではなく、あくまでも住民の暮らしを支えるためのもので、中のプログラムも観光というより暮らしを重視しました。ホールも、海をバックに結婚式や合唱コンクールなどで使用することで、まちをもっと好きになってもらえると思います。端の大きいドームなども、フリマなどのちょっとした行事や災害時の避難場所として使えます。風呂もあるし屋根が広いのでみんながぎゅうぎゅうにならず、各々好きなところでくつろげます。オスカー・ニーマイヤーの『イビラプエラ公園』における、「大きい屋根の下だと（一部の人間に）独占されない（ほどの大きな空間ができる）」という発想を参考に、住民を一番に考えました。

第33回 JIA神奈川建築Week
かながわ建築祭2022
学生卒業設計コンクール

# 出展作品

# Exhibited Works

# YOKOHAMA COMPLEX

## 現代日本における離散的公共空間の提案


田代 悠輝 Yuki Tashiro

浅野工学専門学校 建築工学科 担当教員:山本大貴

■背景と目的

近年の再開発事業によくみられる商業施設・事務所建築が一体化したいわゆる駅ビルなどは、狭小な土地に建築物が近接・集積した現代の高密な都市環境において、用途の再編を通して施設や設備を共用化し、土地や施設等を高度利用するという、現代日本都市の功利的側面を体現した事例が多く存在する。しかし、2020年に新型コロナウイルスの影響により建物のあり方が大きく変わってきている現状にあると私は感じている。例えば、庁舎や図書館あるいはスーパーマーケットは、エントランスが限定され、入場数も制限されている現状にあると言えた。そこで私は、現代日本における公共空間の問題定義を掲げ、今までの用途空間の集積した公共建築の可能性を引き継ぎ、「現代日本における離散的公共空間」の提案を目指す。

これからの新しい公共空間を目指す目的は、「コロナ禍における、制限されてしまった公共空間のあり方」について再検討し、人が集まる都市部の密集地に公共複合建築を設計し、新たな活動の活用と可能性を見出すことである。

■コンセプト

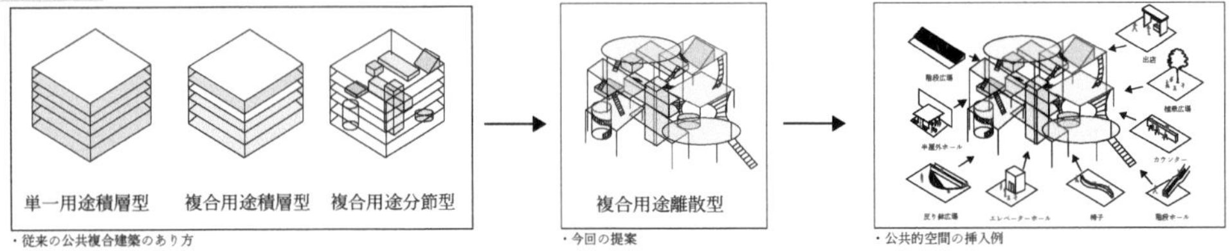


・従来の公共複合建築のあり方　・今回の提案　・公共的空間の挿入例

本来自由である建築は、用途、法律、行政・民間委託などさまざまな条件によって縛られ、自由とはほど遠い建築物が多く造られてきた。しかし、2020年に新型コロナウイルスが世界に広がると今の建築、建物のあり方に疑問を持つようになる。なぜハコに用途が収められ、自由で便利に見える建物が窮屈そうに見えてしまうのか。突然に建物は制限され、人は自由に使うことを許されなくなった。しかし、山下公園やブライアント・パークのような外部空間は制限は緩く、本来の使い方を維持していた。何より、広場や公園にはエントランスを複数有し、出店やイベントによって、普段の活動に加え、新しい空間へと変貌を遂げていた。

私の提案は、用途空間の集積した建築の可能性を用途空間と余剰空間の関係を再検討することによって新しい公共空間を目指し提案する。本計画では、複合用途分節型から生まれる余剰空間を公共的空間と捉え、用途空間との関係を意識しながら離散的に配置する。

公共空間を定義に則り（・施設の用途空間に依存せず、不特定多数の利用者を有するもの・活動の自由が許される）"緑化広場"として、公共空間を創出した。離散的に配置された公共空間では、隣接する用途空間や外部空間の関係から様々な性格付けがされ多様なアクティビティを誘発する。それらのアクティビティによって、人々は自由な活動を行い、建物全体が自由なモノとして存在するだろう。

■敷地

設計敷地は、横浜駅西口南幸町となる。横浜駅西口の繁華街の一角として、鶴屋町と並ぶ賑わいを見せる地域である。南幸町は横浜駅西口に面し、市内はもとより国内でも有数の商業集積場となっている。昼間は買い物客やカフェ、喫茶店やランチ利用者が多く、夜になれば居酒屋を始めとした飲食店、アミューズメント施設など大人の街としても賑わい、多世代が利用する街である。

横浜駅は1859年の横浜港開港以降、横浜駅は3度形や場所を変え、東口がメインとなる。しかし1955年に三ツ沢で国民体育大会が開催され、西口広場と周辺道路が天皇の行幸事業として整備された。そういった歴史と背景が現在の横浜へと変貌していった。　横浜駅周辺は、人の流れが多く、駅ビルをはじめ繁華街まで密集しているのが特徴的である。また、設計敷地も周辺ビルに囲まれた場所で「人が集まる都市部の密集地」として最適な場所と言える。そして、帷子川と幸川橋の広場が隣接した特徴的な敷地でもある。

A. 広場を介して、用途と用途が緩く交わりながら、人が集まっていくところの見せ方がプレゼンの見せどころとなりました。さらにパースではさまざまな空間を見せるために、本来のプレゼンボードより多くのパースを用意しました。

**設計趣旨** 本計画は、横浜駅西口の密集地を選定敷地とした。現代日本における公共空間の問題定義を掲げ、「今までの用途空間を集積した建築の可能性を引き継ぎ離散的公共空間の提案によって新しい公共空間の在り方を見出す」ことを目指す。今回の提案は複合用途離散型の提案である。1つの建物で包含されていた空間を離散的に配置することで、施設としての在り方だけでなく、密集地だからこそ内外部に空間の提案をすることで新たな空間の在り方を見出すことにつながる。それが何もないような広場であったり、1階から最上階まで抜けていく吹き抜けであったりと、用途と用途の間に大小の空間を設けることで、用途が交わり人が交わっていく。

■計画手法

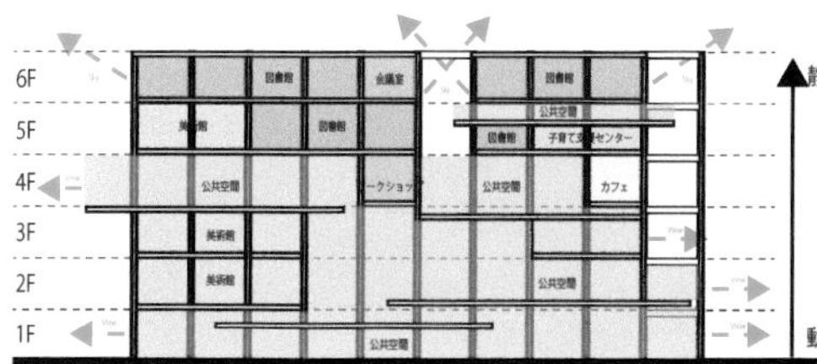

・断面から見る計画手法

施設の階構成は、1F：緑化広場、2F：緑化広場、美術館、屋外展示場、運動場、3F：緑化広場、美術館4F：緑化広場、ワークショップ、カフェ、5F：緑化広場、美術館、図書館、子育て支援センター、学習広場6F：図書館、会議室となっている。

1階は、人々が自由に活動する緑化広場である。2階は、美術館に広場を隣接することで、屋外展示場の役割も果たす。3階は、2階から抜ける広場と北側に突き出す広場が顔を出す。4階は、広場、用途が隣接するように配置し、2階同様に西側の広場は屋外展示場の役割を担う。東側の広場は用途の中間に設け、両用途が広がるスペースとなる。5階は、広場を囲むように用途を配置している。西側は図書館と美術館、東側は児童図書と子育て支援センター、北側は学びの広場として利用する。6階は、図書館と会議室を設け、北側開架書庫は周囲をテラス、西側には部屋型の開架書庫とフリースペースを設け、使い方を多様としている。

断面計画は、1階は広大な広場を計画し、2階から6階は施設中央部が吹抜け空間を計画し、空間の繋がりを創出した。また、当施設は周辺施設に囲まれているため、窓をガラス張りにすることで、周囲からと吹抜けの採光を取り入れる。構造は階高8m、10m×10mのグリットに計画し、緑化広場をスキップフロアのように各階に差し込んだ。また、広場を用途と用途の間や隣接させることで、用途が広場に緩く広がる計画をした。エントランスは限定しないよう、1階から6階まで繋がる階段や、各階に複数の階段を設け、平面の繋がりだけでなく上下の繋がりが各用途に複数のエントランスを創出した。

■離散的公共空間（長手断面パース）

1 複数の積層されたスラブを望む 4F:緑化広場

2 家族で自由に遊べるプレイルーム 4F:子ども広場

3 5F:広場

4 彫刻作品の屋外展示広場 2F:屋外展示場

5 インナーテラスと美術館との関係 3F:インナーテラス

6

■離散的公共空間（短手断面パース）

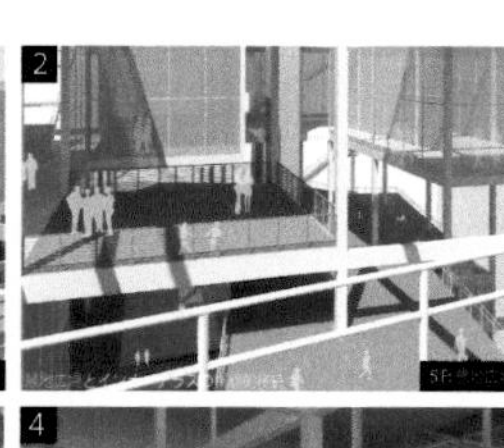


3

図書館とインナーテラスの関係 3F:緑地広場とインナーテラス

**Q.** 模型制作で苦労した点や注目ポイントは？

**A.** "緑地広場"である空間を、グリッドに納まっている各階の間に差し込む形にしました。その部分を模型でバランスを取りつつ、用途や人が交わっている様を表現するのが大変であり、注目して欲しいポイントです。

# huminboxture+


松元 愛慈 Ai Matsumoto

浅野工学専門学校 建築デザイン科 担当教員:菊地 哲

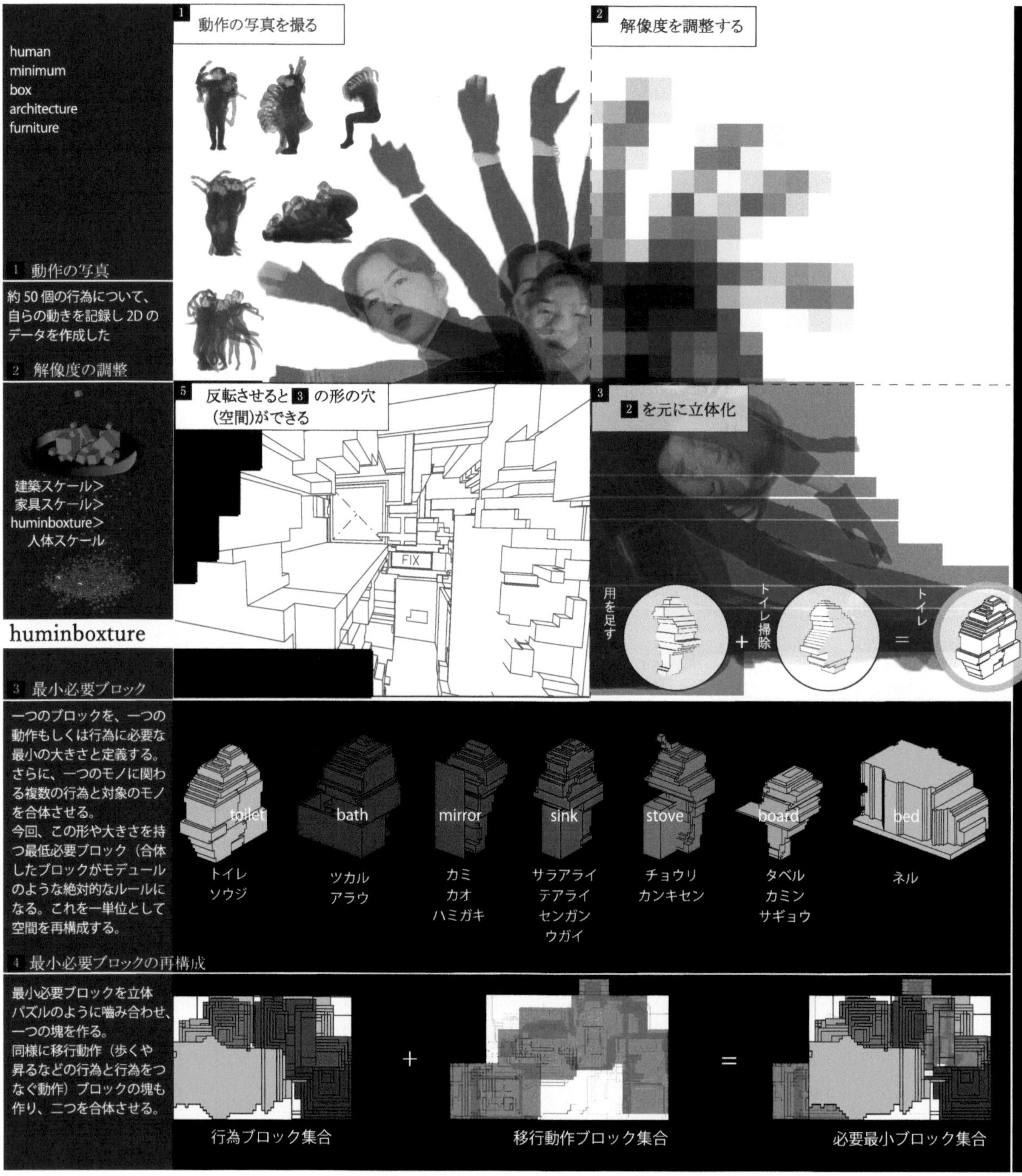

human
minimum
box
architecture
furniture

1 動作の写真を撮る

2 解像度を調整する

1 動作の写真

約50個の行為について、自らの動きを記録し2Dのデータを作成した

2 解像度の調整

建築スケール>
家具スケール>
huminboxture>
人体スケール

5 反転させると3の形の穴(空間)ができる

FIX

3 2を元に立体化

用を足す + トイレ掃除 = トイレ

huminboxture

3 最小必要ブロック

一つのブロックを、一つの動作もしくは行為に必要な最小の大きさと定義する。さらに、一つのモノに関わる複数の行為と対象のモノを合体させる。
今回、この形や大きさを持つ最低必要ブロック（合体したブロックがモデュールのような絶対的なルールになる。これを一単位として空間を再構成する。

toilet トイレ ソウジ

bath ツカル アラウ

mirror カミ カオ ハミガキ

sink サラアライ テアライ センガン ウガイ

stove チョウリ カンキセン

board タベル カミン サギョウ

bed ネル

4 最小必要ブロックの再構成

最小必要ブロックを立体パズルのように噛み合わせ、一つの塊を作る。
同様に移行動作（歩くや昇るなどの行為と行為をつなぐ動作）ブロックの塊も作り、二つを合体させる。

行為ブロック集合 + 移行動作ブロック集合 = 必要最小ブロック集合

**Q.** 巡回審査のプレゼンで工夫した点は？

**A.** 見て聞いてパッと趣旨がわかるような、ブースの構成を意識しました。泥臭さやパワーを感じていただきたかったので、自らの動きによるデータ約50個の表や、そのうちの一つの行為を実寸でパネルを用いて展示しました。

**設計趣旨** 家の主になるべきは住民の暮らしだ。しかし、狭い1Rアパートによく見られる、機能（もの・設備・家具）が主となる構成では、「機能の用途・用途の空間内に収まる行為・それらをつなぐ移行動作」しか許容していない。その一方、十分に利用されていない空間もある。そこで、指標となる建築の寸法は解像度が粗く、本当に必要な大きさを見られていないと思い、解像度を上げて、それぞれの行為に必要な最小の大きさを、自らの動作から定義。それをもとに機能を再構成する。これは、ミニマムな生活を目的とするのではなく、限られたスペースにおいて、無駄で名前のない空間を生み出すための手法であり、量産された均質なアパート等集合住宅に対する私の小さな反抗である。

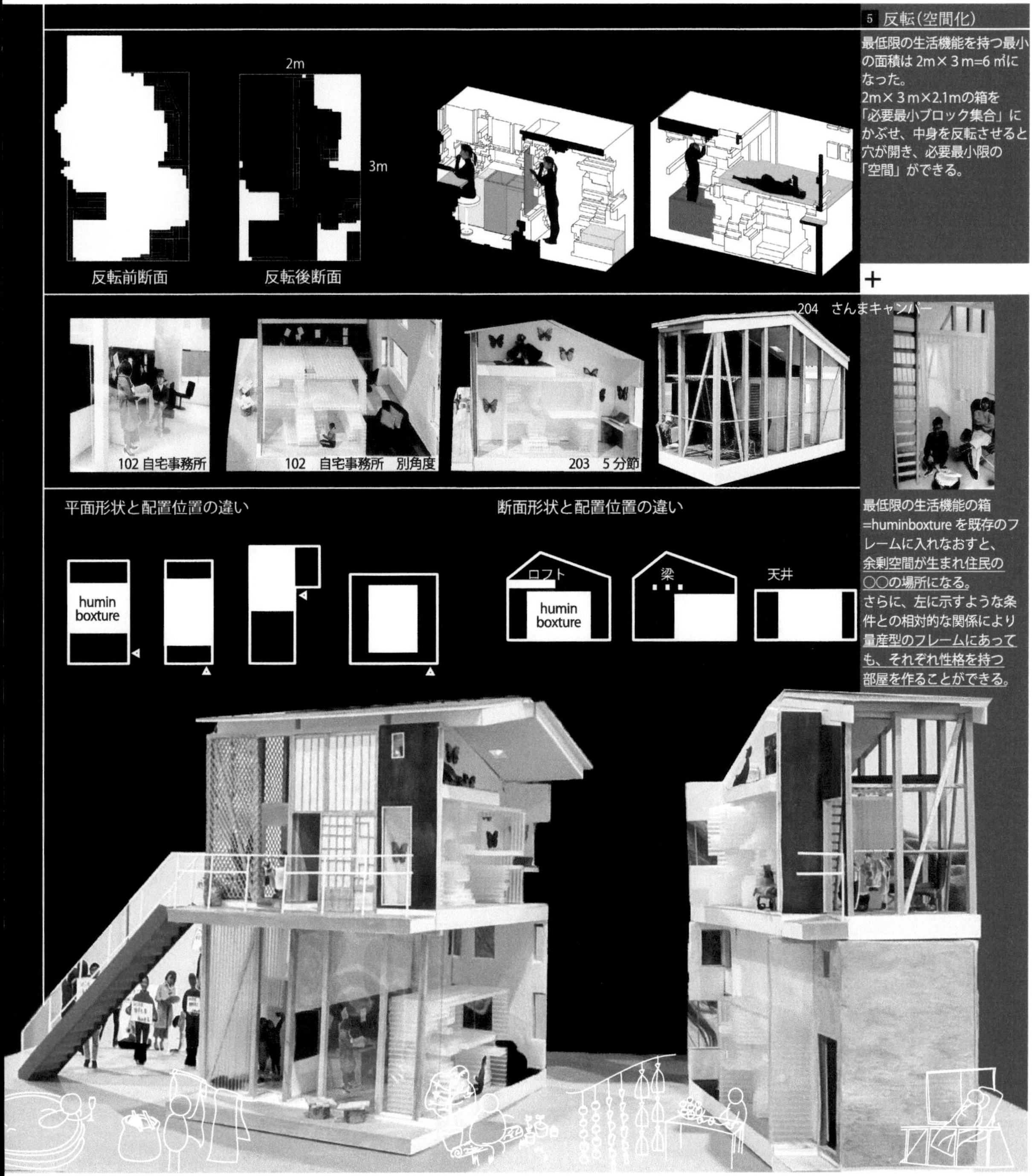

### 5 反転（空間化）

最低限の生活機能を持つ最小の面積は 2m× 3 m=6 ㎡になった。
2m× 3 m×2.1mの箱を「必要最小ブロック集合」にかぶせ、中身を反転させると穴が開き、必要最小限の「空間」ができる。

2m

3m

反転前断面

反転後断面

＋

102 自宅事務所

102 自宅事務所 別角度

203 5 分節

204 さんまキャンパー

最低限の生活機能の箱=huminboxture を既存のフレームに入れなおすと、余剰空間が生まれ住民の○○の場所になる。
さらに、左に示すような条件との相対的な関係により量産型のフレームにあっても、それぞれ性格を持つ部屋を作ることができる。

平面形状と配置位置の違い

humin boxture

断面形状と配置位置の違い

ロフト

humin boxture

梁

天井

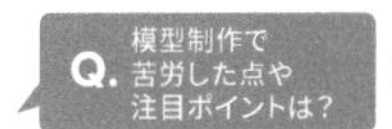

模型制作で
Q. 苦労した点や
注目ポイントは？

ブロックの模型はつくり方から模索し、イメージの解像度を上げるため、1/5 スケールに挑戦しました。アパート模型では、住民の背景を設定し、暮らしが部屋から溢れ出る、見てワクワクするような細部を演出しました。

# Sora-moyo


谷米 匠太 Shota Yagome

浅野工学専門学校 建築デザイン科 担当教員:山本大貴


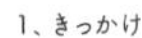

### 1、きっかけ

空にははっきりとした形、スケール、概念が定まっておらず、環境や視点、時間によって見え方や名称が変化する。それに対し、従来の建築は環境や活動をそれぞれ明確に分節した内部空間により、人やモノ、活動の領域を制限し、主体は建築にあるままである。

今回の提案では、環境や人、モノ、活動が主体となりながら空間の性質はそれにより変化し続け、建築自身は背景としてそこに存在するだけ。そんな空のような建築を目指して設計を進めた。

Sunny

Cloudy

Night

Sunset

### 4、コラージュ

次に、建築全体の形態を決定するために空の見え方を考えた。空は地球にひと繋がりに全体が存在するにも関わらず、視覚で捉えることができるのはその一部分である。さらにその見え方は観測する位置や周辺との相互関係によって変化する。室内から見た窓によって切り取られた空や、ビルの狭間から見える僅かな空であったりと、同じ空でも観測点や窓、ビルなどとの関係性によって全く異なる見え方をする。

このように観測点の違いや、物やコトとの相互関係の変化によって様々変化する空の性質をヒントに、観測点や環境、モノ、人、活動との異なる断片的なテキスタイルのイメージを、40のシーンとして考え、それぞれのシーンが成立するような全体のイメージを膨らませていった。

室内から見た窓によって切り取られた空

ビルの狭間から見える僅かな空

### 2、マテリアル

背景として存在しながら、様々な影響を受けやすい建築を考えたとき、まずテキスタイルのイメージが浮かんだ。テキスタイルは、空気、光、水の動きを可視化し、柔らかい材質によって様々な形態に変化する。

従来の床、壁、屋根のような空間の境界を、空間のヴェールとしてテキスタイルが包括することを目指した。

Floor, Wall, Roof

→

Textiles

### 3、エレメント

様々な活動やモノを許容できるよう、臨機応変に空間の性質が変更できる必要があった。そこで、テキスタイルを用いて、自由自在に空間の高さ、広さを変更できる建築装置を考えた。

この装置は、空のような建築を構成する上で最も重要なエレメントであり、また、背景として存在するだけの客体でもある。

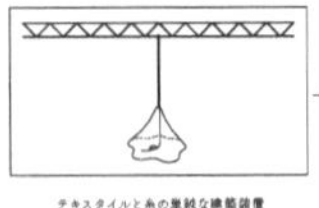

テキスタイルと糸の単純な建築装置

→

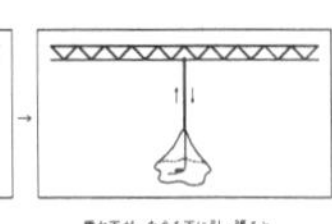

垂れ下がった糸を下に引っ張ると、

→

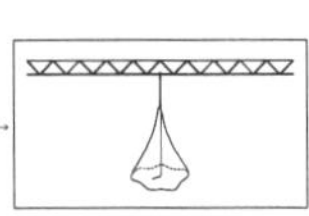

テキスタイルが吊り上がり自由自在に空間ができる

### 5、全体

ひと繋がりの空のようなテキスタイルと、それを糸で吊り上げる建築装置、方向性を持たない単純な正方形のプラン。柔らかさと相対的なストラクチャーとそれらの隙間からはみ出るテキスタイルの余白が互いにせめぎ合うことで、強くも、また弱くもある形態を保持し、また境界がなく内外が同時に存在している曖昧なニュアンスの空間が完成した。

**Q.** 巡回審査のプレゼンで工夫した点は?

**A.** プレゼンのための原稿をあらかじめ用意せずに、各クリティークとの対話やその場の即興の空気を大切にし、自分の素直な提案に対する可能性や想いを伝えました。

**設計趣旨** 空は環境の影響を受け日々変化し続けている。人は青空を見て清々しくなったり、雨空をみて憂鬱になったり、空とともに生活や行動、感情も変化する。それはとても豊かで愛しいものであり、建築もそうあって欲しいという想いが、この提案のきっかけである。建築的操作としては、単純な建築装置とストラクチャーを考えただけで、ほとんどディティールは存在しない。環境や人、モノ、活動が主体となって、空間が変化し続けるには、建築は背景としてだけ存在する必要があり、建築自身に意味合いを持たせたくなかったからである。自分と建築と空との対話によってドライブしてきたこの提案は、それぞれとの対話で立ち上がってきた小説や映画のようなものであると私は考える。

6、建ち方

建築には本来敷地という固定的なロケーションが存在する。

しかし、空にはロケーションは存在せず地球全体を漂い、全ての場所に存在しながら、それぞれの場所で全く異なる見え方、振る舞い方をしている。

今回は、建築自身を都市、熱帯、海岸、砂漠、南極の5つのロケーションにコラージュし、それぞれの場所での活動、形態、建ち方の変化を考えることで、空のように変化する様子を建築的に表現する。

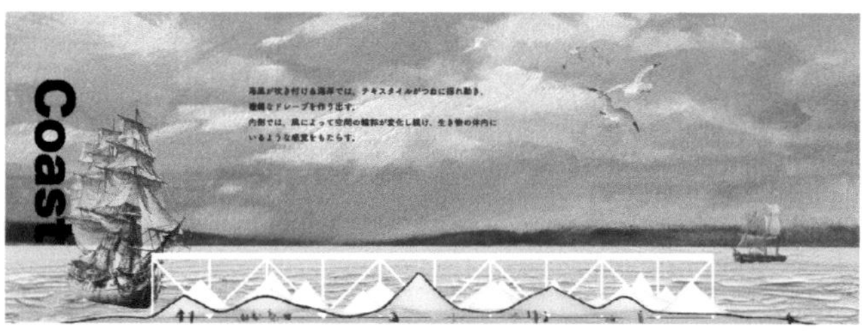

**Q.** 模型制作で苦労した点や注目ポイントは？

**A.** 苦労した点は、部材を一つ一つつくり組み合わせた巨大なトラスです。テキスタイルの単純さと柔らかさ、ストラクチャーの緻密さと強さ、点景の鮮やかさと自由さを対比しながら見て欲しいです。

# 自分だけの体験を

## 歩いて想像する詩のようなミュージアム

野中 美奈 Mina Nonaka

神奈川大学 工学部 建築学科 建築デザインコース 六角美瑠研究室

### 私にとっての「歩く」

普通の場所とは違うとこにある一人っ子

一人で頑張っている看板応援したくなる

あちらとこちらを繋ぐトンネル

私は歩くことが好きでよく散歩や旅に出かける。そこで見つけた素敵な風景は頭にずっと残っている。それがアイデアに役立ったり私の原風景となる。

### 「歩く」ことが及ぼす効果

電子機器に依存する私たちは手元を見ることが多く身の回りへの興味が薄れてきている。その興味を引き出すきっかけとなる。

提案：歩いて気づくことへの楽しさを体験するミュージアム

小さなことに気がつく楽しさを共有し、自分らしさを追求していく。このミュージアムがそのきっかけとなる。

Q. 巡回審査のプレゼンで工夫した点は？

A. 作品の一連の流れが伝わりやすいようにポートフォリオを作成しました。模型が提出できなかったため、全体像がわかる模型写真を用意し、内部空間の詳細が伝わるようにドローイングを用意しました。

**設計趣旨** 私は歩くことが好きだ。「歩く」という行為は身の回りの小さなことに気がつける。私は歩くことが好きでよく散歩や旅に出かける。そこで見つけた素敵な風景は頭にずっと残っている。それがアイデアに役立ったり、自分を前向きな気持ちにさせてくれたりする。そして私の原風景となる。歩くことは身の回りへの興味を引き出す行為だ。電子機器に依存している私たちにとって身近なことへの気づきは新鮮だ。自分で選択し、自分だけの体験ができるミュージアムを提案する。道端に咲く花。水面に映る雲の動き。隙間から見える風景の切り取り。小さなことに気がつく楽しさを共有し、自分らしさを追求していく。このミュージアムがそのきっかけとなる。

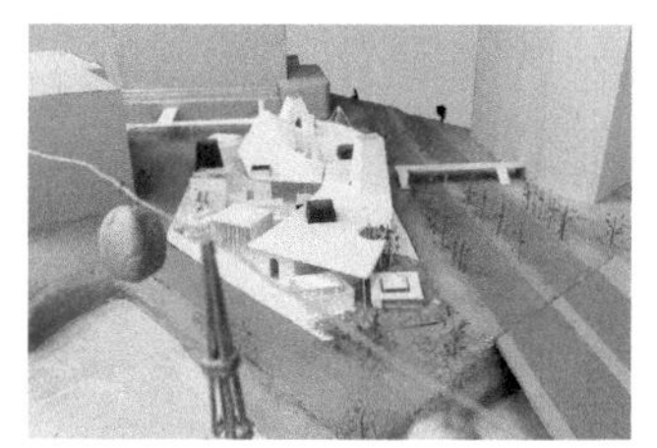

## 3つの空間と28このオノマトペ空間

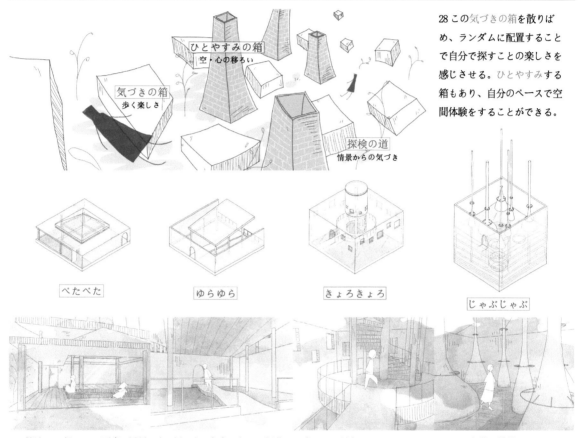

ひとやすみの箱
空・心の移ろい

気づきの箱
歩く楽しさ

探検の道
情景からの気づき

28この気づきの箱を散りばめ、ランダムに配置することで自分で探すことの楽しさを感じさせる。ひとやすみする箱もあり、自分のペースで空間体験をすることができる。

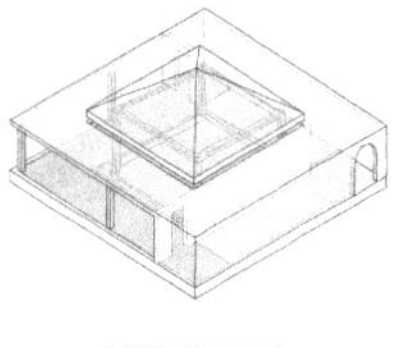

ぺたぺた

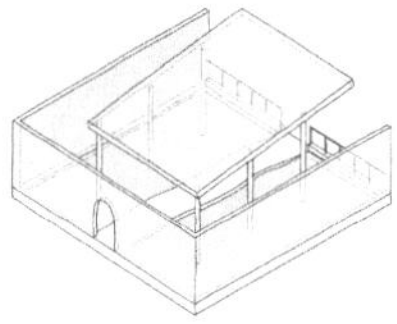

ゆらゆら

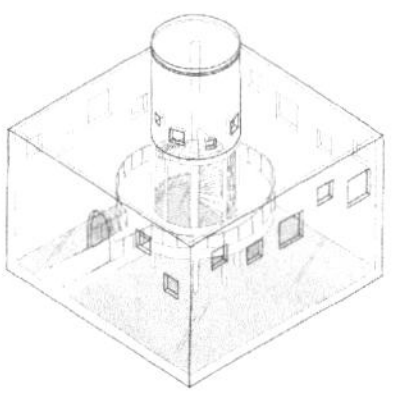

きょろきょろ

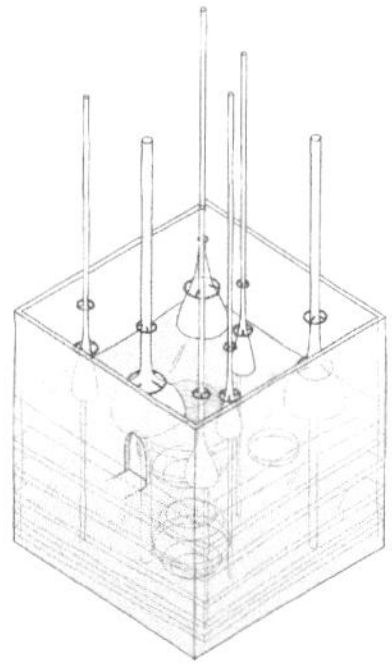

じゃぶじゃぶ

敷地から得られる要素、風景、光、緑、水、密度、高さを操作し、歩くから連想される28このオノマトペ空間を構築していく。

## 自分で進むルートを選択していく

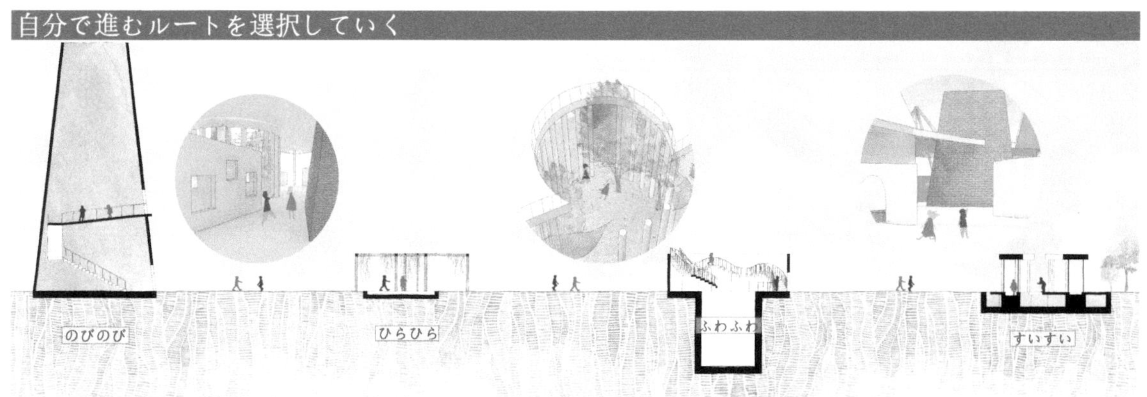


訪れた人々は自分の好みやその時の気分によって進む道を選んでいく。環境面でも同じ体験はなかなかできない。

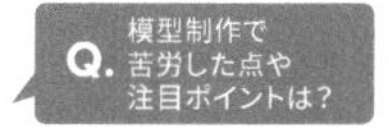


A. 自分の世界観を伝えるために模型の配色にこだわりました。スケールの小さな模型も細部までつくりこむことで、覗き込むと小さな気づきを得られます。断面模型と比較しながら全体像をとらえやすくしました。

# 生き生きとした一齣を繕う

## 人間と自然のぶつかり合いの分析に基づいた建築の提案

福與 栄多 Eita Fukuyo

神奈川大学 工学部 建築学科 建築デザインコース 曽我部昌史研究室

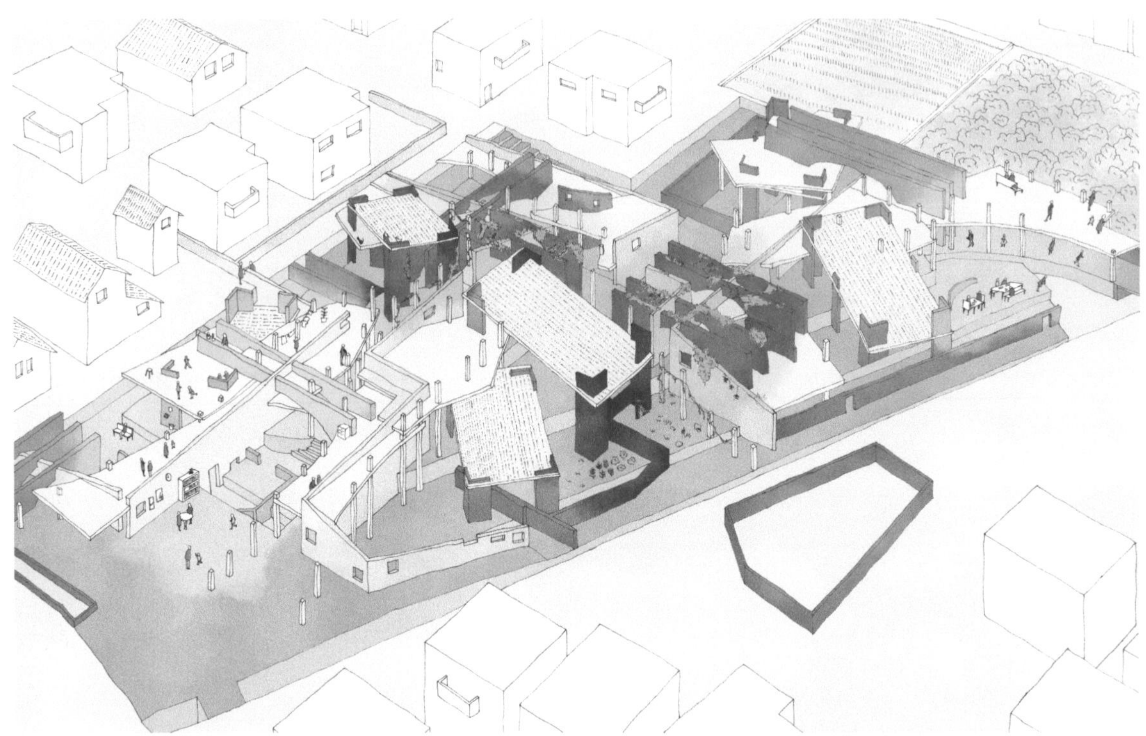

## STEP1 異なる要素が混ざり合いつつもどこか一体感を感じる瞬間をスケッチする

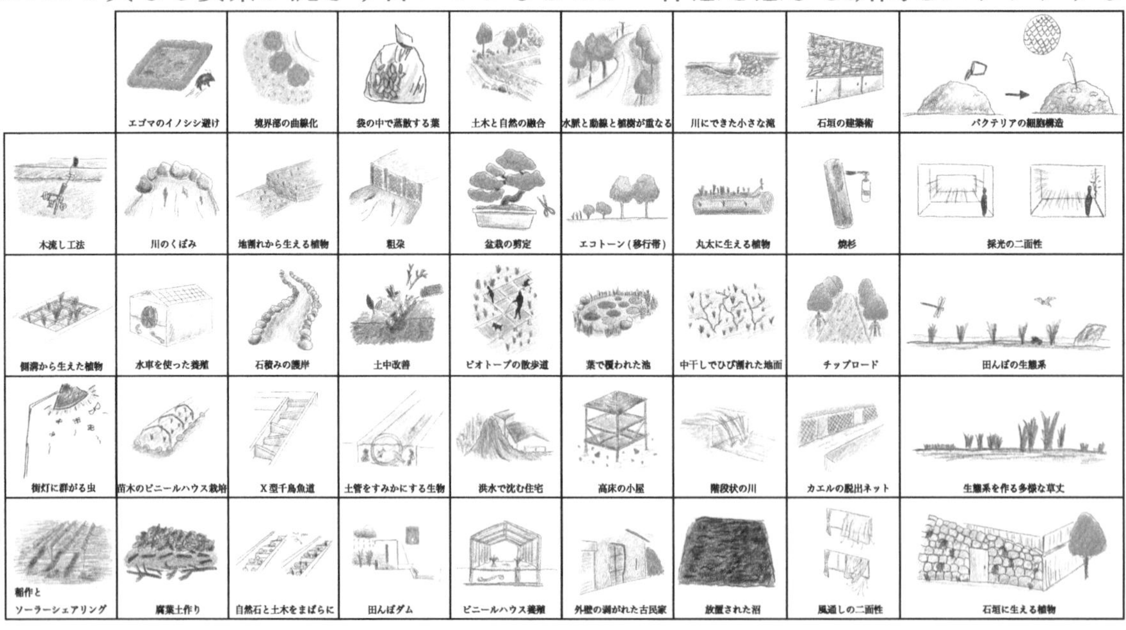


**Q.** 巡回審査のプレゼンで工夫した点は？

**A.** 設計に至るまでの分析とスタディを高密度にしたため、それがこの案の特徴でありわかりづらさでもあると思うのですが、伝えたいことは一貫していたため、一つ一つの項目よりも全体の流れとそのつながりを重視しました。

**設計趣旨** 私は何の変哲も無い日常の一齣にハッとさせられることがある。アスファルトに咲くたんぽぽ、街灯に群がる虫たち。人間と自然が互いに生き生きとぶつかり合う場面にはどこか一体感を感じ、この先どうなるのかわからない力強さを感じる。私がこれらの場面に魅力を感じるのは何か理由があるのだろうか。それを紐解くことはエネルギーや材料だけではない人間と自然の新たな在り方へとつながる手がかりになるかもしれない。このような「生き生きとした秩序」を感じる44のシーンから9つの要素を手がかりにつくった15の空間構成を、その土地が持つ環境特性と段階的に組み合わせることで機能主義から解放された、快適ではないがさまざまな解釈のできる建築を提案する。

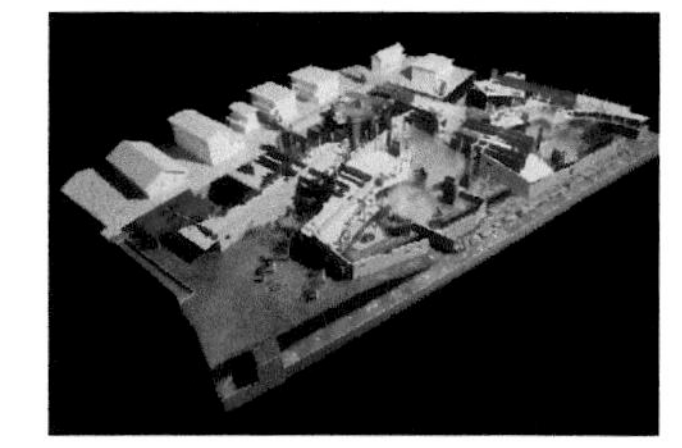

## STEP2 抽象的に分析する

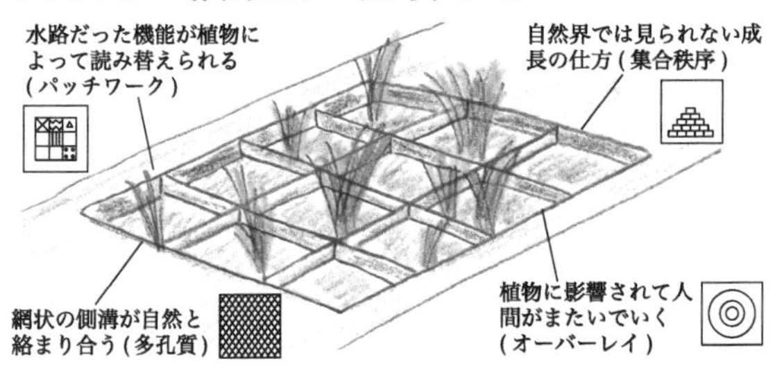


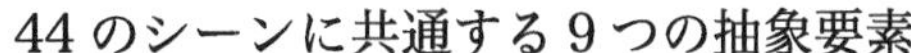

44のシーンに共通する9つの抽象要素

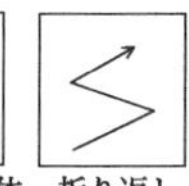

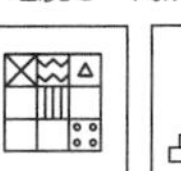

## STEP3 建築の空間に応用可能かを概念模型でスタディする。

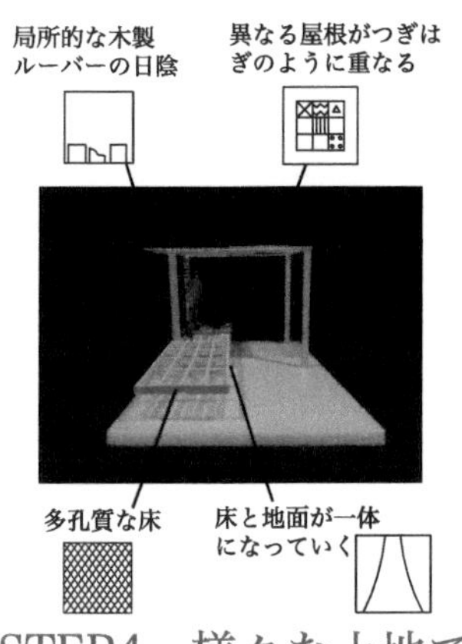


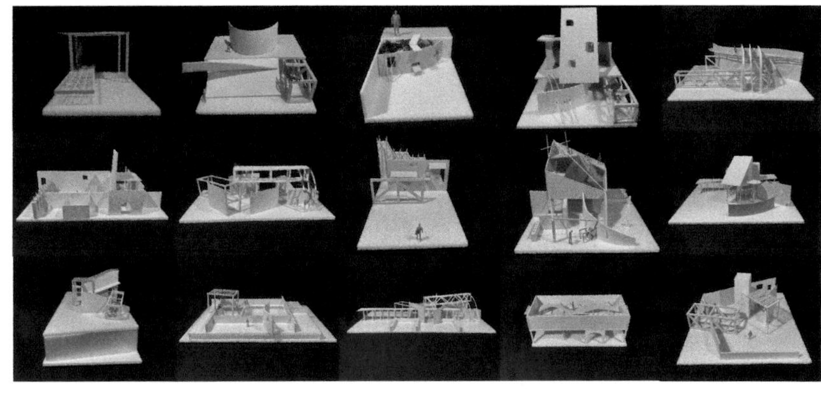

## STEP4 様々な土地で考えられるようにダイアグラムとして抜き出す。

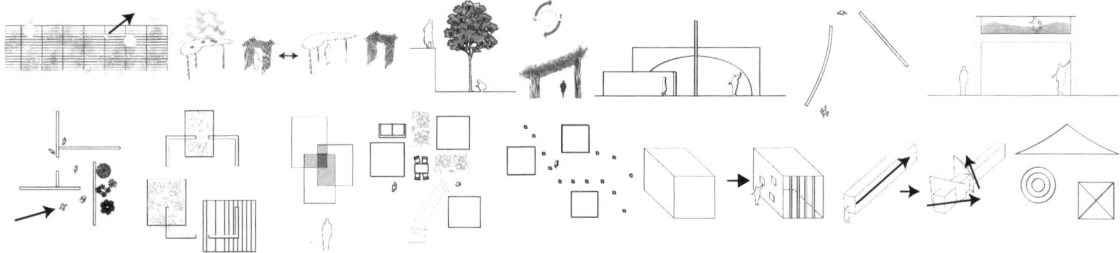

## STEP5 土地が持つ独特の環境特性と15のダイアグラムを段階的に組み合わせる

**Q.** 模型制作で苦労した点や注目ポイントは？

**A.** 色の選定です。スタディ模型は順序を表す記号的な意味があり、本模型では既存の敷地と呼応するような土着的な意味があります。また既存の素材と新規の素材は異なる意味を持つため同じ素材でも変化をつけました。

# 興復のとりで

## 観音崎公園における歴史的財産と暮らしの融合


毛利 菜稜 Nazumi Mouri

神奈川大学 工学部 建築学科 建築デザインコース 曽我部昌史研究室

A. 地中に埋まっている部分が特徴的だったため、すべての内部空間が見せられるよう切断部分を工夫しました。特徴的な造形を裏付けるために細かいリサーチについての説明をボランティアの実体験を通して説明しました。

 観音崎公園は歴史的資産を多く有しており、公園内の維持管理のほとんどは地域住民のボランティア活動によって行われている。現在では周辺住民の高齢化や施設設備の老朽化も相まって公園利用者数も減少傾向にある。本提案では、観音崎に残る記憶を地域住民が知り後世に継承していくことを目的とし、地域住民が観音崎の歴史や生態系を学ぶためのボランティア拠点を提案する。砲台跡や地下壕が観音崎の特殊な生態系をつくり上げ、観音崎を守り続けている。この特殊性を利用し建築物を建て、水資源を確保し、観音崎に生息する昆虫や植物を育ませる場とする。遺構が持つ特徴的な要素を抽出し現代の用途に変換し付加価値を与え、遺構の新たな活用方法を考えるきっかけをつくる。

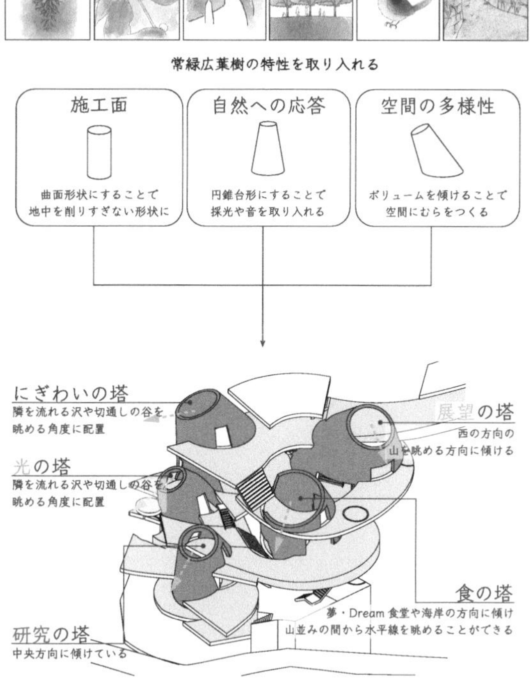
常緑広葉樹の特性を取り入れる
施工面
曲面形状にすることで
地中を削りすぎない形状に
自然への応答
円錐台形にすることで
採光や音を取り入れる
空間の多様性
ボリュームを傾けることで
空間にむらをつくる
にぎわいの塔
隣を流れる沢や切通しの谷を
眺める角度に配置
光の塔
隣を流れる沢や切通しの谷を
眺める角度に配置
展望の塔
西の方向の
山を眺める方向に傾ける
食の塔
夢・Dream 食堂や海岸の方向に傾け
山並みの間から水平線を眺めることができる
研究の塔
中央方向に傾けている

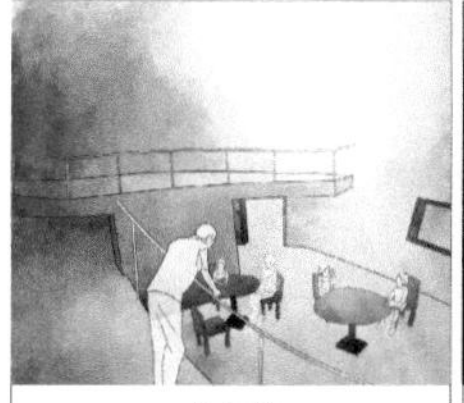

食の塔

学んだことや起こった事を…　共有するための塔

研究の塔

観音崎自然博物館　ボランティア拠点・研究の塔

連携

光の塔

観音崎を体感　知ったことを地域住民同士で共有

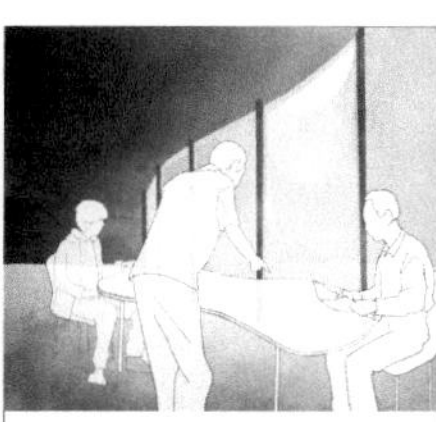

にぎわいの塔

ビオトープや周辺でとれた生物や植物を調理して学ぶ

展望の塔

屋上：
観音崎の風景を見て学ぶ

地下：
微生物を使って雨を浄化

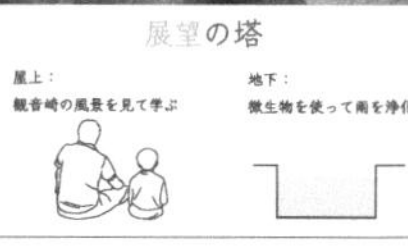

**Q.** 模型制作で苦労した点や注目ポイントは？

**A.** 円錐台の塔が地中に埋まったものを分割した断面模型だったので、形を崩さず切断することに苦労しました。外観は地中に埋まるボリュームがダイナミックに見えますが、内観は地域住民が親しめる内部空間にしています。

# 00式ヨコスカ

## 地形を更新する都市近郊における再開発

黒柳 静希 Shizuki Kuroyanagi
関東学院大学 建築・環境学部 建築・環境学科 柳澤潤研究室

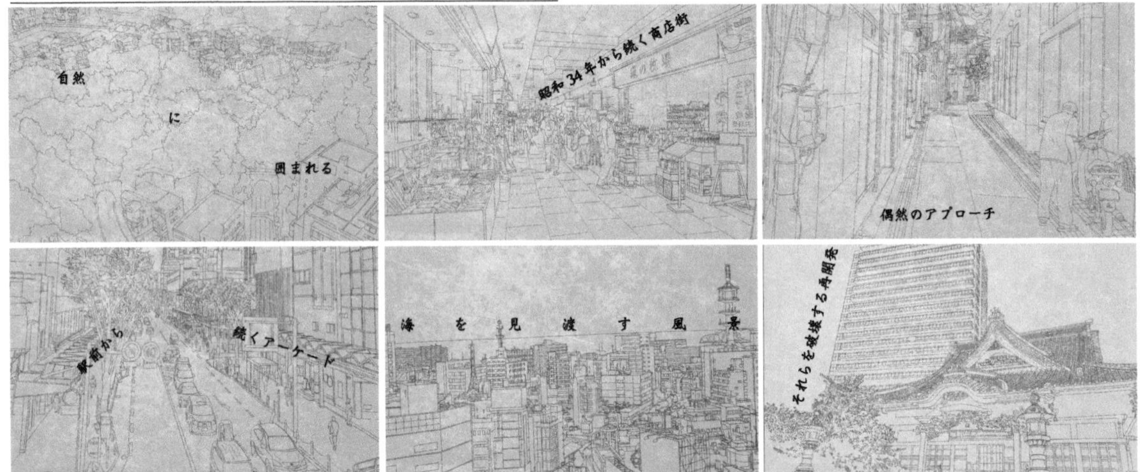


01 断面計画

02 丘陵地ならではの容積の確保

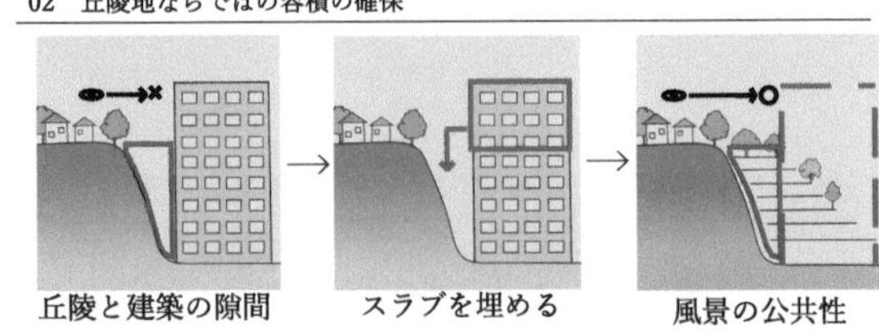


03 全体計画

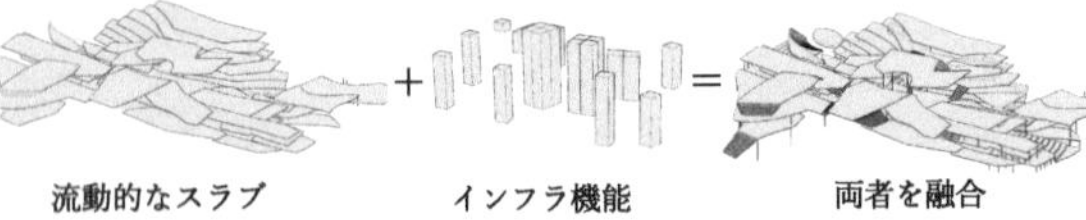


04 プログラム

万人が利用する駅としての様々なプログラム

丘陵地からビル群までをつなげるような断面が重要な設計だったので、断面模型を大きく開きながら説明するように心がけました。

**設計趣旨** 変わりゆく街並みをどこか寂しく思いながらも、開発された東京や横浜の風景に圧倒されて、美しく感じるのも事実。しかし、横須賀をはじめとする都市近郊における再開発は街へのリスペクトがなさすぎる。このまま街が均質化していっても良いのか疑問に感じた。都市には「都市」、都市近郊には「都市近郊」の再開発があるのではないだろうか。敷地は横須賀中央駅と駅に隣接している駅ビルを選定した。ここにはかつて山が存在しており開発で切り崩された場所であるため、建築で山を再構築しようと考えた。何を立てるかよりも何があったか考えて欲しかった。その街を尊重する建築の立ち方は街の均質化を低減させ、アイデンティティを残していくことだと期待している。

05 一階平面図

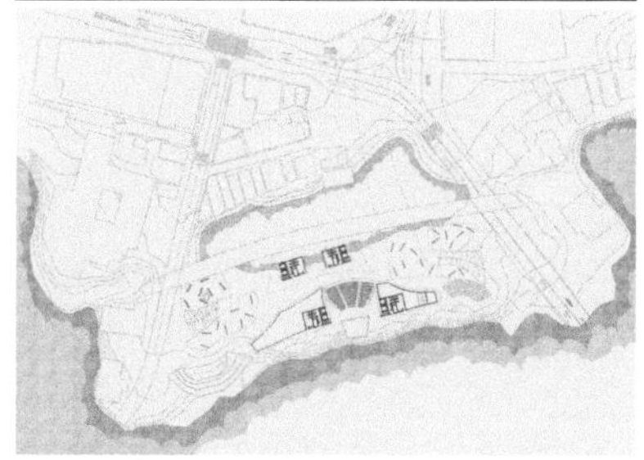

06 四階平面図

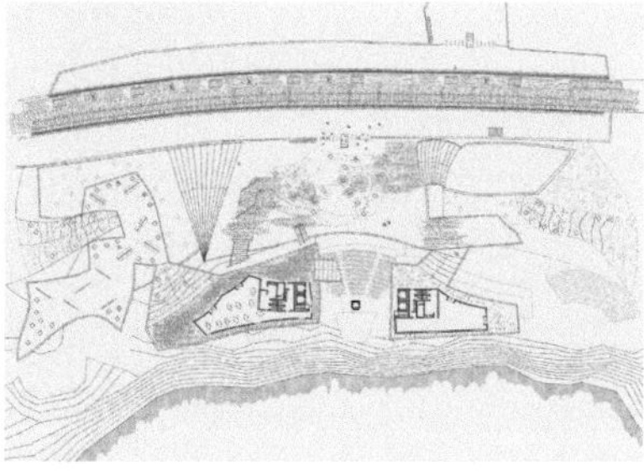

07 立面図

08 断面図

09 断面パース

10 パース

西側プラットホームから建築を見る

Q. 模型制作で苦労した点や注目ポイントは?

A. 敷地面積が約２万平米ある建築とその周辺模型を 1/100 でつくるのは大変でした。計画的に進めることを心がけ、後輩の力もあり、最後まで終わらせることができました。

# はざまの長屋

## きょうだい児のためのサードプレイス

内藤 伊乃里 Inori Naito

関東学院大学 建築・環境学部 建築・環境学科 粕谷淳司研究室

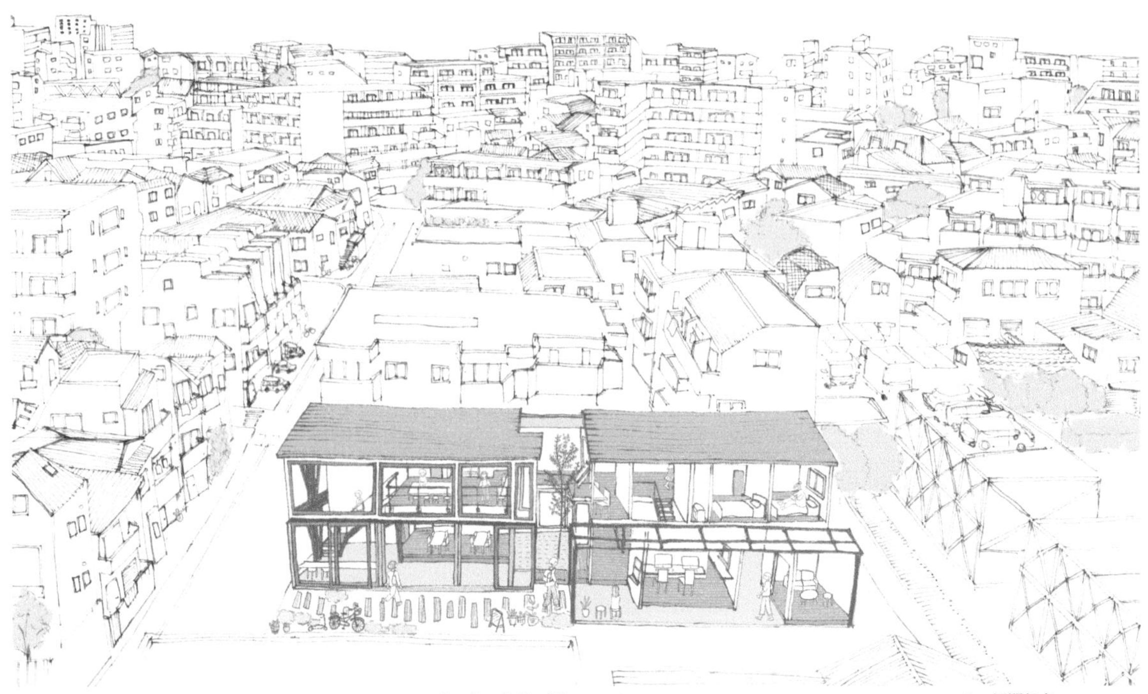

### 0．多様性の陰　はざまの人達

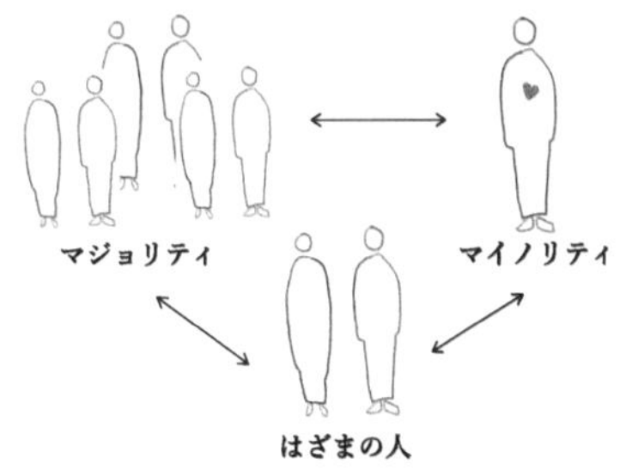


多様性とは一見してマジョリティとマイノリティの二者によって成立しているように見える、実際には陰にマイノリティ側の支援者がいる。

### 1．きょうだい児について

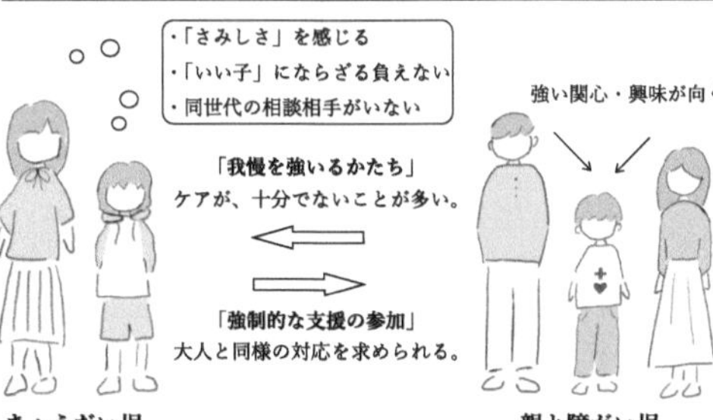


きょうだい児とは、体や心にハンディキャップを抱える兄弟を持つ子ども及び成人のことを指す。家族間のみで解消されない場合も多い問題なため、外からの支援を行う必要があると考えた。

### 2．展開起点

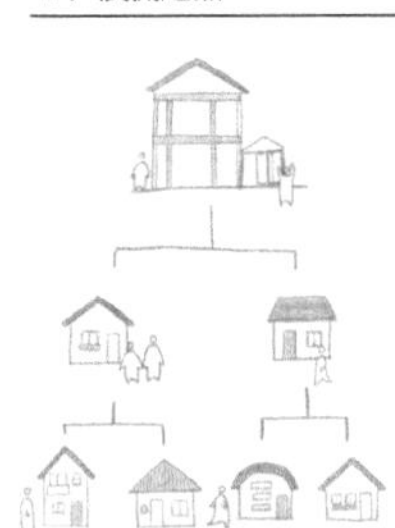

多様なプログラムを持つ拠点を展開するべきではないかと考え、展開起点を計画する。

### 3．現状調査

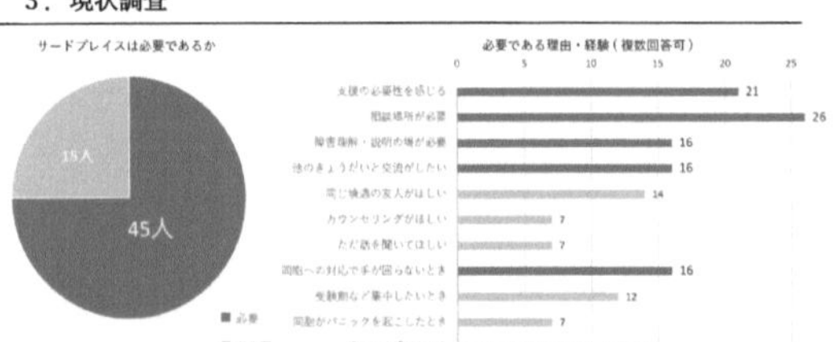


### 4．対象地域・地域の抱える問題

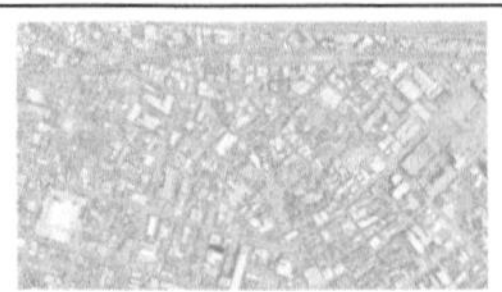

東京都大田区を対象地域とした。
周辺には住宅地、町工場、特別支援学校があり幅広い世代が生活している。

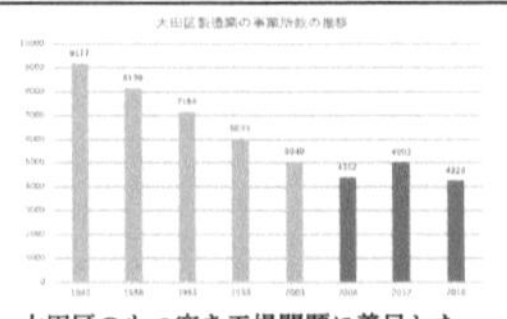

大田区のもつ空き工場問題に着目した。
空き工場が増加し空き家問題と併せて問題となっている。

このテーマにした理由やきょうだい児などの前提条件、リノベーションした図面をしっかりと見て欲しかったので手元に卒制用のポートフォリオを用意してプレゼンしました。

**設計趣旨** 近年では、障がい者やLGBTQをはじめとしたマイノリティの尊重と共生を目指し、多様性が謳われるようになった。
多様性とはマイノリティとマジョリティのみでなく二者のはざまにいる支援者がいることで成り立っているものではないだろうか。多様性の陰にいる、支え続けながら、他人事でもなく、かと言って自分事でもないはざまで悩み揺れ動く、「はざまの人」に着目する。
本計画でははざまの人の中でも、心や体にハンディキャップを抱える兄弟姉妹を持つ子ども及び成人「きょうだい児」を対象とした。問題を抱えるきょうだい児が共有しあい、一息つけるようなサードプレイスを自らの経験をもとに、地域交流拠点と複合して提案する。

5．リノベーション

「既存建物概要」

築年数
1961年11月 （築60年）

構造
混合造（鉄骨、木造）

面積（土地面積）
283.03㎡（271.46㎡）

間取り
8LDK（1F-作業所、
2F-2世帯住居）

「新たな床」

1階は全て土間であったため、新たな床を設けることで、設備の導入や段差・カーテンを用いた間仕切をする。

「室の配置」

道路側は賑やかなパブリックな場所、奥側に行くにつれ個人の深層に寄り添うパーソナルな場所となる。奥に行くにつれプライベート性の高い配置。

「ボックス状の室と余白」

ボックス状の室の間に生まれた余白は、仕切方次第で用途が変化し様々な活動に利用。

「中庭と共有スペース」

ものづくりラボとサードプレイスの間に中庭を設けた。2つの場所を断絶することなく繋げる。

共有図書スペース
ミシン ヒートカッター
ものづくりスペース
上部突き出し窓
突き出し窓
共有スペース
個人学習スペース
宿泊スペース

可動式はしご
可動レール
隣地境界線
ハイサイドライト
中庭
共有図書スペース FL+220
カーテン
キッチンスペース FL+220
コミュニティスペース FL+220
展示書庫・倉庫 FL+220
収納
デジタル刺繍ミシン
間仕切りレール
ブラインド
ものづくりスペース
UVプリンター
レーザープリンター
共有PC
3Dプリンター
事務所 FL+220
相談室・応接室 FL+220
上部ポリカーボネート屋根

「それぞれの過ごし方」

―ものつくりラボ―

ものをつくる。手を動かす。

料理する。一緒に味わう。

地域に貢献する。参加する。

―サードプレイス―

交流する。悩みを共有する。

相談する。じっくり考える。

一人になる。自分を大切にする。

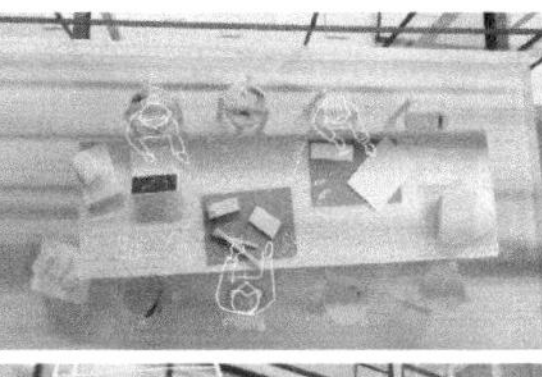

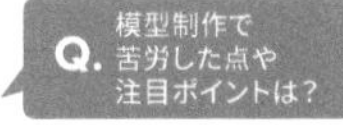


A. 1/20の模型を木材で制作しました。建物内部の構成が重要だったためと、外観をスケルトン表現にすることで、各部屋の過ごし方や配置がわかるようにし、添景の配置なども工夫しています。

# まちの作業部屋


廣瀬 未奈 Mina Hirose

慶應義塾大学 理工学部 システムデザイン工学科 ホルヘ・アルマザン研究室

## 1. 計画概要

### 失われた職住近接の形

農業や家内制手工業中心とした社会では、地域が子供たちを見守っていた。現在は会社勤めが常態化し、親の働く姿を見ることが少ない。この提案では、働く大人と子供が身近に存在できる新しい職住近接の形を目指す。

### 距離からの解放

在宅勤務や遠隔授業が浸透し、住む場所と働く場・学びの場の距離の概念が薄れていく。マチに開いた新しい働き・学びの場が地域に必要だ。

### ゆらぎのある空間の創出

効率を追求した均質なオフィスとは異なる、外部の変化を取り入れたゆらぎのある空間を計画する。様々な職種や年代の人々が1つの建物に集い、自分たちの作業にあった居場所を選択してゆく。

## 2. 敷地選定

谷地には商業施設など、人々が集まる傾向にあるのに対し、高台には住宅地が形成されている。地域の人々の集まる場所として、住宅地の中でも谷筋の集まる場所を計画地として選定した。

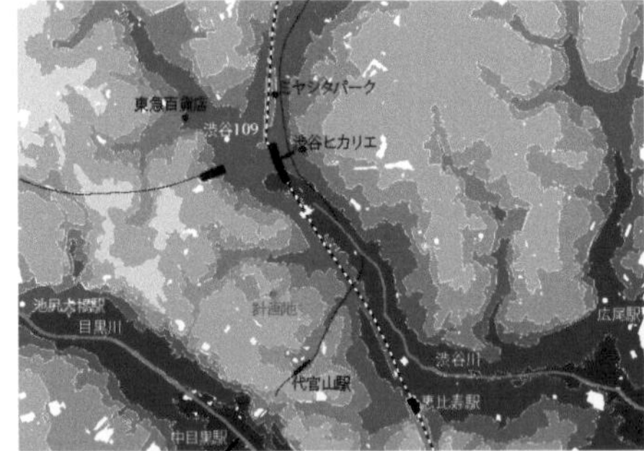

光庭から柔らかな光が差し込む
勾配を持つ床が人の動きを促す

マチとつながる半屋外空間
大階段はイベントスペースとしても

広場から2階までのアクセス動線

各階で取り外せるように模型をつくっていたので、それを使いながら説明しました。(結果的には緊張のあまり結構忘れていましたが、) 伝えたいことを忘れないようにメモを取るなど準備しました。

**設計趣旨** 農業や家内制手工業を中心とした社会では、親の働く姿を見ながら子どもが育ち、商店街の従業員など地域が子どもたちを見守っていた。現在では会社勤めが常態化し、親の働く姿を見ることが少なくなっている。最近では在宅勤務や遠隔授業が浸透し、私たちは住む場所と働く場、学びの場の距離の概念から解放された。この転換を生かし、新たな職住近接の形を持つ「まちの作業部屋」を渋谷に計画した。
この提案では、均質なオフィスとは異なり、光や風だけでなく、まちの賑わいや内部の活動の溢れ出しなどを取り入れ、刻一刻と変化するゆらぎのある空間を創出した。さまざまな職種や年代の人々がこの作業部屋に集い、自分のお気に入りの居場所を選択してゆく。

前面道路から臨む

北側道路からのアプローチ。左手には光庭

広場から大階段を臨む

## 3. 設計手法

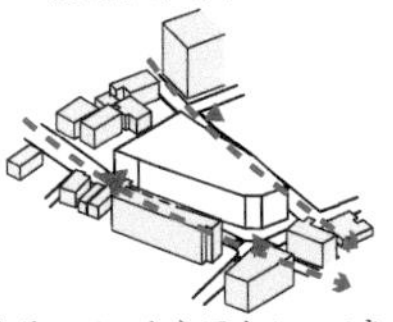

異なるレベルからアクセスできるように一階を半地下階とする

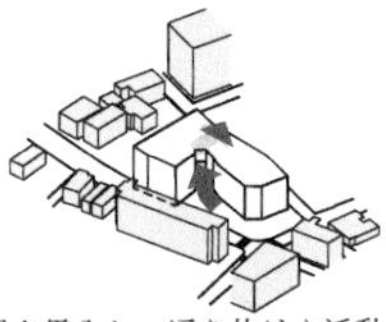

広場を貫入し、通り抜けや活動を誘発する大階段を設ける

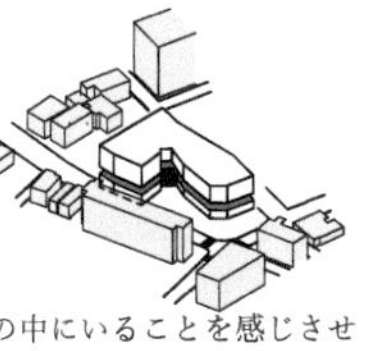

マチの中にいることを感じさせる半屋外空間を2階に設ける

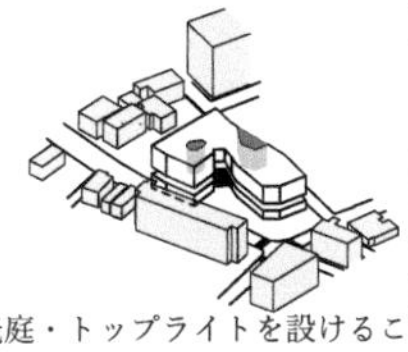

光庭・トップライトを設けることで光を取り入れる

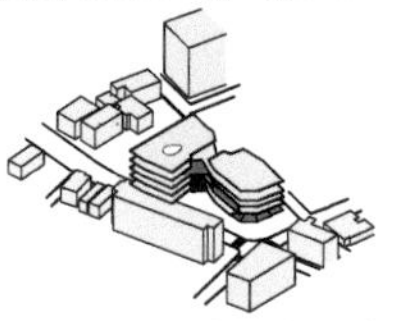

視線の交わりや多様な空間を創出するため段差・勾配を設ける

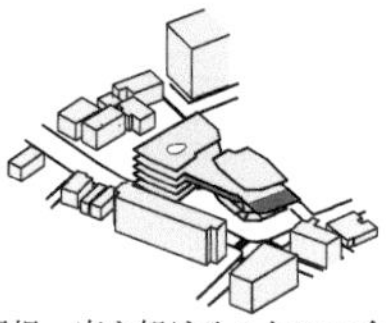

大屋根・庇を架けることでマチと接する半屋外空間を設ける

## 4. 構造計画

重なる不定形なスラブを支える格子梁を導入

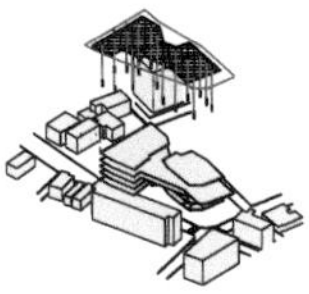

## 5. 平面計画

1階から4階にかけて広がる作業部屋は、展示スペースやミーティングルームなどの機能を内包する。それらの機能から、人々の活動があふれ出し、周辺の空間も刻一刻と変化する。

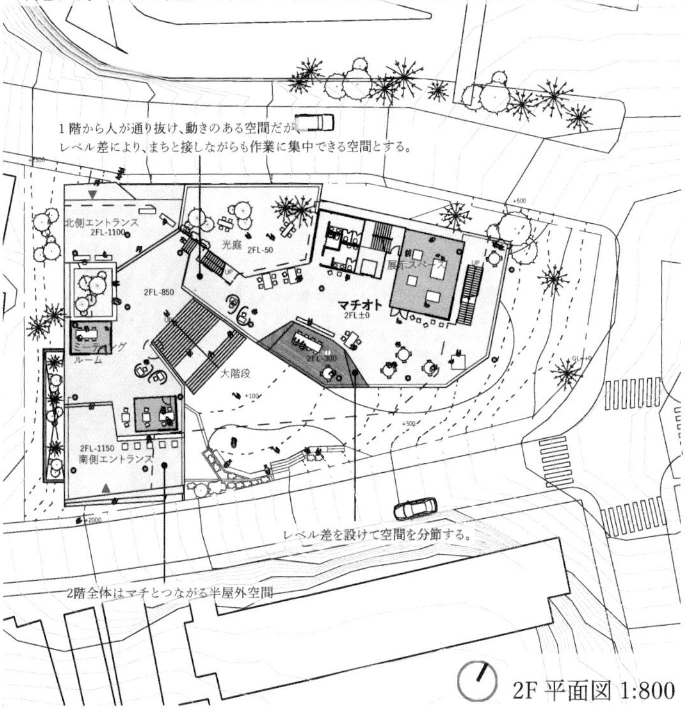

1階から人が通り抜け、動きのある空間だが、レベル差により、まちと接しながらも作業に集中できる空間とする。

レベル差を設けて空間を分節する。

2階全体はマチとつながる半屋外空間

2F 平面図 1:800

## 6. 断面計画

光や風などに加え、街のにぎわいや、渋谷の起伏のある地形などの外部の変化を取り入れることで、時間とともに空間がゆらぐ

1:500

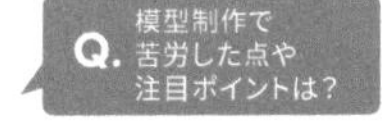


A. 1枚のスチレンボードで、異なる曲率を持つ勾配スラブをつくることや、細かなレベル差があるため、すべての壁面を展開図に起こすことに苦労しました。質感や色彩の計画も模型に表現できるようにしました。

# Auto Junction

## 自動運転時代にクルマを楽しむ場の設計

岡崎 恵大 Keita Okazaki

慶應義塾大学SFC 総合政策学部 総合政策学科 鳴川肇研究室

Q. 巡回審査のプレゼンで工夫した点は?

A. 自動車とジャンクションのダイナミズムを表現するために、模型や図面、パース以外にモニターを持ち込み、CG のアニメーションを用いた動画のプレゼンも展示しました。

**設計趣旨** 自動運転化により、自動車は大転換期を迎えている。自動運転車が主流となる中で、自分で運転するクルマは相対的に不便な役に立たない機械になっていく。しかし、クルマを運転する体験にはこれからも意味があり、価値があるはずだ。
この作品はそんな近未来が背景である。独自のクルマ文化が育まれている大黒ジャンクションとPAを敷地に、前時代の高速道路と機械を遺産と捉え、クルマ文化を楽しみ継承する複合施設を自動運転車のための新しいジャンクションと共に提案する。

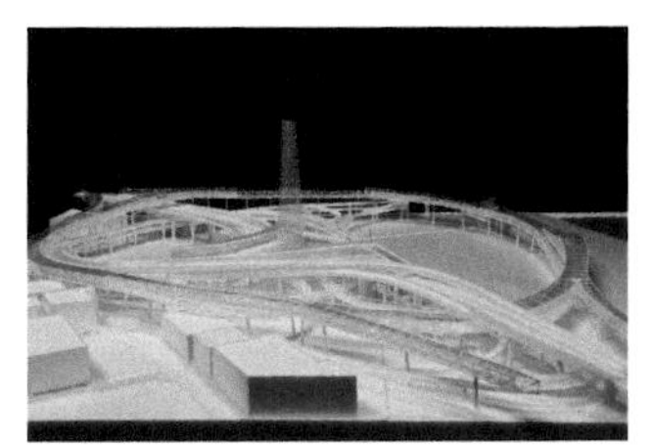

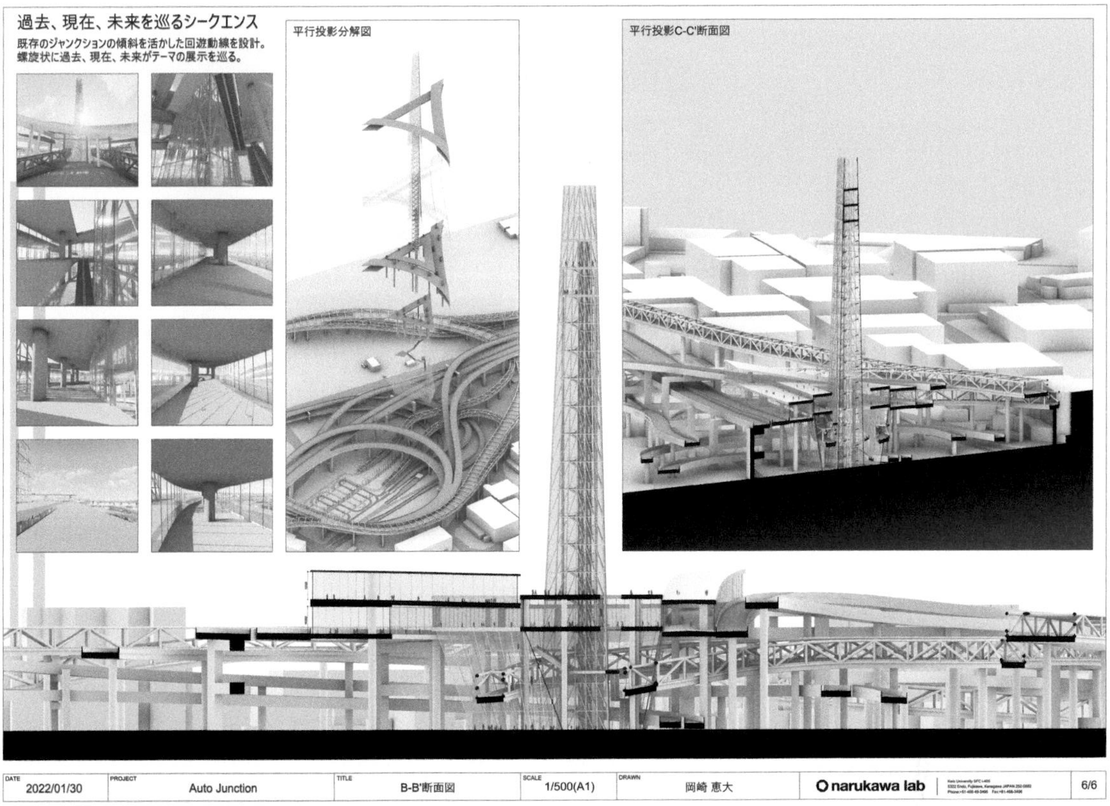

過去、現在、未来を巡るシークエンス
既存のジャンクションの傾斜を活かした回遊動線を設計。
螺旋状に過去、現在、未来がテーマの展示を巡る。
平行投影分解図
平行投影C-C'断面図
DATE
2022/01/30
PROJECT
Auto Junction
TITLE
B-B'断面図
SCALE
1/500(A1)
DRAWN
岡崎 恵大
narukawa lab
6/6


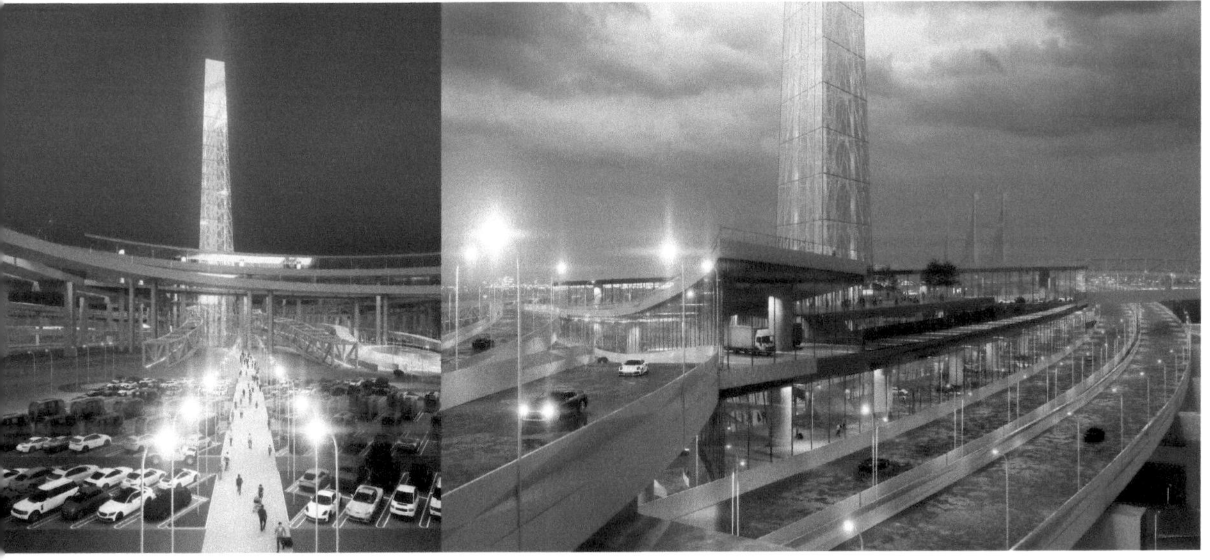

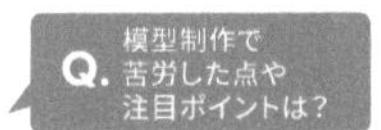

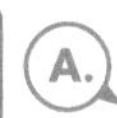

**Q.** 模型制作で苦労した点や注目ポイントは？

**A.** ジャンクションの複雑で大胆な立体交差と、新たな建築物の繊細なトラスを1/1000のスケールでつくるのに苦労しました。トラスやサッシはアクリルにUVプリントをして表現しました。

# 水のない水路を引く
## 近くて遠い小学校で藍染川を隠す

榎本 直子 Naoko Enomoto

東海大学 工学部 建築学科 野口直人研究室

まちが暗渠に対して開くことで
失われる不可侵領域に着目し、
川の隠し方によって生まれる空
間を提案する。

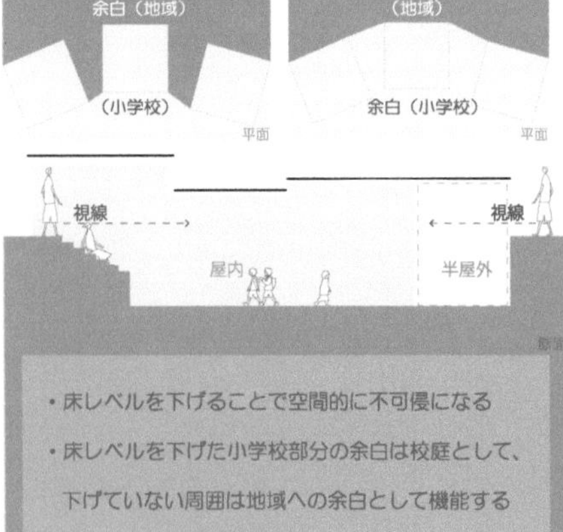
余白（地域）
（小学校）
平面
（地域）
余白（小学校）
平面
視線
視線
屋内
半屋外
断面
・床レベルを下げることで空間的に不可侵になる
・床レベルを下げた小学校部分の余白は校庭として、
下げていない周囲は地域への余白として機能する

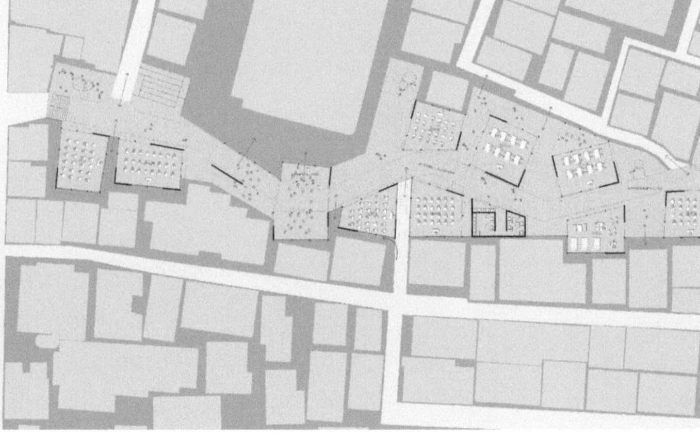

**Q.** 巡回審査のプレゼンで工夫した点は？

**A.** 設計内容や図面を含んだ大きなパネルの他に、要点をまとめた小さなパネルを用意することで短い時間で説明できるようにしました。

**設計趣旨** まちが暗渠に対して開くことで失われる不可侵領域に着目し、川の隠し方によって生まれる空間を提案する。かつて東京にあった川は暗渠として姿を変えた。まちに存在する川は、行けないことでまちを隔てる境界となったり、独立した空間になったりする。暗渠後もその関係性を残すが、周囲が暗渠に対して開き始めることで失われる。谷中にある暗渠「へび道」は川の蛇行を残すが、周囲の建物が暗渠に対して開いているため川が持っていた空間や体験は失われている。そこで、へび道とそれに対して開く周辺の建物をひとつの空間ととらえ、床レベルを下げる操作と小学校というプログラムを設けることで、空間面とプログラム面との両方で不可侵な建築を提案する。

## 1. 設計背景

かつて東京には多くの川が存在したが、現在は暗渠として姿を変えた

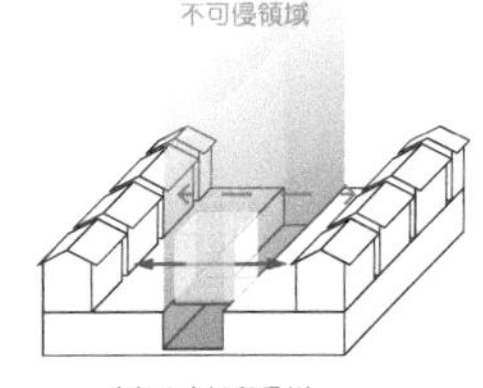


まちの中にある川

- 活動の及ばない不可侵領域という独立した空間
- 境界のように続く細長い領域
- 対岸に直線距離では行けず、不可侵領域を渉る体験

## 2. 暗渠の魅力

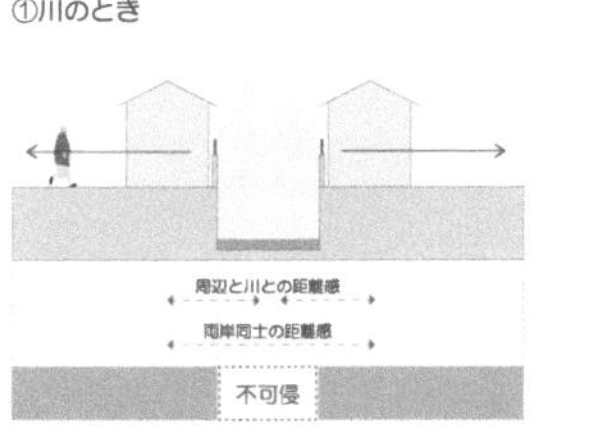


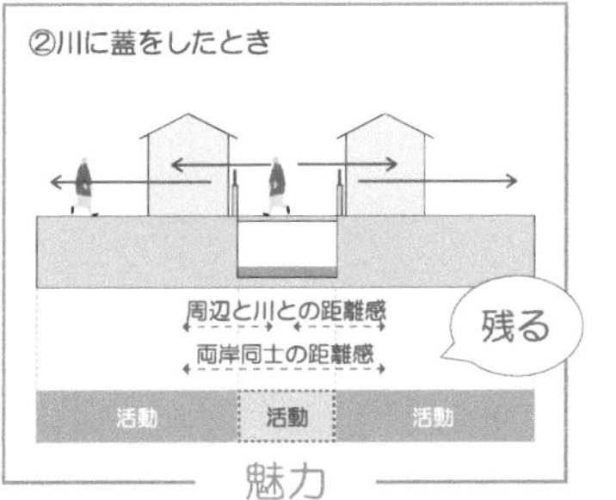


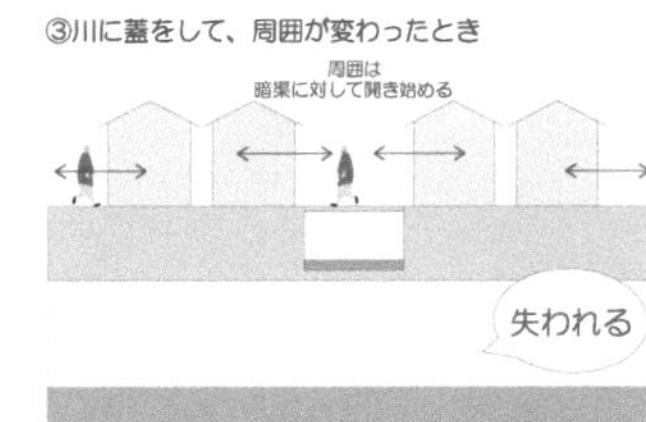


## 3. 計画敷地

谷中にある暗渠「へび道」
藍染川の蛇行を残すが、周囲は暗渠に対して開く

## 4. プログラム

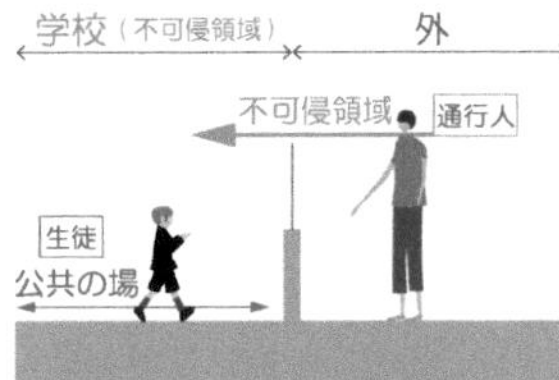


小学校はまちの不可侵領域
プログラム面において不可侵な建築

## 5. 手法

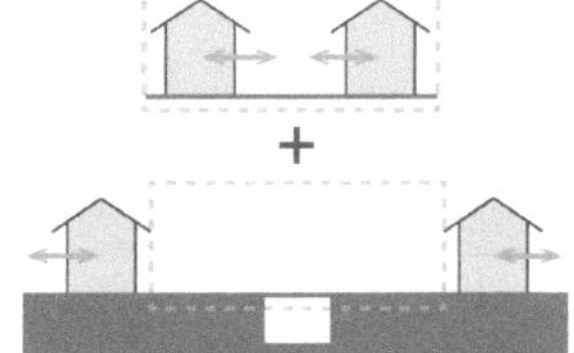

暗渠とそれに対して開いた周囲をひとかたまりととらえてひとつの建築に

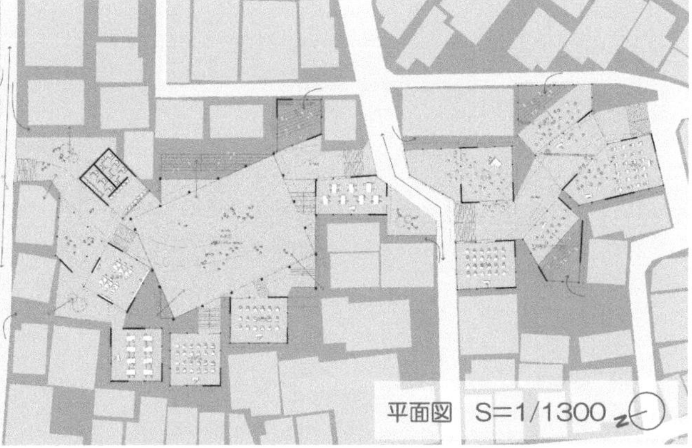


**Q. 模型制作で苦労した点や注目ポイントは？**

**A.** 大きい計画敷地すべてが入る小さいスケールではなく、1/100という大きいスケールでつくることで、細長い建築であることとアイレベルの抜けによる空間性との両方を表現しました。

# 真鶴を継ぐ

## 修繕によって蘇る採石場の新たな風景


松本 乙希 Itsuki Matsumoto

東海大学 工学部 建築学科 野口直人研究室

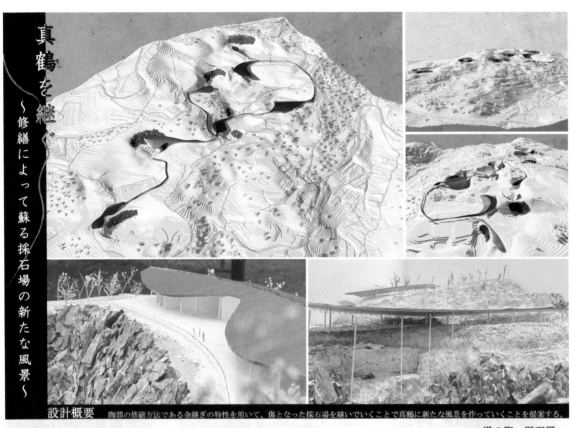


真鶴を継ぐ
～修繕によって蘇る採石場の新たな風景～

設計概要 陶器の修繕方法である金継ぎの特性を用いて、傷となった採石場を継いでいくことで真鶴に新たな風景を作っていくことを提案する。

道の駅 断面図

街から岩壁が見れる
自然公園
真鶴の風景を見ながら登っていく
バスターミナル
埋め立て地
ショップ
テラス
視線が抜ける
バスターミナルからみられる風景
視線の抜けが真鶴特有の空間に誘導する
採石場
0 5 10 15 25 35 55 75 (m)

Q. 巡回審査のプレゼンで工夫した点は？

A. 金継ぎの話を単なるモチーフにならないように興味から手法への転換をしっかりと説明した。さらに既存空間から“継ぐ”という手法によって、どのような空間へと変化したかなどの効果を模型を使って話しました。

**設計趣旨** 陶器の修繕方法である金継ぎの特性を用いて、傷となった採石場を継いでいくことで真鶴に新たな風景をつくっていくことを提案した。真鶴では採石によってまちの個性を築きあげてきたがその痕跡を埋め戻している。これは単なる地形の修復に過ぎず、まちの個性を消失させている。そこで金継ぎのように傷となった痕跡を継ぐように採石場に屋根を架け、自然環境を建築によって空間化していく。さらに採石場同士をネットワーク化していき真鶴の山に壮大なランドスケープを構築していく。それにより、人間と建築と自然を横断するスケールを持つ空間はバナキュラー的魅力を持つ。そして、空間の修繕だけでなく歴史や環境、文化なども継承され、真鶴に新たな風景が描かれる。

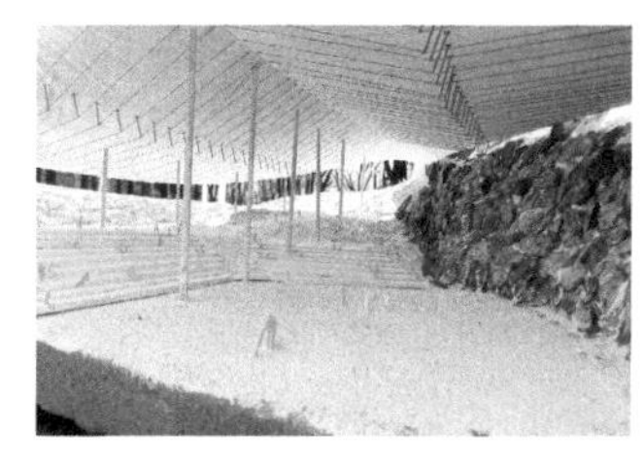

## Ⅰ. 興味 －金継ぎにおける修復方法への興味

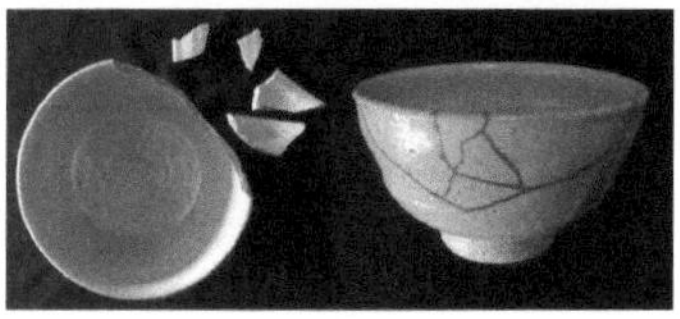

金継ぎの修復は、継ぐ行為で
「風景」を作り出す。

## Ⅱ. 敷地 －真鶴の傷

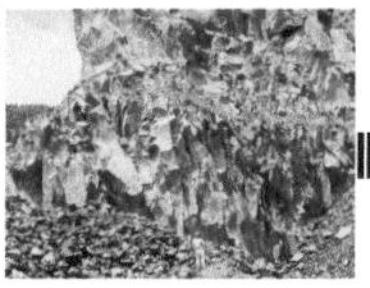

採石場で見られる風景

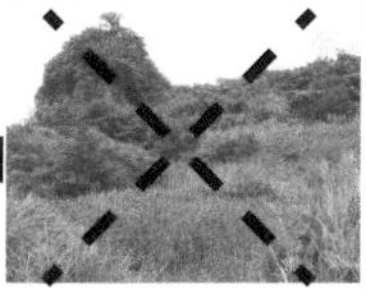

埋め立てられた採石場

真鶴の傷は、埋め立てによって
隠されている。

## Ⅲ. 設計手法 －真鶴を継ぐ

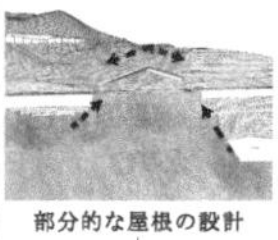

部分的な屋根の設計

自然公園
採石場


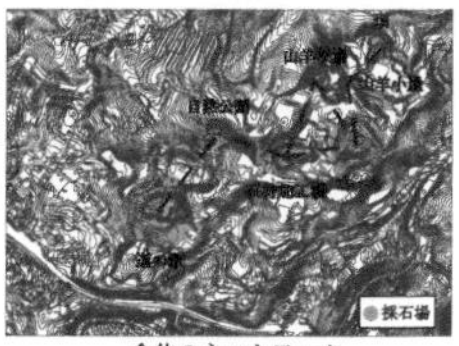

全体のネットワーク

採石場との関わり方を設計する。

## Ⅳ. 効果 －真鶴の新たな風景

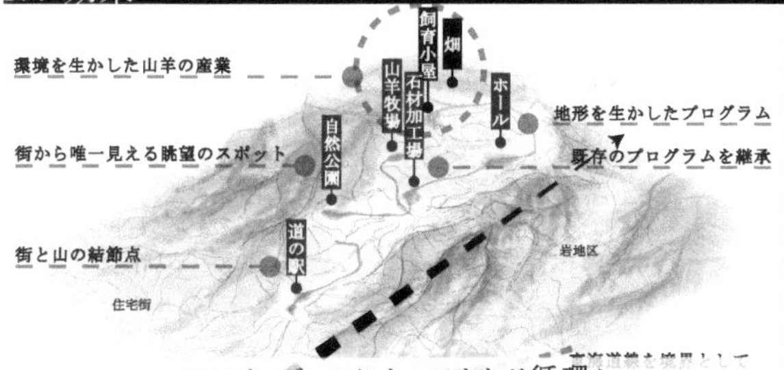

環境を生かした山羊の産業
街から唯一見える眺望のスポット
街と山の結節点
飼育小屋
畑
山羊牧場
石材加工場
ホール
自然公園
道の駅
地形を生かしたプログラム
既存のプログラムを継承
岩地区
住宅街


コンバージョンによってまちが循環し、
継承されていく。

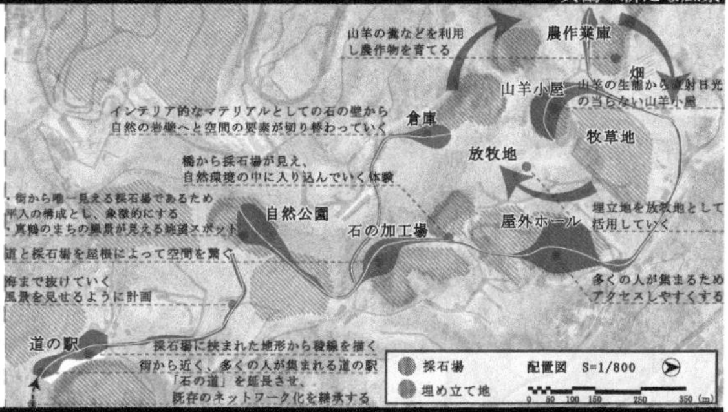

山羊の糞などを利用し農作物を育てる
農作業庫
畑
山羊小屋
山羊の生態から直射日光の当たらない山羊小屋
インテリア的なマテリアルとしての石の壁から自然の岩壁へと空間の要素が切り替わっていく
倉庫
牧草地
放牧地
橋から採石場が見え、自然環境の中に入り込んでいく体験
・街から唯一見える採石場であるため平入の構成とし、象徴的にする
・真鶴のまちの風景が見える眺望スポット
自然公園
石の加工場
屋外ホール
埋立地を放牧地として活用していく
道と採石場を屋根によって空間を繋ぐ
海まで抜けていく風景を見せるように計画
多くの人が集まるためアクセスしやすくする
道の駅
採石場に挟まれた地形から稜線を描く
街から近く、多くの人が集まれる道の駅
「石の道」を延長させ、既存のネットワーク化を継承する
採石場
埋め立て地
配置図 S=1/800
0 50 100 150 250 350 (m)


## Site-1 道の駅

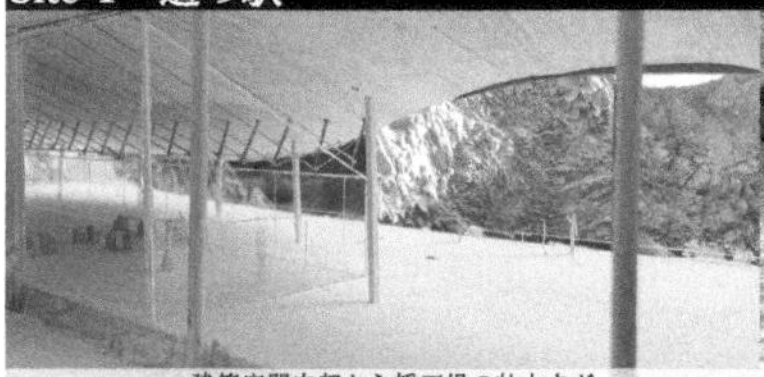

建築空間内部から採石場の壮大さが感じられ真鶴特有の空間となる。

## Site-2 石材加工場

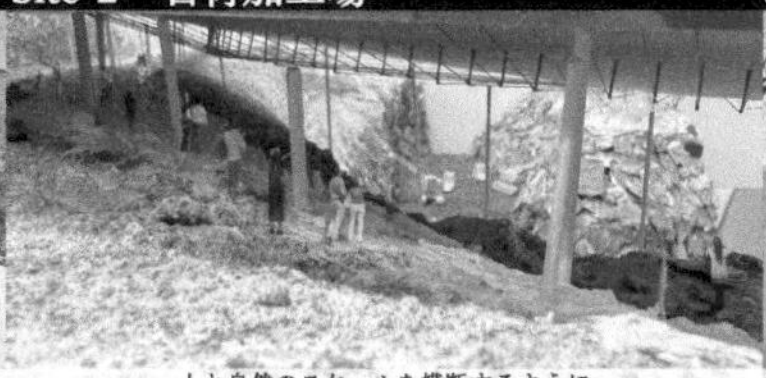

人と自然のスケールを横断するように屋根を架け断面的な繋がりを創る。

## Site-3 屋外ホール

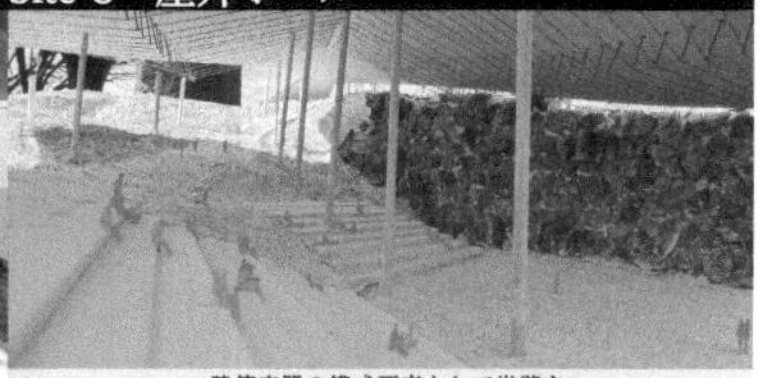

建築空間の構成要素として岩壁をインテリア化し、人に親近感を与える。

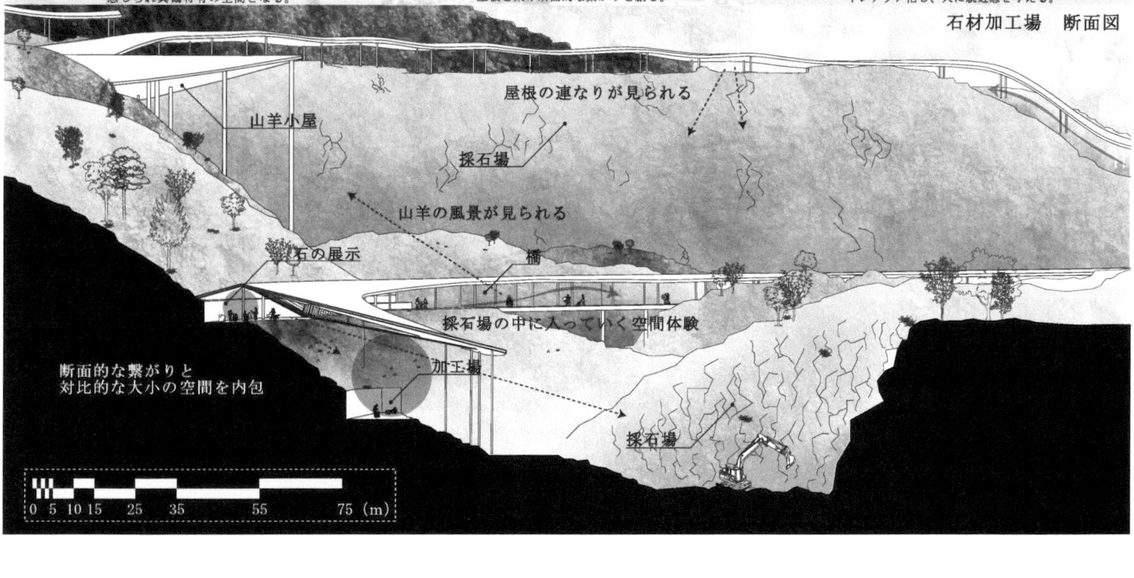

石材加工場 断面図
屋根の連なりが見られる
山羊小屋
採石場
山羊の風景が見られる
石の展示
橋
採石場の中に入っていく空間体験
断面的な繋がりと
対比的な大小の空間を内包
加工場
採石場
0 5 10 15 25 35 55 75 (m)


**Q.** 模型制作で苦労した点や注目ポイントは？

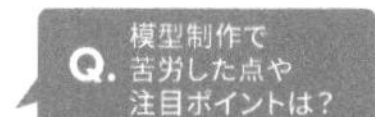

**A.** 採石場のつくり方と模型のスケールが一番苦労しました。自然環境のダイナミックさと、人間的な空間でもあることから模型のスケールをお互いのギリギリが表現できるものにしました。また採石場の石も一枚ずつ貼っています。

# へた地の連続帯による新しい街並みの形成

佐藤 健太 Kenta Sato
東京工芸大学 工学部 建築学科 建築設計計画Ⅱ(田村裕希)研究室

私が育った海老名市は、水田地帯に鉄道や水道道などのインフラが通されたことにより、インフラ沿いにへた地が連続して存在している。そんな、インフラが「あとがき」で追加されてきた海老名の文脈を肯定し、「へた地を使って水田を残しながら大規模開発を行う」提案である。敷地は、特にヘタ地が集中し連続している赤のエリアとした。ここととその背後に広がる水田は、現在、「用途検討地」に指定されており、今後開発が行われる。

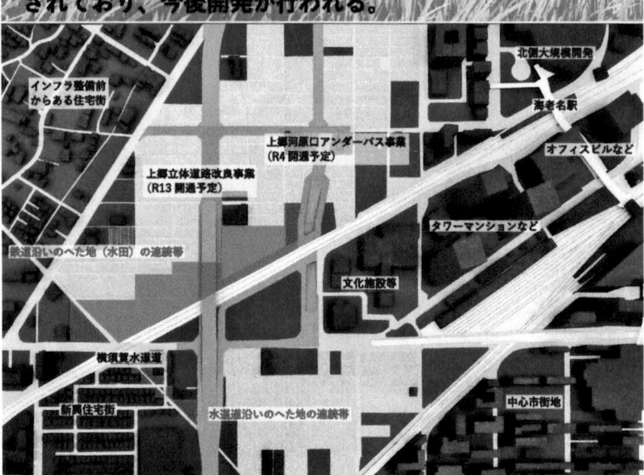

海老名市では、まるで水田が「差し替えられる」かのように、開発が行われてきた。

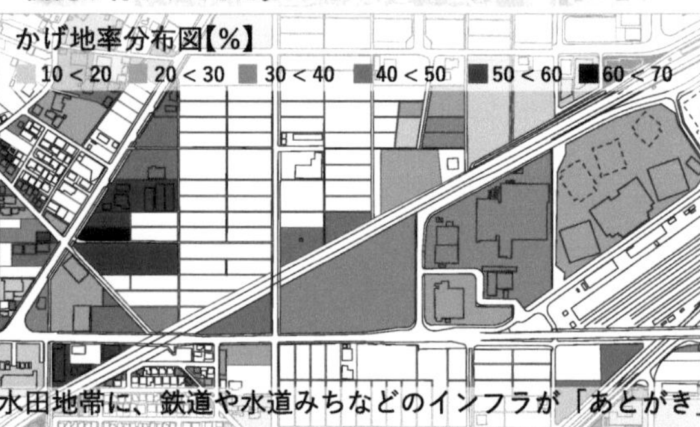


水田地帯に、鉄道や水道みちなどのインフラが「あとがき」で追加され、インフラ沿いに多くの「ヘタ地」が生じた。

**Q.** 巡回審査のプレゼンで工夫した点は？

**A.** 模型写真とテキストをセットにして、屏風ウォールやへた地の使われ方を伝えることを心がけました。また、水田のグラフィックにこだわり、設計物の背後に水田が広がっている状況を表現しました。

**設計趣旨** 水田に対しインフラが「あとがき」で追加されてきた海老名の文脈を肯定し、「へた地を使って水田を残しながら大規模開発を行う」提案である。実際にへた地を歩いてみると、スケールアウトした街並みのなかでふと人の気配を感じられる魅力もある。そこで、このへた地の魅力を引き出し、街並みの形成に活用することを考えた。建物を水田グリッドに合わせて配置すると同時に、2枚の屏風ウォールを設定した。施設の一部をこの屏風ウォールに従属させ、へた地と抱き合わされた建築を連続させる。2枚の屏風ウォールに挟まれた空間は、広がったり狭まったりしながら、インフラ側と水田側の距離を調整し、インフラと水田を、「隔て」また「つなぐ」ものとなる。

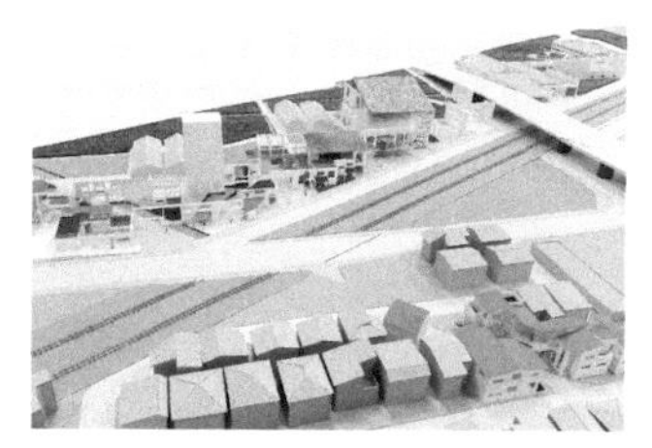

建築の持つべき機能やスペースは建築で確保し、ヘタ地には、それ以外の「余分な」ものが溢れる。また隣り合う施設同士で共有され、活動のショーケースのようにも機能する。「機能」ではなく、「質感・空気感」が、道側に表出する仕組みである。また道のちょっとしたアルコーブとして歩道に滞留空間を付け加え、街路樹のスペースとすることもできる。

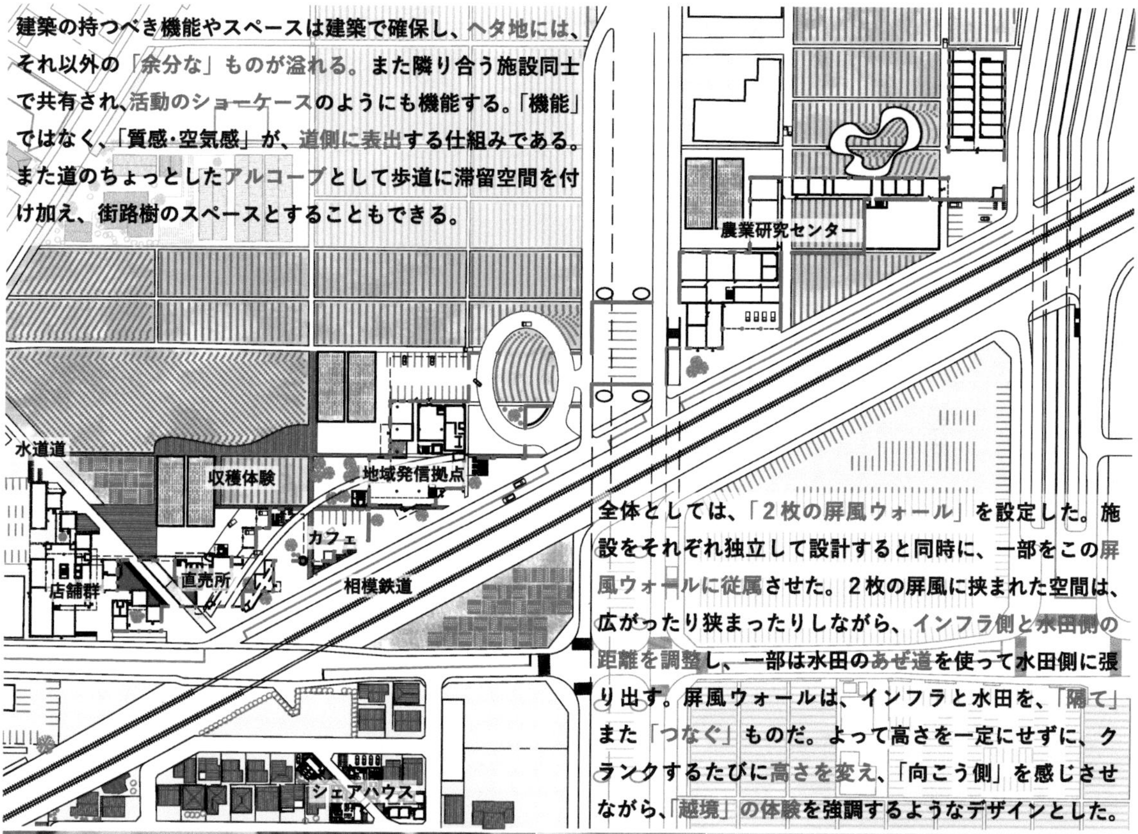

農業研究センター
水道道
収穫体験
地域発信拠点
カフェ
店舗群
直売所
相模鉄道
シェアハウス

全体としては、「2枚の屏風ウォール」を設定した。施設をそれぞれ独立して設計すると同時に、一部をこの屏風ウォールに従属させた。2枚の屏風に挟まれた空間は、広がったり狭まったりしながら、インフラ側と水田側の距離を調整し、一部は水田のあぜ道を使って水田側に張り出す。屏風ウォールは、インフラと水田を、「隔て」また「つなぐ」ものだ。よって高さを一定にせずに、クランクするたびに高さを変え、「向こう側」を感じさせながら、「越境」の体験を強調するようなデザインとした。

**Q.** 模型制作で苦労した点や注目ポイントは？

**A.** 設計が広域なので1/200の全体模型と1/1000の都市模型を制作しました。開口部が多く、細かいので開口を開けることに苦労しました。また、水田の表現として、人工芝を用いて再現しました。

# イロトリ通り

## ―9職種のための武田通り沿いの5つの建築群と信玄公祭りの再編―

山倉 璃々衣 Ririi Yamakura

東京工芸大学 工学部 建築学科 建築設計計画Ⅱ(田村裕希)研究室

本計画地は、山梨県甲府市の武田神社から甲府城跡までをつなぐ約2.5㎞の参道である。
武田信玄は、居宅を要護山の「躑躅ヶ崎館」に構え、城である甲府城には重きを置いていなかった。広域の断面配置図を作成してみると、居宅が甲府城よりも高い位置にあり、高さ的にも逆転した状況にある。この逆転は、武田神社の由来にも通じ、重きをおいた躑躅ヶ崎館跡に武田信玄を日本では珍しい人神とし、武田神社を創建した。

さて、甲府の一大イベントである信玄公祭りは、観光客誘致を目的に現在、甲府城跡周辺で完結して行われている。これは「館」に重きをおいていた信玄のスタンスとは異なっており、私は、まずこの祭りを「館中心」のものへと、「組み変えること」を提案する。
5つの建築は、参道の傾斜に沿って建ち、甲府盆地の山々に呼応する屋根断面を連続させながら点在する。
施設の機能としては、祭りの運営を支える「裏方」職種の人たちのためのもので、具体的には、神社側から野外劇場②イロトリドリ③アーティスト・イン・レジデンス④集合住宅⑤橋の5つである。

彼らは普段の仕事の延長で、祭りの再生に関わる、いわば「祭りのアンバサダー」である。この土地で働き、衣食住をして、祭りの時は裏方として活躍する。そして、祭りに関わりたいと思っている住民や山梨大学の学生の、参加の窓口としての役割も担う。

これは、点在する、施設群による、「祭りの日常化」の提案であり、祭りは、一過性のイベントではなく、街に響く「通奏低音」のように、街の日常を変えていく。

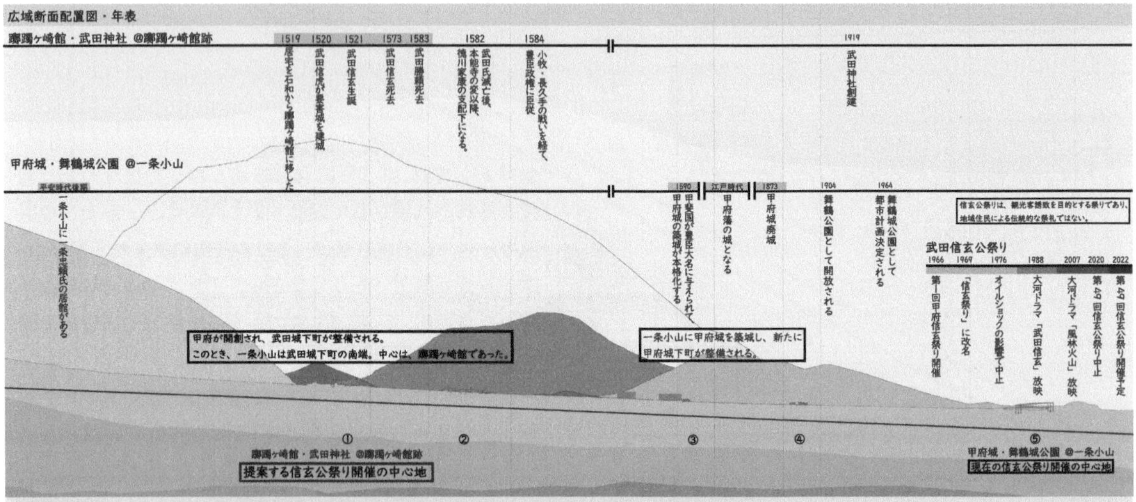

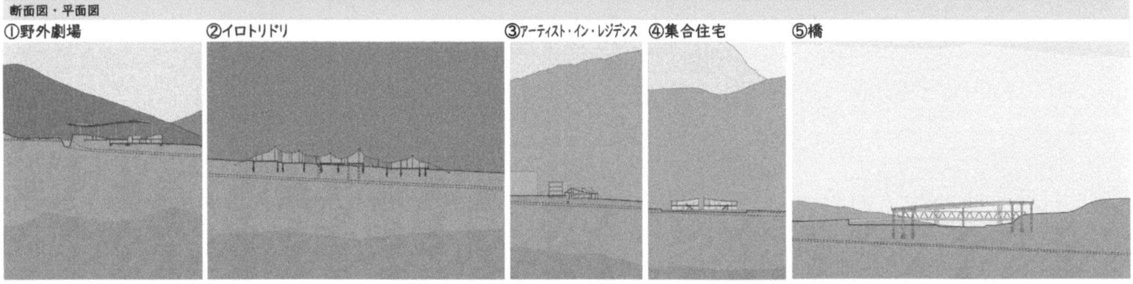

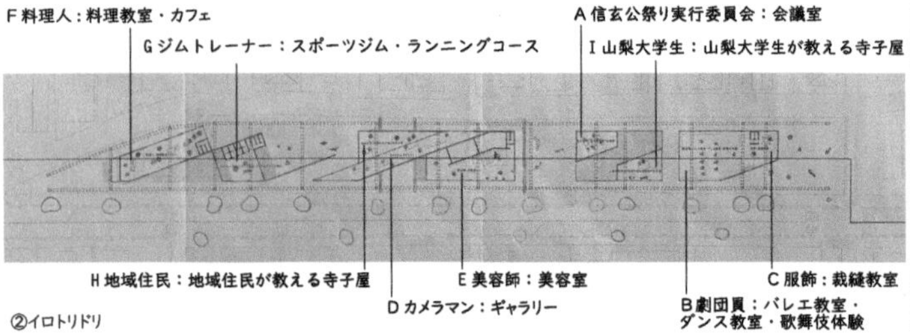

広域断面配置図・年表

躑躅ヶ崎館・武田神社 @躑躅ヶ崎館跡
1519 居宅を石和から躑躅ヶ崎館に移した
1520 武田信虎が要害城を建城
1521 武田信玄生誕
1573 武田信玄死去
1583 武田勝頼死去
1582 武田氏滅亡後、本能寺の変以降、徳川家康の支配下になる。
1584 小牧・長久手の戦いを経て、豊臣政権に臣従
1919 武田神社創建

甲府城・舞鶴城公園 @一条小山
平安時代後期 一条小山に一条忠頼氏の居館がある
1590 甲斐国が豊臣大名に与えられて甲府城の築城が本格化する
江戸時代 甲府藩の城となる
1873 甲府城廃城
1904 舞鶴公園として開放される
1964 舞鶴城公園として都市計画決定される

信玄公祭りは、観光客誘致を目的とする祭りであり、地域住民による伝統的な祭礼ではない。

武田信玄公祭り
1966 第1回甲府信玄祭り開催
1969 「信玄祭り」に改名
1976 オイルショックの影響で中止
1988 大河ドラマ「武田信玄」放映
2007 大河ドラマ「風林火山」放映
2020 第49回信玄公祭り中止
2022 第49回信玄公祭り開催予定

甲府が開創され、武田城下町が整備される。
このとき、一条小山は武田城下町の南端。中心は、躑躅ヶ崎館であった。

一条小山に甲府城を築城し、新たに甲府城下町が整備される。

① ② ③ ④ ⑤

躑躅ヶ崎館・武田神社 @躑躅ヶ崎館跡
提案する信玄公祭り開催の中心地

甲府城・舞鶴城公園 @一条小山
現在の信玄公祭り開催の中心地

断面図・平面図

①野外劇場 ②イロトリドリ ③アーティスト・イン・レジデンス ④集合住宅 ⑤橋

F料理人：料理教室・カフェ
Gジムトレーナー：スポーツジム・ランニングコース
A信玄公祭り実行委員会：会議室
I山梨大学生：山梨大学生が教える寺子屋
H地域住民：地域住民が教える寺子屋
E美容師：美容室
C服飾：裁縫教室
Dカメラマン：ギャラリー
B劇団員：バレエ教室・ダンス教室・歌舞伎体験

②イロトリドリ

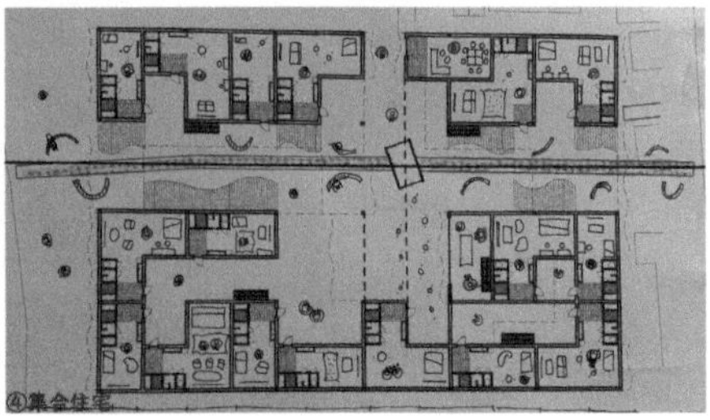

④集合住宅

Q. 巡回審査のプレゼンで工夫した点は?

A. 最初に設計のストーリーを説明し、参道沿いに点在する建築群の模型を指しながら、各施設の関係やプロジェクト全体を理解していただけるように工夫しました。また、1つの職種を取り上げ、使われ方を具体的に説明しました。

**設計趣旨** 本計画地は、山梨県甲府市の武田神社（躑躅ヶ崎館跡）から舞鶴城公園周辺（甲府城跡）までをつなぐ約2.5kmの参道である。この場所で行われている甲府の一大イベントである信玄公祭りは、現在、甲府城跡周辺で完結して行われている。本計画では、「館」に重きをおいていた信玄のスタンスを尊重し、神社基点に戻す5つの建築群を提案する。5つの建築は、参道の傾斜に沿って建ち、甲府盆地の山々に呼応する屋根断面を連続させながら点在する。5つの建築は、信玄の整備した「水路」の断絶点に配置している。これは、点在する施設群による、「祭りの日常化」の提案である。祭りは一過性のイベントではなく、街に響く「通奏低音」のように、街の日常を変えていく。

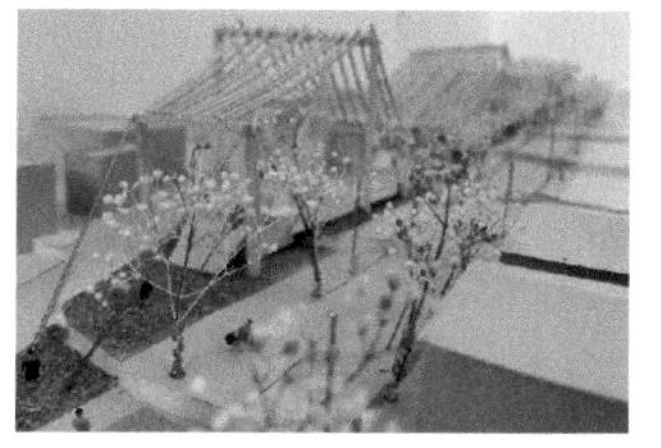

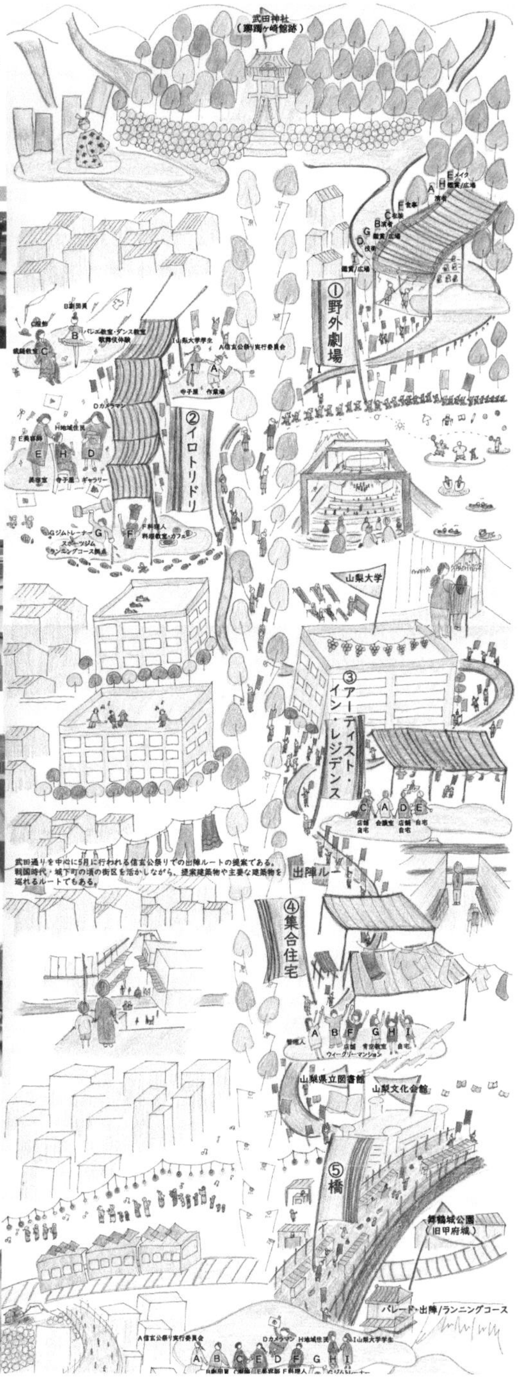

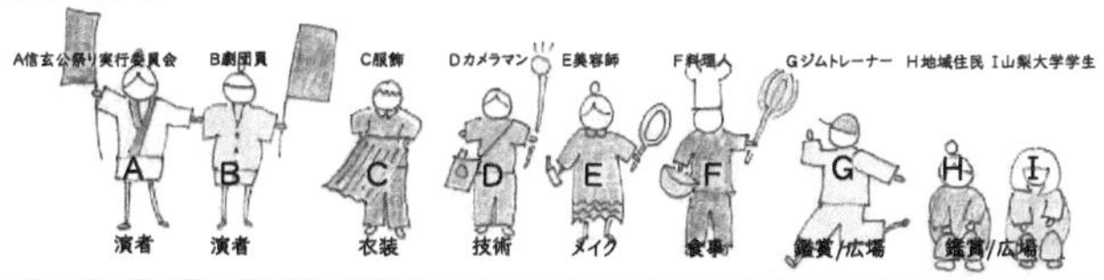

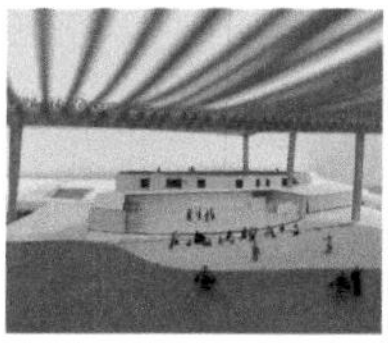

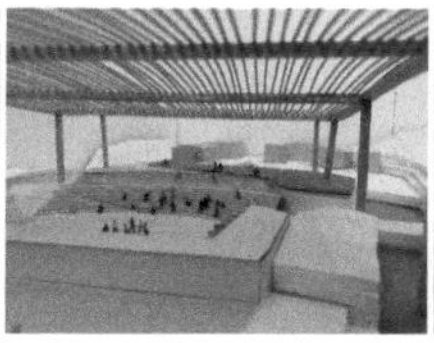

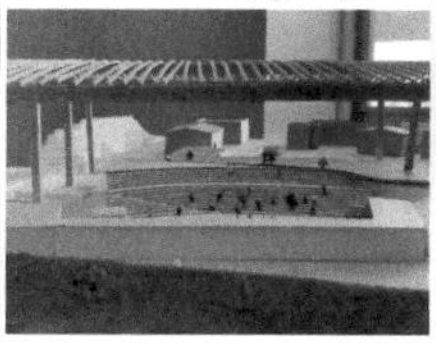

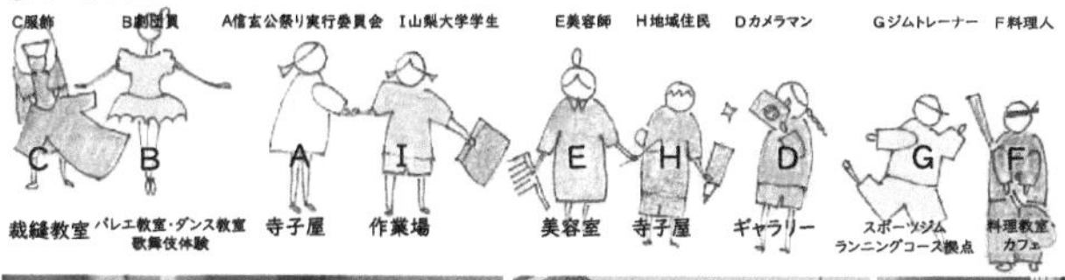

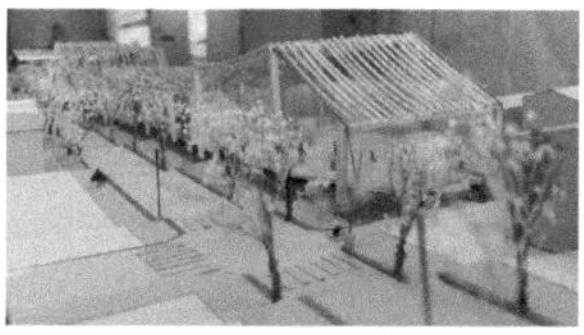

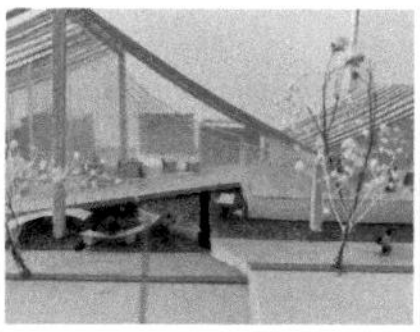

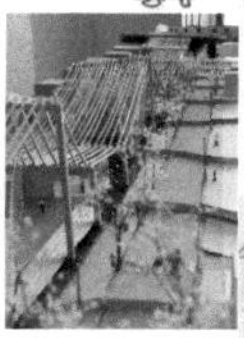

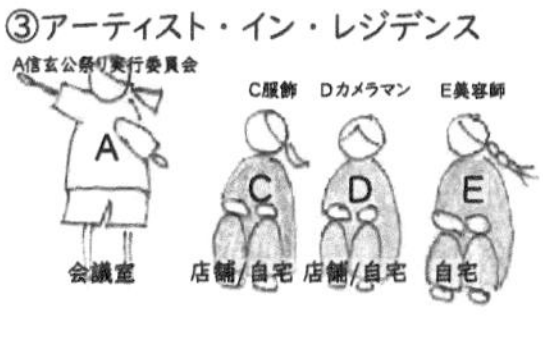

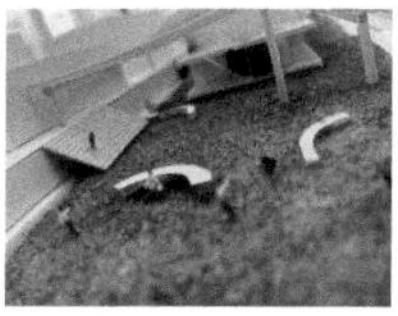

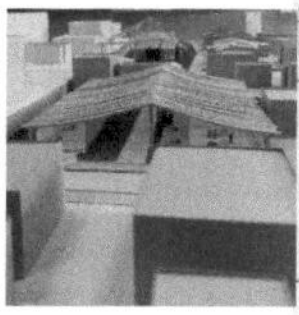

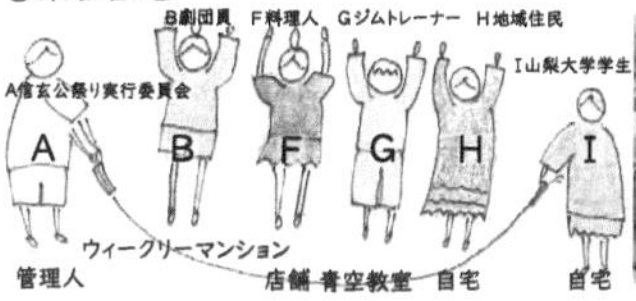

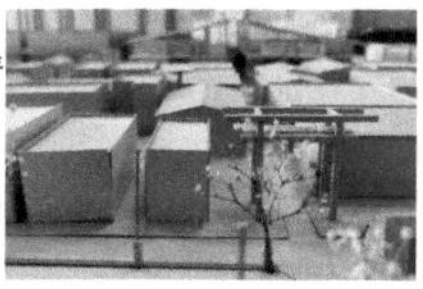

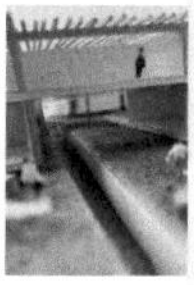

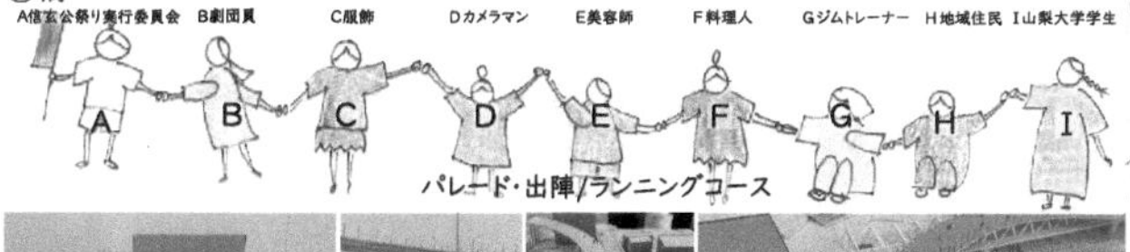

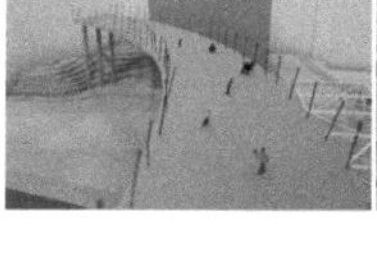

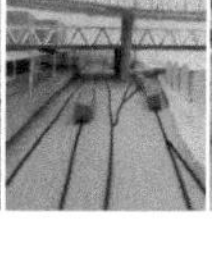

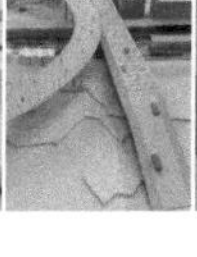

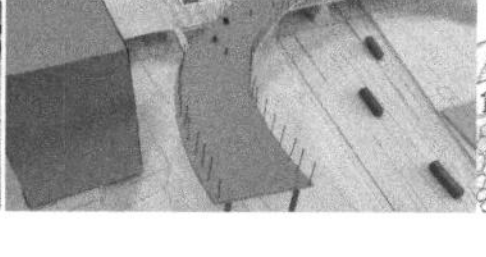

武田神社
（躑躅ヶ崎館跡）
①野外劇場
②イロトリドリ
山梨大学
③アーティスト・イン・レジデンス
武田通りを中心に5月に行われる信玄公祭りでの出陣ルートの提案である。戦国時代・城下町の頃の街区を活かしながら、提案建築物や主要な建築物を巡れるルートでもある。
出陣ルート
④集合住宅
山梨県立図書館
山梨文化会館
⑤橋
舞鶴城公園
（旧甲府城）
パレード・出陣/ランニングコース


①野外劇場

A信玄公祭り実行委員会
B劇団員
C服飾
Dカメラマン
E美容師
F料理人
Gジムトレーナー
H地域住民
I山梨大学学生
演者
演者
衣装
技術
メイク
食事
鑑賞/広場
鑑賞/広場


②イロトリドリ

C服飾
B劇団員
A信玄公祭り実行委員会
I山梨大学学生
E美容師
H地域住民
Dカメラマン
Gジムトレーナー
F料理人
裁縫教室
バレエ教室・ダンス教室
歌舞伎体験
寺子屋
作業場
美容室
寺子屋
ギャラリー
スポーツジム
ランニングコース拠点
料理教室
カフェ


③アーティスト・イン・レジデンス

A信玄公祭り実行委員会
C服飾
Dカメラマン
E美容師
会議室
店舗/自宅
店舗/自宅
自宅


④集合住宅

B劇団員
F料理人
Gジムトレーナー
H地域住民
A信玄公祭り実行委員会
I山梨大学学生
ウィークリーマンション
管理人
店舗
青空教室
自宅
自宅


⑤橋

A信玄公祭り実行委員会
B劇団員
C服飾
Dカメラマン
E美容師
F料理人
Gジムトレーナー
H地域住民
I山梨大学学生
パレード・出陣/ランニングコース


**Q.** 模型制作で苦労した点や注目ポイントは？

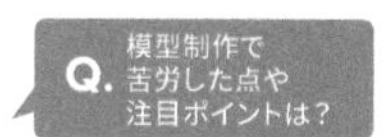

**A.** 1mm角のヒノキ材を使用し、屋根の表現をした点です。また、5つの対象敷地の標高差を再現するために、什器を制作しました。さらに、模型を展示する際には、参道を軸に配置し、武田通り沿いを表現しました。

# 弁当とプラネタリウム

## 作り手の論理と使い手の論理による複眼的設計手法の提案


波島 諒 Ryo Namishima

明治大学 理工学部 建築学科 構法計画(門脇耕三)研究室

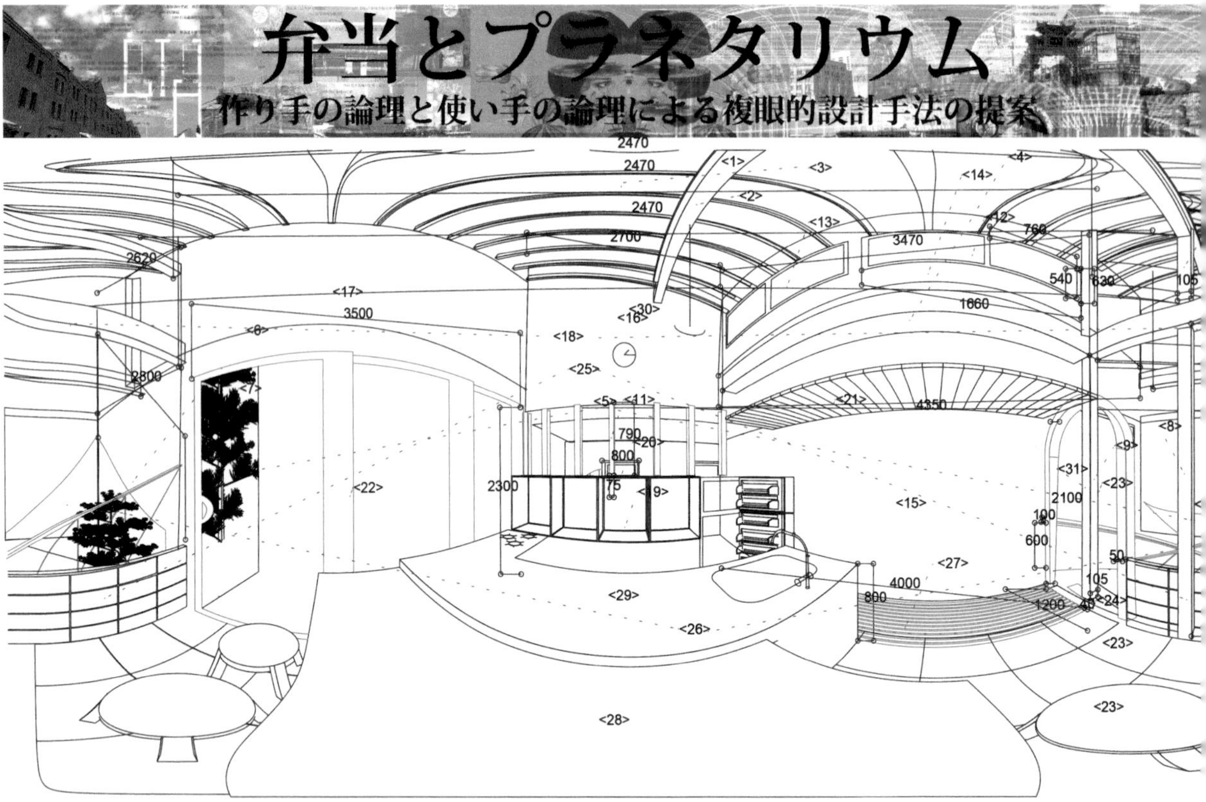

# 弁当とプラネタリウム

## 作り手の論理と使い手の論理による複眼的設計手法の提案

<1>梁、ヒノキ無垢材:(1586.07,-0.41,52.4/0.51%)
<2>梁、ヒノキ無垢材:(2399.69,2.7,30.39/0.47%)
<3>梁、ヒノキ無垢材:(2546,-2.32,76.49/0.06%)
<4>梁、ヒノキ無垢材:(1606.55,80.04,40.73/0.46%)
<5>開口、木サッシ:(4095.09,166.19,-13.62/0.36%)
<6>壁、モイス肌色t=6:(2924.21,-138.87,-5.48/1.21%)
<7>開口、ステンレスサッシ(特注):(3364,-140,-20.99/0.11%)
<8>柱、ヒノキ無垢材:(1310.92,158.45,-0.26/0.26%)
<9>柱、ヒノキ無垢材:(1761.4,-140.96,-20.99/0.21%)
<10>柱、ヒノキ無垢材:(2108.29,158.45,54.78/0.05%)
<11>柱、H鋼st,防水塗装クリア:(2310.68,-5.2,9.35/0.06%)
<12>開口、網入り透明ペアガラス:(2258.35,97.92,58.07/0.2%)
<13>開口、網入り透明ペアガラス:(2630.68,44.8,49.63/0.18%)
<14>壁、ep:(2082.86,85.31,53.1/1.12%)
<15>壁(湾曲)、ep白:(2472.23,75.78,-7.79/6.33%)
<16>壁、ep白:(2888.94,-1.57,32.56/1.89%)
<17>壁、ep:(2601.51,-85.43,48.45/1.97%)
<18>壁、ep:(2954.85,-160.99,39.47/3.94%)
<19>壁、ep:(2390.93,-1.41,-16.64/2.22%)
<20>開口、すりガラス:(4133.91,-2.62,-1.29/0.08%)
<21>天上、FB:(3356.7,57.76,17.32/1.5%)
<22>開口、アルミサッシペアガラス:(1522.8,-80.7,-6.13/1.9%)
<23>アーチ、コンクリート打ち放し:(2137.3,134.02,-4.9/0.39%)
<24>階段、コンクリート打ち放し:(2537.9,132.26,-36.3/0.07%)
<25>腰壁、コンクリートブロック:(1972.6,-151.36,-33.28/1.77%)
<26>手摺り、st:(1362.46,-153.28,-9.11/0.03%)
<27>踏み天井、チーク無垢:(2072.91,78.57,-41.13/0.86%)
<28>ダイニングテーブル、ナラ:(1163.65,-8.92,-65.68/3.17%)
<29>システムキッチン、:(1163.65,-0.61,-50.96
<30>垂木、ヒノキ:(4302.22,-1.11,41.42/0.08%)
<31>開口、アルミサッシペアガラス:(3470.8,13
<32>階段・ノンスリップ、ゴムt=5:(2737.9,145.2
<33>床、人工大理石タイル:(2537.9,132.2,-36
<34>手摺り、タモ集成材:(1469.9,165.2,4.53/0
<35>手摺り、ゴム紐(緑):(1435.4,155.1,1.53/0

### 手法1|ノーテーション

#### 1|「空間体験」を記譜する

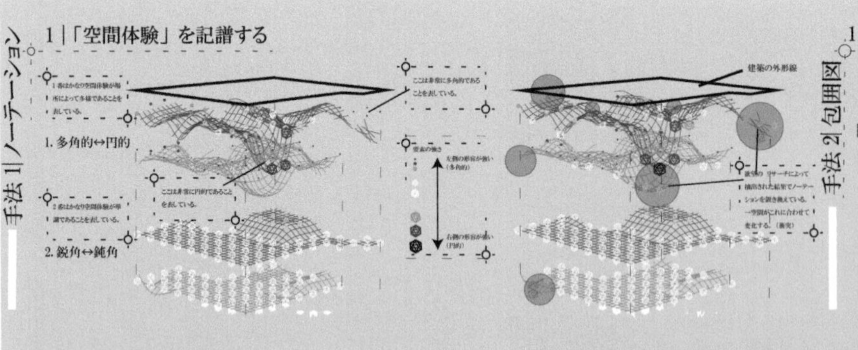


要求が満たされるように作られた空間を「空間体験」のみに着目して記述する。今回は住宅の一部を取り上げて例にする。平面方向はその建築(や都市)の位置と平行に対応。上下方向は65個の要素と対応している。要素の強さに依存して記号を上下に移動させそれを線でつなぐことで「空間体験の地形」を作り出している。

### 手法2|包囲図

#### 1|投影の方法を変更する

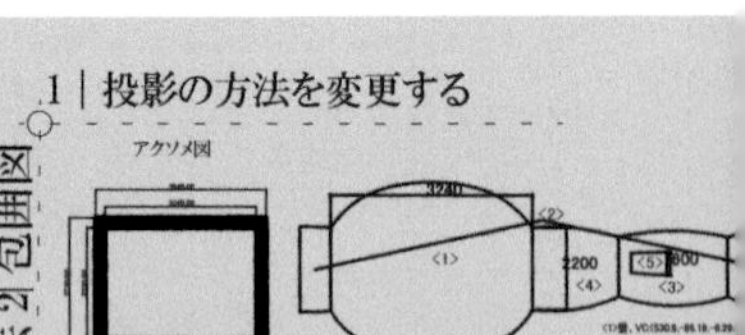

アクソメ図

平面図

周辺図

間の体験者(同時に観測者でもある)がどのような空間に「囲まれているか」を表現したもので、面に対し(エレメントの種類、仕上げのマテリアル、距離D、平面方向の角度Θ、それに直行方向の角度φ、視界に占める面積の割合)によって表される。大きな特徴として360度が一枚に表せられる極座標的なので直交座標系のように面の端同士の関係が記述されないということがなく、線ではなく面で空間をとらえるので、思考として一次元上げた操作が可能になる。

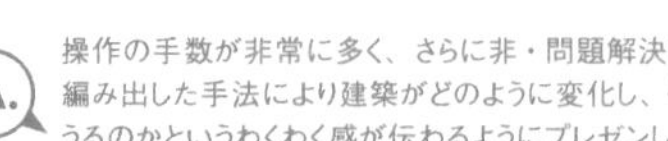

Q. 巡回審査のプレゼンで工夫した点は？

A. 操作の手数が非常に多く、さらに非・問題解決型の提案だったため、背景より、編み出した手法により建築がどのように変化し、その結果どのように生活が変わりうるのかというわくわく感が伝わるようにプレゼンしました。

**設計趣旨** 私たちのあらゆる道徳や価値観、概念、記号、感情などは棋譜されてはじめて存在しえる。だとするのならば、我々が学んできた建築の根拠、あるいは仕組みは「たまたま記譜することができたもの」なのかもしれない。平面には秩序が表れ、断面には欲望が表れる。この考え方を発展させ、直交座標系とは異なる座標系に建築を記述した上、そこさえも秩序立てようと試みた。3つの敷地にそれぞれスケールの異なる住宅、集合住宅、IRを計画する。それらは一般図の存在を前提にして仕立て上げられた「モノの論理」で計画され、観測地点を建築の内部に移すことによって記譜可能な①空間体験のノーテーション、②周囲図という仮想的な「コトの論理」を衝突させることでつくられる。

**S** 個人スケールの欲望 case1 祖父母の家

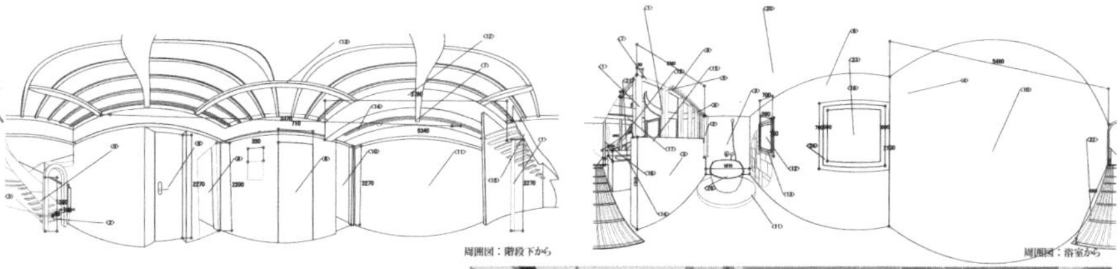

周囲図：階段下から

周囲図：浴室から

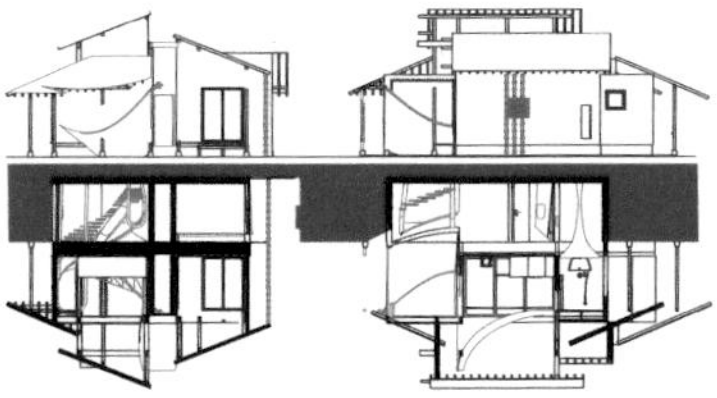

ダイニングから庭を見る　浴室を見る　階段下から庭を見る

**M** 集団スケールの欲望 case2 「住人」のための集合住宅

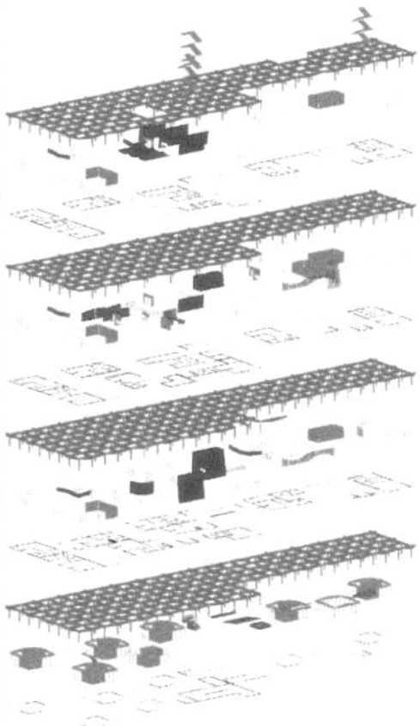

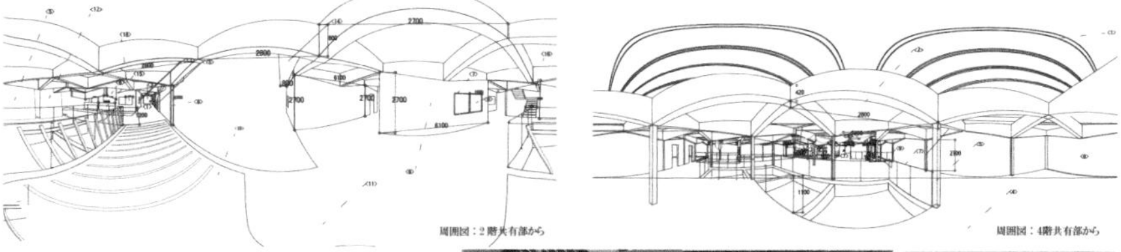

周囲図：2階共有部から

周囲図：4階共有部から

4階共有部を見る　2階共有部を見る　居室から共有部を見る

**L** 都市スケールの欲望 case3 山下埠頭におけるIRの計画

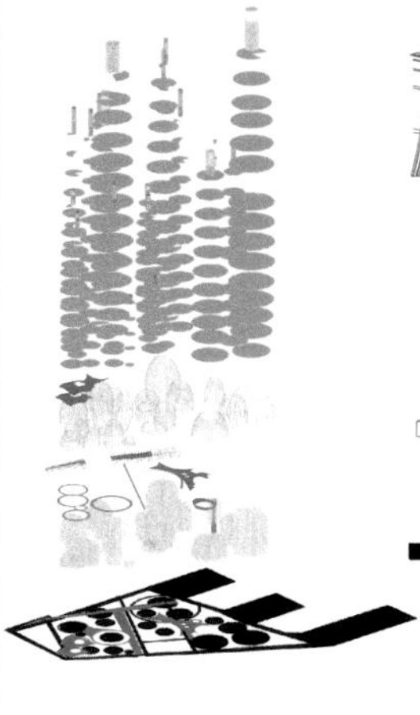

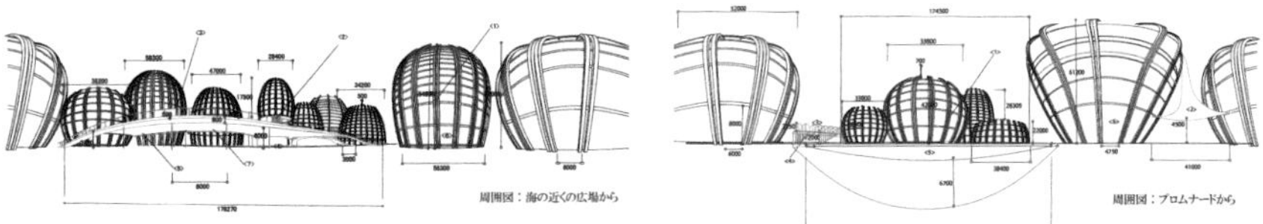

周囲図：海の近くの広場から

周囲図：プロムナードから

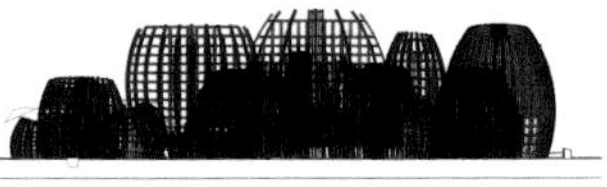

広場からペデストリアンデッキを見る　広場から建物群と膜屋根を見る　川とプロムナードと橋を見る

**Q.** 模型制作で苦労した点や注目ポイントは？

**A.** 約一畳の巨大模型4つの迫力です。たつき、やまり、ゆーき、川口くん、小泉さん、田中、尋世、細井さん、よね、小野寺くん、小泉さん、古賀さん、ゆーだい、小中冨さん、小林さん、小峰くん、烈、本当にありがとう。

# 重なる水面とGL

## 江戸城外濠の再考


石井 優歩 Yuho Ishii

横浜国立大学 都市科学部 建築学科

site

### 新宿区四谷外濠埋立地

江戸城外濠の一部であり、現在は埋立地となっている。
かつての土手の形状はそのままで、中に踏み入れると緑や周辺との距離感といった魅力が隠されている。

research

### 転用の歴史と途絶えた水の流れ

外濠には玉川上水が流れ込み江戸の水循環を担っていた。濠ごとの高低差により流れが出来ていたが、関東大震災の際に瓦礫処理のために標高が最も高い四ツ谷が埋め立てられ、水の流れが途絶えている。外濠全体で水質が悪化し環境的な価値が失われつつある。

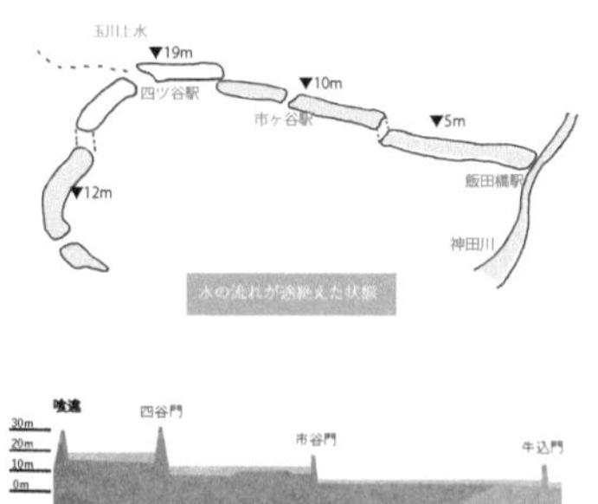

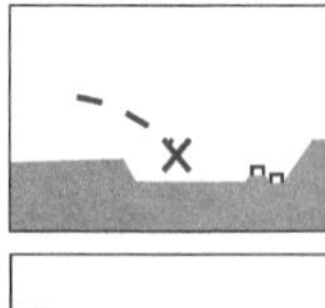

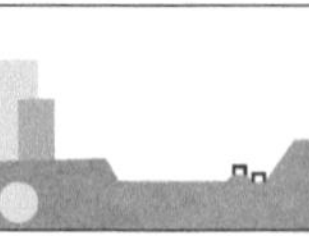

proposal

### 外濠を未来に位置づけ直す

かつての都市を隔てる目的を失い、転用されることでその場に在り続けた外濠。今後も何百年と時間を蓄える環境を新しい都市のオープンスペースとして未来へ位置づけ直す。

かつての機能

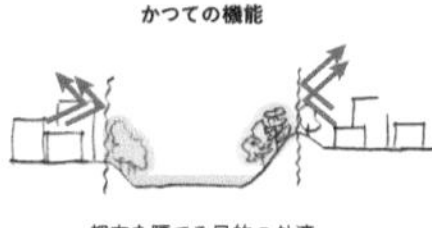

都市を隔てる目的の外濠

→

近代にかけて

空白　転用地

→

新しい外濠の捉え方

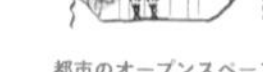

都市のオープンスペース

駅の乗り換え動線を含んでいることが設計に大きく関わっているので、そのつながりが分かりやすいように平面図と断面図をつくりました。この場所の歴史もなるべくダイアグラムにして簡潔に示しました。

**設計趣旨** 史跡である江戸城外濠。当初の都市を分断する目的を失い、水の流れは途絶え、人々の意識は遠のいている。かつては外濠の流れの起点であったが、現在埋立地となっている四谷を敷地に水の流れを復活させ、かつての風景を復元することを提案する。これまでインフラが積層してきたこの場所に地下27mのヴォイドをつくり、複数のスラブを積層させ、地上から地下までのレベルをつなぐ。外濠が都市の新たなオープンスペースになる、その手始めの設計。遺跡としての保存ではなく、都市機能の継承と風景の復元。これにより数十年前の都市の履歴さえ埋もれてしまう東京において、これからの都市像を描いていく際の大きなエレメントとして外濠の持つ大きな可能性を示す。

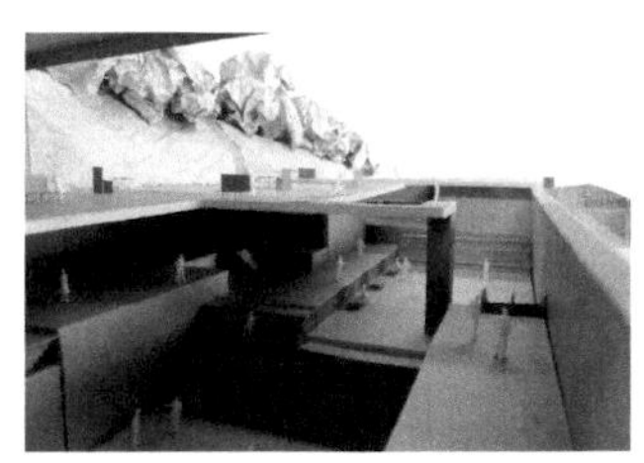

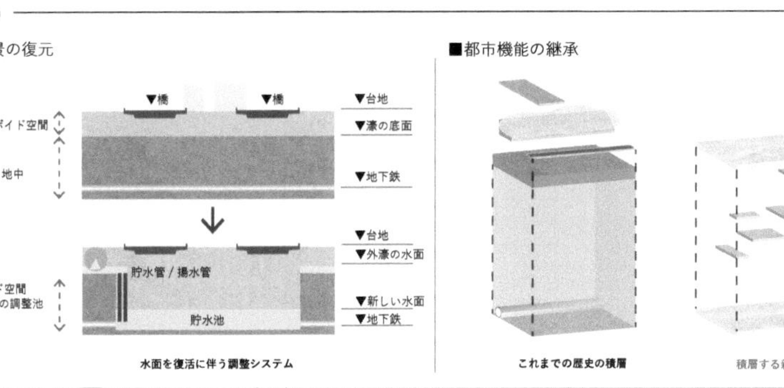

景の復元

▼橋
▼橋
▼台地
▼濠の底面
ボイド空間
地中
▼地下鉄
▼台地
▼外濠の水面
貯水管 / 揚水管
ド空間
の調整池
▼新しい水面
▼地下鉄
貯水池


水面を復活に伴う調整システム

■都市機能の継承

これまでの歴史の積層

積層する新たなGL

四谷から再び玉川上水を取り込み、水面を復活させ、かつての水辺の風景を復元させる。水の流入口の近くに貯水管を設け2つの水面に挟まれた空間が生まれる。

近世から現代にかけて鉄道などのインフラが積層しているこの場所に地下27mのヴォイドをつくる。これまでのインフラなどが積層した中に環境装置としても外濠と繋がるあらたな空間を挿入する。

水の貯水槽、乗換動線、広場といった場を積層させ地上から地下までのレベルを繋ぐ。外濠が都市の新たなオープンスペースになる、その手始めの建築。

遺跡としての保存ではなく、これまでの都市機能の継承とかつての風景の復元。都市の大きなエレメントとして外濠が持つ大きな可能性を示す。

乗換動線
レベルの異なる複数の居場所
釣り堀
光が降りる開口部
調整池
2つの大きな広場
既存JR駅
既存JR総武線・中央線ホーム


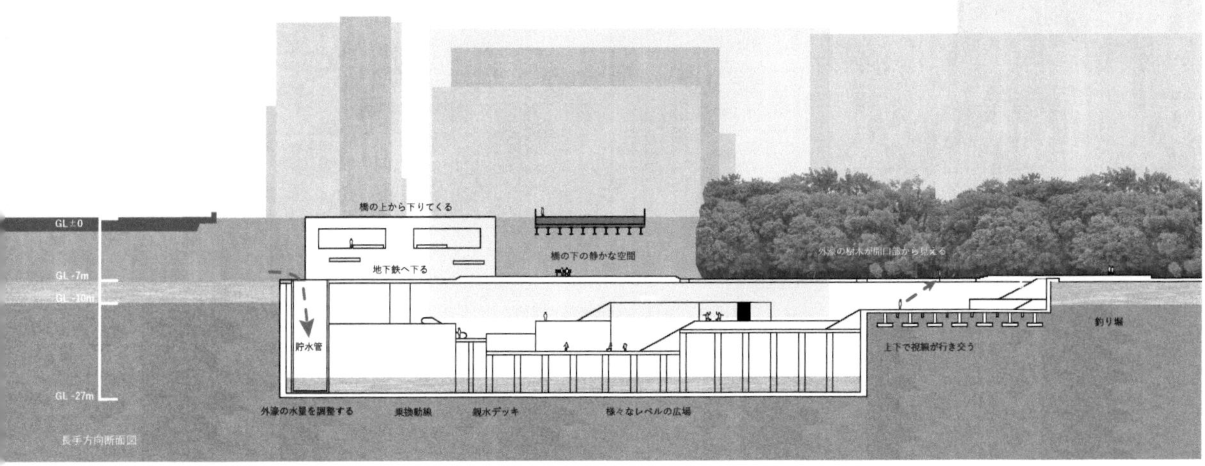

GL±0
GL -7m
GL -10m
GL -27m
橋の上から下りてくる
橋の下の静かな空間
地下鉄へ下る
外濠の樹木が開口部から見える
貯水管
上下で視線が行き交う
釣り堀
外濠の水量を調整する
乗換動線
親水デッキ
様々なレベルの広場


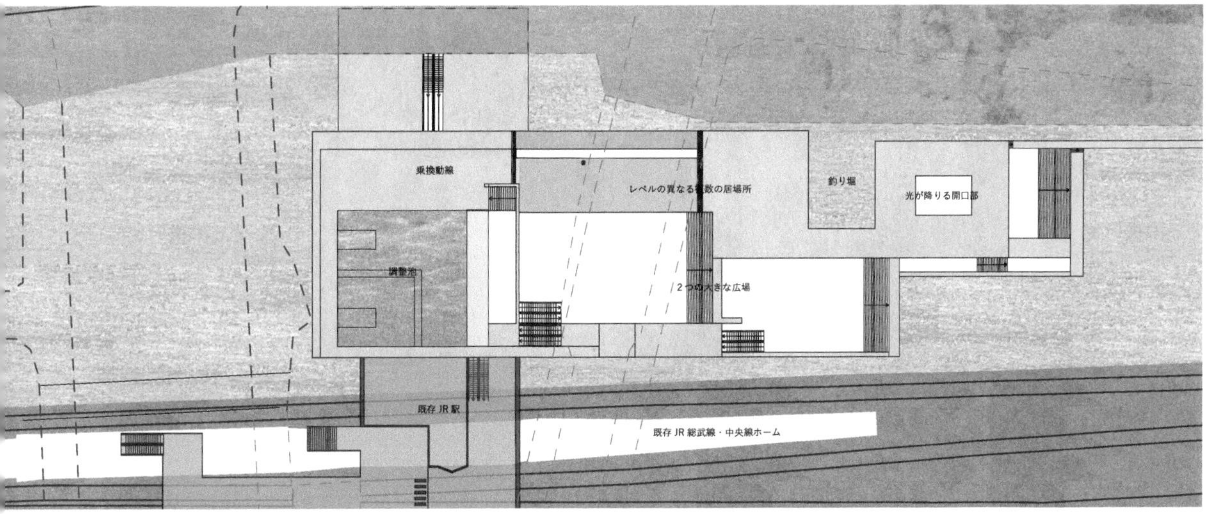

長手方向断面図

**Q.** 模型制作で苦労した点や注目ポイントは？

**A.** 水面から下の地下に設計をしたのでその表現にこだわりました。敷地模型では外濠という環境の良さがわかるように土手沿いの樹木や道までつくり込みました。

# 学校、歴史の足下


照井 甲人 Kabuto Terui

横浜国立大学 都市科学部 建築学科

## Project site

時間の断片が堆積する長崎中心部

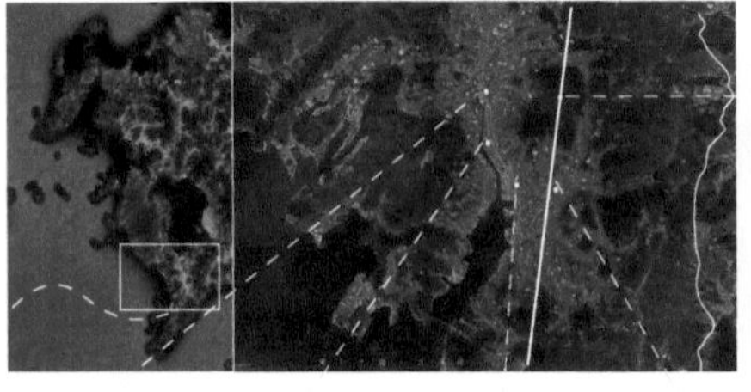

深い奥行きを持った湾状地形を介して海とつながる長崎は、16世紀から450年ものあいだ、貿易、工業、軍事と時代の流れの中で様々な役割をにない、また町が壊滅する程の大火や戦争による原爆投下などの時代の裂け目を幾度となく経験してきた都市である。

長崎という都市には、そうした様々な時代の色彩を放つ都市の痕跡が点在し、土地と人々の記憶を断片的に物語っている。

## Objective - 歴史を再編する視座

都市に生きる人間の時間を繋ぎ直す学校

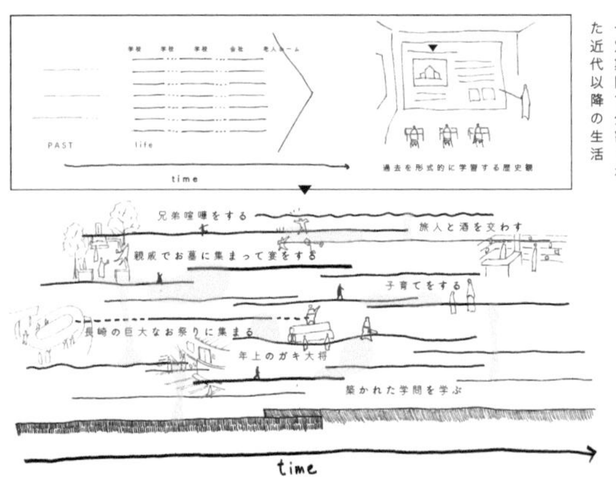


## masterplan 都市と地形の関係性をつくりなおす3つの学校

**Q.** 巡回審査のプレゼンで工夫した点は？

**A.** 巨大な長崎の地形模型をぐるっと取り囲むように立てて展示空間をつくり、中央に詳細模型を配置しました。ひと目で長崎という都市の構造がわかり、その構造に接続する建築の構成がわかるようにしました。

**設計趣旨** 歴史とは、都市に生きる一人一人の人生の時間が、それぞれが生きていく中のさまざまな場面で、さまざまな距離感を持ってつながり、それが一つの大きな流れとなって、都市の中に建ち上がるものである。学びとは、そうした、そこに生きる人・そこに生きた人・そこにあるモノの時間がつながる瞬間のことではないか。さまざまな時代の痕跡が都市の中に散らばって点在する長崎に、現代において分断された人生をつなぎ直しながら、都市の歴史を担う真の公共性を持った学校を提案する。険しい火山地形が生み出す都市構造の中に根を張るように建つ建築が、過疎化によって衰弱する近代斜面集落に公共性を吹き込み、地形全体を都市に生きる人々の歴史が蓄積する受け皿に転換していく。

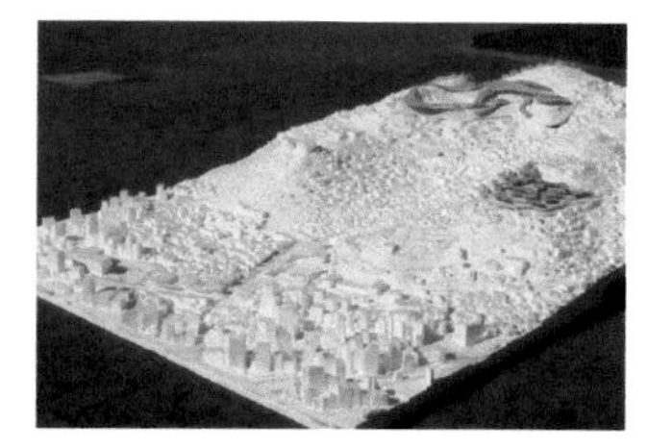

## core plan　長崎の原風景の中に生き続ける中腹の学校

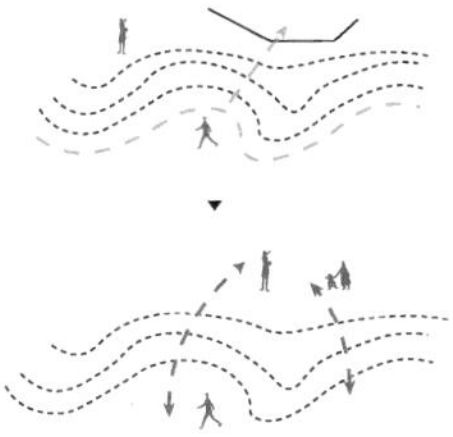

長崎を代表する急斜面の生活では、山のコンタラインに垂直なダイナミックな運動と、山肌に沿って旅する様に移動する穏やかな移動の、二種類のベクトルを持つ生活構造の中で暮らしている。

急斜面が生み出すこの構造を再読し、〈横の道→生活の道〉〈縦の道→学びの道〉として、2つの方向の道からできる学校を考える

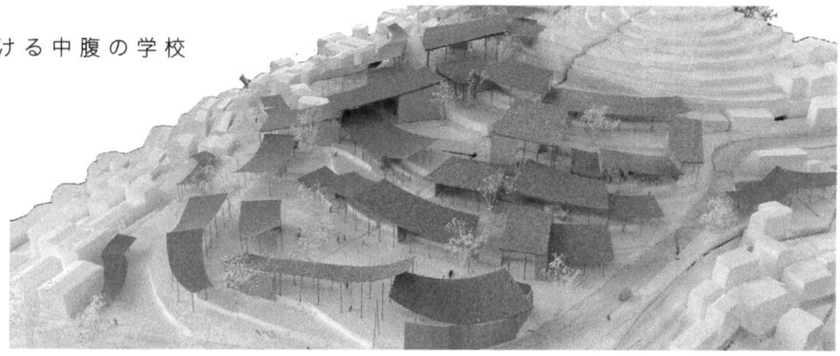

## 地形が生み出す縦と横の道の関係性が学校になる

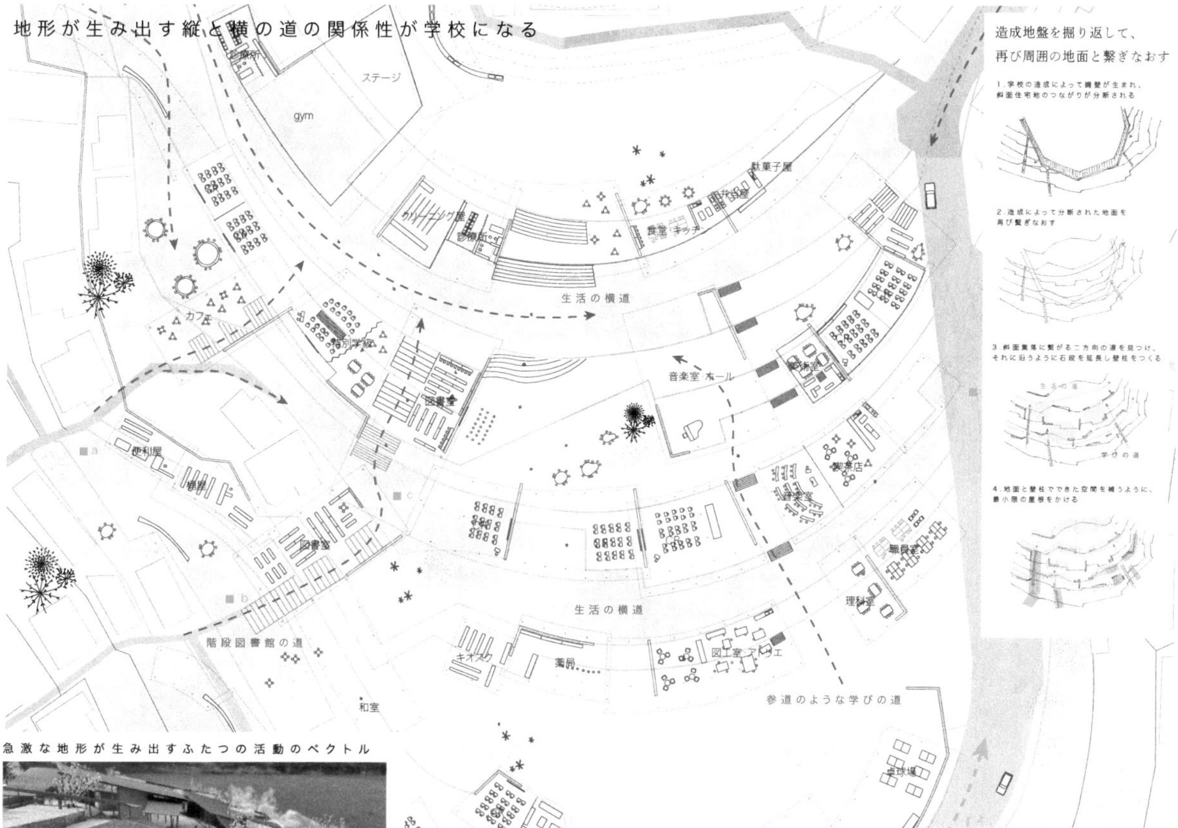

ステージ
gym
駄菓子屋
食堂 キッチン
生活の横道
カフェ
特別学級
図書室
音楽室 ホール
便利屋
図書室
生活の横道
階段図書館の道
キオスク
薬局
図工室 アトリエ
理科室
職員室
和室
参道のような学びの道
卓球場
武道場
おまつりピロティ
ロッカー
造成地盤を掘り返して、再び周囲の地面と繋ぎなおす
1. 学校の造成によって擁壁が生まれ、斜面住宅地のつながりが分断される
2. 造成によって分断された地面を再び繋ぎなおす
3. 斜面集落に繋がる二方向の道を見つけ、それに沿うように石段を延長し壁柱をつくる
4. 地面と壁柱でできた空間を補うように、最小限の屋根をかける
plan 1:1300


### 急激な地形が生み出すふたつの活動のベクトル

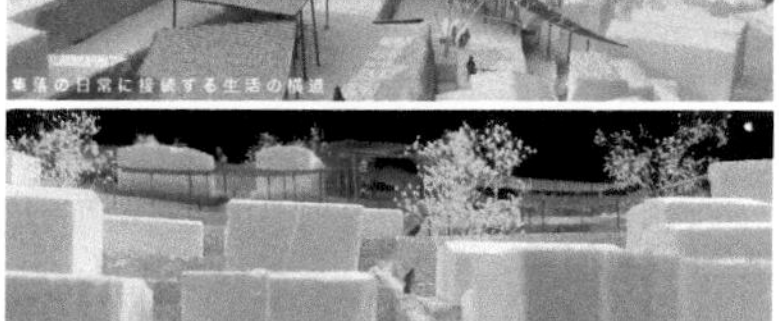

集落の日常に接続する生活の横道

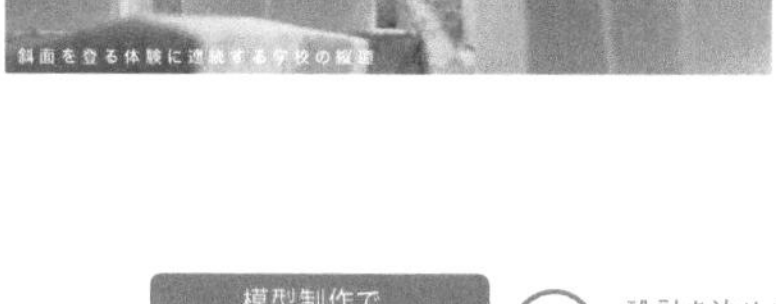

斜面を登る体験に連続する学校の縦道

**Q.** 模型制作で苦労した点や注目ポイントは？

**A.** 設計を決める前から地形模型をつくり始め、その中で場所性や地形を読み解くようにしてスタディをしていきました。

第33回 JIA神奈川建築Week
かながわ建築祭2022

# まちあるき・シンポジウム

元町・中華街駅を起点に
山下、山手、根岸を散策しながら
近代建築の設計背景や現況を学び、
パネリストたちの討論から
公共建築の設計者選定の歴史や問題点を知る。
ソフトとハードの両方から
これからの建築とまちのあり方を考える。

J.H.モーガンとは?
アメリカ出身の建築家。1920(大正9)年に来日して丸ノ内ビルディングや郵船ビルディングなどの設計に携わり、米国の最新技術を用いた西洋建築を30以上も横浜を中心に手がけた。

まちあるき

# 「旧根岸競馬場の保存に向けて」

## ── 山下居留地、山手の丘、根岸 J.H.モーガンの建築を巡る ──

日　時:　2022年 3月 5日(土)9:30〜12:30
ツアーガイド:　笠井三義(カサイアーキテクチュラルデザイン)

ツアーガイドの笠井氏

**アメリカ山公園口・エスカレーター**
元町・中華街駅の元町口で受付け後は、全員でアメリカ山公園に移動。まずは西洋文化が根強い横浜の歴史や地形などについて紹介。

START

### 01 ブラフ積み擁壁

山手を中心とした古い街並みに残る西洋式の石積みで、小口面と長手面を交互に並べているのが特徴。房総半島南部に位置する鋸山の房州石(火山灰のような砂状のものが固まった岩)を使っている。ブラフは「崖」という意味。

### 02 横浜地方気象台

1927(昭和2)年に竣工したアール・デコの建築。外観は全体的にシンプルな一方、玄関周りには幾何学模様の意匠などが施されている。神奈川県営繕管財課の繁野繁造が設計し、2007年には建築家の安藤忠雄氏による設計で本庁舎の改修と耐震補強をしたほか、新たに第2庁舎も増築。

モーガン設計

### 03 山手111番館

モーガンにより1926(大正15)年に建てられた。円弧のついたパラペットや緑の建具、オレンジ色の瓦などのスパニッシュスタイルで設計された。地階が鉄筋コンクリート壁構造で、地上階が木造2階建て洋風小屋組の寄棟造り。2階は夫婦のメインの寝室とサンルーム、ギャラリーと呼ばれる本棚のある空間、1階は個室や厨房、ホールなど。湿度の高い日本の気候から、網戸と鎧戸が壁内に収納でき、ほかの西洋館に比べて窓周りは簡素なデザインとなっている。

写真中央上の吹き抜けは、現存する山手の外国人住宅にはなく、大変貴重なものである

## 04 横浜外国人墓地正面 山手門

モーガン設計(年代不詳)の門を復元。彫刻を施された門扉は、第2次世界大戦にて金属供出で取り外され、終戦時に解体されたものが見つかったため、現在のデザインのものに交換された。

左)山手本通り沿いにある居留地界石
右)山手資料館

## 05 横浜山手聖公会

1901(明治34)年にイギリス人の建築家、J.コンドルにより建てられた煉瓦造りの教会が関東大震災によって倒壊したため、1931(昭和6)年にモーガンが再建。イギリス中世初期のアングロ・サクソン風とノルマン風を混在させた建築様式が特徴。外壁の仕上げ材である大谷石は、現在は3~4cmの大谷石を後から外壁へ貼り付けることが多いなか、当時は9cmの大谷石のブロックを積み上げて外枠として用いながらコンクリートを流し込んでいた。

左)手前が「えの木てい本店」、奥が「山手234番館」
右)エリスマン邸

## 06 山手80番館遺跡

エリスマン邸の裏にある洋館遺跡。明治末期から大正初期に建てられたと考えられる3階建ての住宅で、関東大震災で崩れ落ちて現在は煉瓦造りの地下基礎のみが残る。碇聯(ていれん)鉄構法により、煉瓦を何層か積んだ際に帯鉄を組積造補強のため、煉瓦壁内に入れて壁を補強していた。

## 07 ベリック・ホール

1930(昭和5)年に設計され、現存する戦前の山手外国人住宅の中では最大規模。1階にあるサンルームは、日本では一般的に南側に設けられるが、本館では北側に設置されており、住人が貿易商だったことから、お茶を飲みながら港を見ていたと考えられる。窓の形はラテン語で「四つ葉」を意味するクワットレフォイルの形。

左)客用の寝室。フレスコ技法の青い磨き壁とクワットレフォイルの小窓が見られる
右)サンルームは三方向にアーチ状の窓があり、明るい空間となっている。壁泉がスパニッシュ風をかもしだしている

上)カトリック山手教会
下)フェリス女学院10号館

## 08 打越橋

関東大震災の復興事業として横浜市内に建設された178本の橋梁のうちの一つ。切通しに架けられており、1928(昭和3)年に竣工。かながわの橋100選に選定されている。

モーガン設計

天皇観覧室が解体された後の塔屋

## 09 旧根岸競馬場一等馬見所

日本で初めての本格的な洋式競馬場「根岸競馬場」の一等馬見所として1929(昭和4)年に完成。創業時のメインスタンドが火災で焼失し、木造3階建てが再建されたが、関東大震災により半壊したことから二度目の再建となる。同様にモーガンが設計した二等馬見所と下見所は老朽化により解体され、現存するのは一等馬見所のみ。3つの塔屋に加え、屋根もあったが、屋根の上にあった天皇観覧室とともに現在は解体された。市民文化施設としての利用が計画されているが、いまだ具体的な案は上がっていない。現在、内部は立ち入り禁止。

## 10 デペンデント・ハウス（占領軍住宅）

第二次世界大戦に敗戦後、GHQの命令で日本が建設した米軍関係者の家族用住宅。日本資材と設計施工技術をもってアメリカ人の生活様式を満たす建物が条件であり、国内に1万6000戸、朝鮮に4000戸を設けた。下部構造は在来工法を用い、屋根をトラス、上げ下げ窓は引き違いと日米折衷様式である。現在も米軍基地内にあるため、敷地外から遠くに見られる。日本への返還が予定されているため、現在は空き家で解体が進められている。

## 11 地蔵王廟

今回のまちあるきのゴールは、中国人墓地内にある地蔵王菩薩を祀る中国式の廟。明治・大正・昭和と建設時より補修や改修を経て保全されてきた歴史的建築物が多い山手周辺。一方で、旧根岸競馬場一等馬見所のように保存計画が進んでいない近代建築もある。これらの建築をゆっくりと巡りながら歴史的背景や文化的価値を学ぶことは、これからの横浜の姿について考える機会につながることだろう。

GOAL

**モーガンの歴史をたどる道のり**

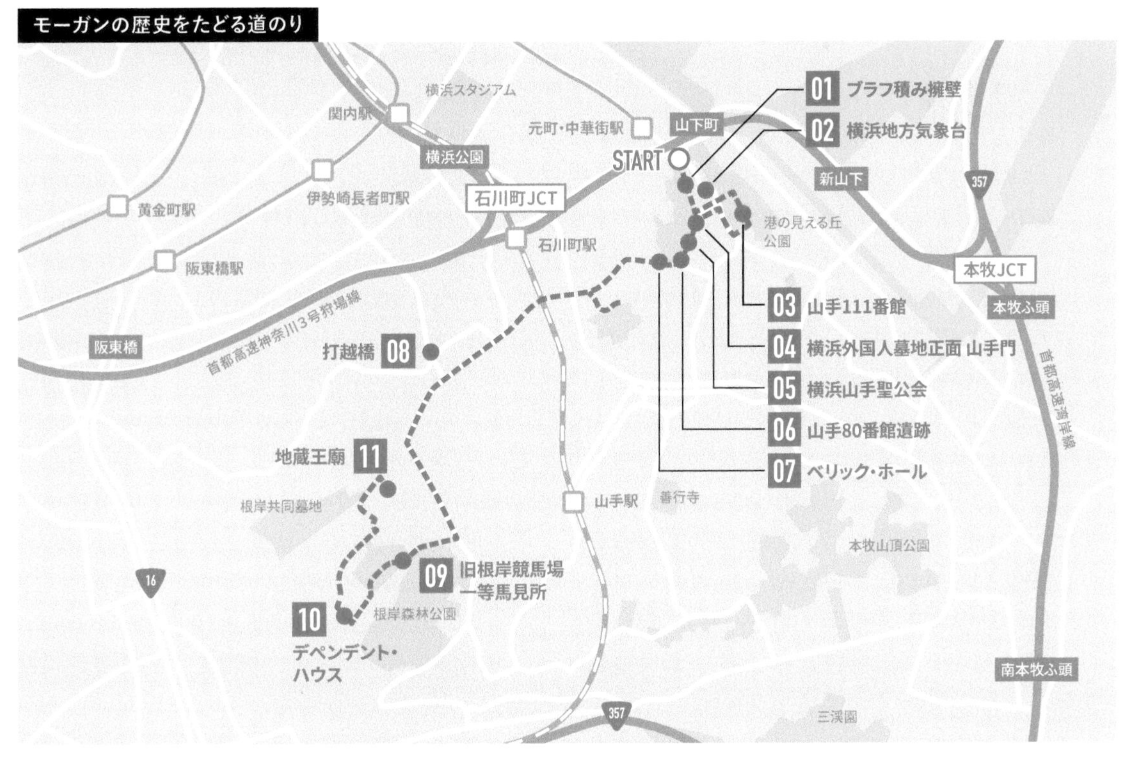

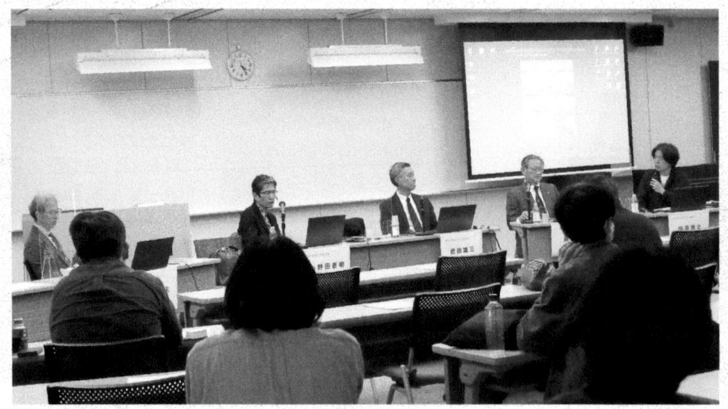

シンポジウム

# 「設計者選定制度のこれから」

日時：2022年3月5日（土）15:00〜17:00　会場：KGU関内メディアセンター8階　共催：横浜市建築局

**近年、公共建築の設計者選定の仕組みとして定着してきたプロポーザル方式。より質の高い建築をつくるための「設計者」を選ぶという観点から参加条件が厳しく、経験の少ない若手には参入の障壁となり、行政側にとっても負担が大きい。本シンポジウムでは、審査を受ける設計者たちと、審査をサポートするプロデューサー、審査をする行政側という三者の視点から、それぞれの立場を絡めた問題点を炙り出し、今後の設計者選定の在り方を話し合う。**

## プレゼンテーション

●まず、「せんだいメディアテーク」設計競技をはじめ、公共建築のプロジェクトを多数企画・支援してきた**小野田泰明氏**から、日本の設計者選定の歴史が、デザインビルド方式、入札方式、コンペ方式・プロポーザル方式の変遷を通して紹介された。なかでも東京都庁舎、東京国際フォーラムなど、建築専門家を中心とする審査員団が巨大な建築を設計競技で選んだ1985年から、公共事業のガイドラインが議論され、プロポーザルに基づく設計者の選定要領が生まれた1994年までが、大きな転換点であることが示された。その後2000年代には、設計競技に市民参加が積極的に取り込まれ、2010年代には「40歳以下で新人賞などの受賞歴がある若手建築家とチームを組む」という条件を付けたプロポーザルなど、人材の再生産に目が配られるものも登場する。一方で、東日本大震災や東京オリンピックの影響で施工資源の希少化が顕著になると、プロポーザルで選んだ良い案はコストマネジメントが大変という、根拠が希薄な風潮を生み、現在はデザインビルド方式の比重が増しつつあることが示された。品質と現実性は同時評価が困難なので、１次審査で内容、２次審査で現実性と両者を分けることが合理的で、1998年の「プロポーザル方式による設計者選定の進め方」よりも、既存の課題を取り込んだ2020年の日本建築学会のガイドライン「長く大切にされる公共施設を実現するための提言」を活用いただきたいという話で締めくくった。

●次に**田邉雄之氏**より若手の立場から見えてくるプロポーザルの問題点や海外の事例を紹介。そこから、参加条件のハードルを下げること、１次審査の簡略化、２次審査事業を受ける営業費用の弁済、実情に応じた実行期間の設定、審査過程および評価の公表などといった、行政への要望が挙げられた。コンペやプロポーザルによっては採用された案についての説明がないため、どのような案であるのか、また、審査過程も知りたいという。さらに、最近は採用されている案がプログラム偏重になっているのではないか、造形的な部分を評価する基準があってもいいのではないかという意見が述べられた。そして今後の建築業界の発展のために、JIAの組織外での設計共同体の構築のサポート、建築家の文化継承、ベテランの活躍、異なる分野での実績

設計競技に関する用語を一言でいうと…　**入札方式▶建設費で選ぶ**　**コンペ方式▶提案内容で選ぶ**

パネリスト

小野田泰明
（東北大学大学院 教授）

田邉雄之
（田邉雄之建築設計事務所）

藤沼 傑
（ウィスト建築設計）

肥田雄三
（横浜市建築局 公共建築部長）

司会・モデレーター

小泉雅生
（JIA神奈川 代表／小泉アトリエ）

とのマッチングなどの提案が投げかけられた。

●一方で、JIA関東甲信越支部の支部長も務める**藤沼傑氏**からは、海外での設計者選定とともに、前職での経験から組織設計事務所の公共建築事情、JIA関東甲信越支部での取り組みについて語られた。海外はとにかく詳細に丁寧に選ぶ傾向があり、審査対象は事務所の実績だけでなく、担当する個人の経歴も含まれる。それと比較すると、昨今煩雑になったと言われる日本のプロポーザルも、まだ簡潔なほうだという。組織設計事務所については、プロポーザル対策として事務所内に専門部署があること、その内情などを紹介。また、JIAのような公益団体こそ、発注者を支援できるのではないか、設計者、またはベテランの組織、小野田氏のようなファシリテーターを、ベストミックスで推薦して実現させることができるのではないか。そして、設計者選定後の実際の設計業務において、経験がある建築家が設計レビューすることで、市民が望む公共建築を少しずつでも実現できるのではないかとまとめた。

●最後に自治体からの意見として、横浜市建築局 公共建築部の**肥田雄三氏**が発表。長く設計者選定に関わってきたなかでの横浜市役所内の選定の歴史を紹介した。現在は、多様化する市民ニーズに応えて十分な機能を確保し、安全かつ快適に利用できる質の高い建築物であるとともに、限られた財源を有効に活用しながら費用対効果の優れた建築が求められている。ただ、現状としては、設計にはさまざまな内容や規模があるため、適宜、競争入札、随意契約も採用しており、横浜市中小企業振興基本条例によって市内の中小企業優先で設計者を選定しているという。横浜市は過去５年間で、プロポーザルの指名や公募も含め、およそ４割程度をプロポーザルで実施し、競争入札が４〜５割、随意契約は10〜20件弱くらいを実施している。そのなかでプロポーザルの一例として、戸塚小学校の建て替えプロジェクトを挙げた。応募条件として、①市内もしくは準市内の事務所（横浜市内に支店を構えている事務所）の設計者であること、②過去20年間で3,000㎡以上の新築もしくは増築の実績があること（公共建築物でなくても構わない。他社でメインとして担当した経験も実績として認める）など。他方で、提出資料における情報量は重要だが、審査側と設計者の負担を軽減するため、文字を制限して、設計者がしっかり伝えたいところを絞り込めるようにするといった工夫もしている。ただ、通過案の公表において、図面の書き込みが少なかった場合、書き込み量が少なくてもよいと設計者たちが判断して常態化するという懸念もある。自治体という立場から、税金を使っての失敗は許されないという意識を強く持ち、“しっかりした建物をしっかり建てられる事務所”を選びたいと肥田氏は語る。応募条件を緩和することで若手設計者が県で実績を積み、横浜出身の設計者として全国での活躍も期待している。

## 今後進むべき方向性

●司会である**小泉雅生氏**と４名によるディスカッションでは、プレゼンテーションを受けて設計者という立場から田邉氏の意見が述べられつつ、組織設計事務所の優位性について藤沼氏が自身の分析をさらに交え、レビューの重要性を強調。それを踏まえ、肥田氏からはレビュー導入の障壁はまだありつつも、若手の参加機会を増やすという有効性を再確認した。また、設計競技における予算の超過問題や、昨今のデザインビルドの隆盛、その難しさなどにも触れた。応募者でも自治体でもない第三者的視点を有する小野田氏は、行政の無謬性神話が、発注側に多く存在する課題を見えなくしていることを指摘。オンライン視聴者や来場者からも意見が寄せられ、設計者だけでなく自治体を含め、自由な意見交換がされた貴重な会となった。

プロポーザル方式▶提案者で選ぶ　　デザインビルド方式▶設計と施工を単一業者に発注するため、建設費も含めて選ぶ

第33回 JIA神奈川建築*Week*
かながわ建築祭2022
学生卒業設計コンクール

# 指導教員インタビュー

コロナ禍の影響を大いに受けた社会でも
変わらないもの、変わらざるを得ないものがある。
変革の時代に「建築」を学ぶにあたり、
学んだこと、身に着けたことには
どのような意図や思いが込められていたのか。
指導教員へのインタビューを通し、
これまでとこれから、建築の道程を明かす。

指導教員インタビュー

**浅野工学専門学校**
**建築工学科／建築デザイン科**

**菊地 哲** 准教授
*Satoru Kikuchi*
1986年岩手県生まれ。2009年浅野工学専門学校卒業。2011年東海大学卒業。2009年より浅野工学専門学校勤務。

**山本 大貴** 専任講師
*Taiki Yamamoto*
1991年岡山県生まれ。2019年関東学院大学大学院工学研究科博士前期課程修了。2017-2018年国立台湾科技大学留学。2019年日本建築学会若手優秀発表賞。2019年浅野工学専門学校専任講師。

# 「勉学と実社会の繋がりを体感しながら、理解を深めるカリキュラム」

## Q. 建築工学科と建築デザイン科の違いを教えてください

**菊地** 建築工学科では基礎からじっくりと学び、4年間という期間のなかで総合的に建築を学びます。また、設計・施工などの他にセメント・コンクリートにも力を入れており、実験・実習・演習を通した実践的な教育を進めています。実際に見て、触り、やってみることで知識とともに経験を積むことができると考えています。設計に関して言えば、1年時は木造住宅を主体とし、2年時はRC造やS造の住宅設計としています。そして、3年時には用途や規模を大きくした設計課題へと進みます。本校の設計課題の特徴としては図面の精度を重要としているところだと思います。各図面の整合性や表記方法において間違いがないかどうかは評価をする上で大きなものとなっています。

**山本** 建築デザイン科では、2年間という短い期間に木造及びRC造の戸建て住宅の設計・施工を軸とした、建築に対する知識と図面を描くスキルに加え、PCスキルやインテリアデザイン等についても学んでいきます。また、基本的な建築の歴史や建築に対する考え方に加え、法律の授業も充実しており、在学中の資格取得にも繋がる授業となっております。一方で、浅野工学の特徴の一つである実習科目(建築実験や測量実習)もあるため、勉学と実社会の繋がりを体感しながら理解を深めるカリキュラムとなっています。

**菊地** 両学科ともに全科目必修となっていますので建築全般について総合的に学ぶということが本校のカリキュラムの特徴となっています。建築を仕事にしたいと漠然とした目標をもった学生も最終学年になる頃には適職を見つけ、進路を決定しています。また、総合的に学ぶことで卒業後の将来の選択肢も増えると考えています。

## Q. 卒業設計のスケジュールをお聞かせください

**菊地** 建築工学科は1年間、建築デザイン科では6カ月間での実施となります。建築工学科は3月頃に各自のテーマを提出し、テーマに合わせて指導教員が決定します。その後は5月に計画案の発表、3回の審査を経て2月に学内で講評会を行っています。建築デザイン科は木造住宅の設計を8月頃から始め、建築工学科と同様に4回の審査を経て2月に学内展示を行います。建築工学科はテーマ選択が自由なため、ストリートファニチャーや競技場など大小さまざまな設計が見られます。建築デザイン科は木造住宅の設計と決まっているので規模は同じような物が多いのですが、その中で各個人の思い描く住宅を設計しています。両

卒業設計にて、最終発表審査の様子

学科ともに審査では図面の提出を行い、計画・法規・構造・施工のチェックのみならず図面としての整合性や表現方法も審査されます。プロジェクトの可否と合わせて正しい図面を要求されていますので各審査前は図面と格闘している学生が多い印象です。

**山本** 建築工学科に関して言えば、1年間という長い期間作品と向き合うことになるので、モチベーションを保つ努力。つまり、“どのように卒業設計を楽しむか”が重要であり、一方で建築デザイン科は、卒業設計以外の授業もたくさんあるためスケジュール管理をしっかりして、いかに時間を捻出するかが重要です。近年では学外の展示会や卒業設計コンクールでの出展を目指す学生も増えてきているため、決められた期間をどのようにモチベーションを維持して良い作品をつくるか。期間に対して真摯に向き合ってくれている印象です。

## Q. 卒業までに学生にはどのような技術や能力を身につけて欲しいですか?

**菊地** 在学中に多くの知識と経験を積むことにはなります

卒業設計のスタディ模型。左から松元さん、谷米さん、田代さんの作品

が、それらを使い応用する能力をつけてほしいと考えています。専門学校として初歩的なことや実践的な内容について指導をしていますが、教わったことを適宜使いわけ、また展開していくことが重要だと考えています。これらは教科書だけではなく、各課題で能力以上のことに挑戦していくことで養われることだと思います。そういった意味でも卒業設計はいろいろなことに挑戦することができる良い機会であると思います。

**山本** 建築以外の分野にも触れて欲しいと思っています。例えば映画や音楽、絵画などでも構いません。さまざまなことに好奇心をもって建築の可能性を広げてもらいたいと思っています。

## Q. 卒業設計の指導方針と指導内容を教えてください

**菊地** 4年制と2年制でスケジュールや求められているものが違いますので指導についても分けています。4年制のほうは各自でテーマを考え作成をしますので、それぞれ学生の考えているものについて私に伝わるように提案をしてもらいます。私はその提案を理解できるかどうかを学生に伝えています。人に伝えることで自分の考えも整理できますし、伝えるためのツールを学生が模索できると考えています。2年制は木造住宅というテーマですので、スケジュールを作成し、そのスケジュールに合わせ必要な図面等の作成をしています。そして、計画・法規・構造などの諸条件についてのチェックを徹底しています。自分で考えさせる4年制と確実に進捗させる2年制といった感じです。

**山本** 指導方針としては、私の担当している卒研生には、誰がどのような提案をしていて、どこまで進んでいるかもお互い知っている状態を保ってもらうためにゼミ形式を採用しています。それは、各学生の作品について他の学生を巻き込んで議論してアイデアの数を増やすという側面だけではなく、他の学生の考え方や作品事例の情報などの共有や学生間での議論ができる雰囲気(環境)づくりを構築するためです。後輩たちも興味があればいつでも立ち寄れるようなオープンな姿勢でゼミを実施しているため、卒研生以外の学生が参加している場合もあることも特徴の一つだと思います。

指導内容は、まず建築を好きになってもらいたい！卒業設計を楽しんで取り組んでもらいたい！という思いがあるので……少し打合せ内容と脱線してしまったとしても、建築を見学して驚いたことや、講演会に参加して勉強になったことなど、建築についての魅力(面白さや奥深さ)を積極的に伝えることを意識しています。また、学生と年齢も近いこともあり、ソフトウェアの使い方等の学生に寄り添った細かい指導も行っています。

## Q. 松元愛慈さん、田代悠輝さん、谷米匠太さんの作品が評価された点をお聞かせください

**菊地** 松元さん（P.060）は2年制の学生でしたが、コンペティションの参加など意欲的な学生でしたので4年制と同様の指導をしました。毎回の打ち合わせは提案に対してのやりとりで図面等はほとんど見ていないような気がします。最終的には行為寸法による空間作成となり一緒にいろいろな動作について実際に身体を動かして確認をしていました。周りからはどう映っていたのかわかりませんが、真面目に取り組んでデータを集めた彼女のストイックな姿勢は目を見張るものがありました。私の印象にはなりますが、泥臭く汗をかいて作成された作品で、自分の身体で実際に空間を創っていくということが評価に値すると思います。

**山本** 田代くん（P.058）は、現代日本の公共施設のあり方について問題定義をした提案です。今までの、そしてコロナ禍以降の公共施設の空間のあり方を調査・考察し、用途空間と共有空間を再整理したもので、非常に現実的であり建築的な提案だったと思います。プログラム配置からどのように意匠的に解いていくかという挑戦から、建築の形態とプログラムの整合性の葛藤が垣間見えます。また、大きく空間を捉えておおらかに空間が連続していく様子は、田代くんの性格が良く現れており、豪快な作品だと思っています。

一方で谷米くん（P.062）は、建築の空間がどこまでの多様な敷地に対してフレキシブルかつ土着的な性格を獲得できるのかということに挑戦をした作品だったと思っています。「絵に描いた餅」だとも見られてしまいがちではありますが、細部まで考えられており、思い描くシーンを現実の環境の中でどのように実現できるのか。という緻密に練られたナラティブな提案だったと思います。

指導教員
インタビュー

# 卒業制作・論文の枠を超えた表現を

**神奈川大学**
**建築学部 建築学科 デザインコース**

## 六角 美瑠 教授
*Miru Rokkaku*

2001年筑波大学卒業、2003年東京藝術大学大学院修士課程修了。2003-2005年六角鬼丈計画工房(六角工房)所属、2005年六角工房分室 ミルアトリエ開設、2005-2010年東京大学大学院博士課程在籍、2006-2009年東京藝術大学教育研究助手、2014年東京大学博士号取得、2015年-東京大学生産技術研究所協力研究員、2018-2020年芝浦工業大学デザイン工学部特任准教授、2021年より神奈川大学工学部(現在は建築学部)教授。

### Q. 2022年度の建築学部創設について教えてください

**六角** 今年度、工学部から建築学部となったことで、もとの建築学系3コース「構造」「環境」「デザイン」に都市生活学系「住生活創造」「まち再生」の新しい2コースが加わり、合わせて5コース制となりました。そして都市生活学系コースは、理系の学生以外に文系の学生も受験が可能になりました。ちょっと理数科目が苦手でも、リサーチ力や文章力があり、モノづくりやまちづくりに興味があるような学生にも在籍してもらいたいと思っています。ただ、2022年度の卒業設計はまだ工学部としての旧カリキュラムの学生です。本校では建築学部の広報として「ぜんぶ、建築だ。」というメッセージを打ち出しているのですが、今後は工学的な建築専門だけではない幅広い視点で建築分野を捉えた教育を展開できたらと考えています。卒業制作でも、何か形式的な卒業制作・卒業論文と言われる枠を超えたユニークなディプロマ作品が出てきてくれるといいなと期待をしています。

### Q. 出展者の野中美奈さんの学内での評価はいかがでしたか?

**六角** 野中さん(P.064)らしい卒制作品に仕上がったなという印象です。人の動きやリズムが刻まれるようなユニークな空間がつくり込まれ、断面模型からもとても魅力的な空間体験が想像されます。シークエンス的に描かれたパースからもそのことが伝わってきます。野中さんは、日常を取り巻く環境をとらえる感覚が繊細で、描くドローイングも世界観があり、表現力がとても豊かな人です。エスキスをする際も、イメージを共有しながら対話できる感覚がありました。彼女が思い描くストーリーを空間体験として、設計に織り込んで建築空間を構築することを目指した卒制でした。その点においては良い形で具現化できていたと思います。一方で、理想を計画に落とし込むことの難しさがあり、リアリティのあるものに引き上げるにはもう一歩、周辺環境との関係の構築や施設として成り立つためのプログラムを練る必要があったと思います。

### Q. 研究室ではどのような指導をしていますか?

**六角** 神奈川大学に来て研究室を持って感じたのは、学年を超えたつながりが強いことです。大学院の上級生が学部生の後輩に対してとても面倒見がいいことには感心します。私の研究室には助手がいないこともあり、修士1年生に4年生のゼミに参加してもらっています。卒業制作を経験した身近なアドバイザーとして、重要な役割を果たしてくれています。修士1年生に対し、昨年の卒業制作のテーマや考え方が近い4年生2、3人を振り分け、普段からアドバイスを聞ける体制にしています。また、何か調査に行く時には同級生ではなく後輩を連れて行くよう指導しています。一方、3・4年生には先輩のやることを手伝うようにさせ、私からだけではなく先輩からも学びなさいという環境にしています。

指導の点で言うと、初年度は、学生数も多く設計エスキスをしているだけでは、それぞれの学生の関心や本質を理解するまで至らずに苦労しました。コロナ禍だったこともあり、気兼ねなく学生と飲みに行くこともできなかったので、打ち解けて話す機会も少なく、私が学生自身のことをよく知らなかったのだということに気がつきました。そのため、今年度からは新しい試みとして、研究室で“パーソナリティトーク”というのをやりました。幼少期からこれまでどのような環境で育ち、どのようなことに関心を持って活動をしてきたかなど話をしてもらいました。7割方

野中美奈さんの作品「自分だけの体験を」

学生が制作した焼き鳥の屋台

2022年度の学内講評会

は、建築や設計とは関係のない話なのですが、その学生のバックグラウンドや環境、見えている物事、思考の置き所などを多少なりとも受け止めることができて、設計エスキスをする上で、学生の個々の資質を捉えてアドバイスしやすくなった気がしています。ある学生は、パーソナリティートークで、祖母が焼き鳥屋を営んでいることを話してくれました。翌月にはその焼き鳥屋は閉店、その後解体されると聞き、その焼き鳥屋の持つコミュニティ機能を継承して、卒業研究として展開することを勧めてみました。閉店までの1カ月お店のカウンターに立って、おばあさんのもとで焼き鳥修行をし、お客さんからヒアリングを行い、お店の実測・記録、そして解体時も立ち合い、解体された材料を使って屋台を制作し、町に出て屋台で場づくりやコミュニティ形成の実験を行いました。

卒制となると学生はスケールの大きなプロジェクトをやりたがりますが、意外と本人は気がつかないような身近な物事に、きっかけや面白いテーマが潜んでいるもので、視野を広げるためにも学生とさまざまな対話をしながら共に考えていくことが良い研究テーマを構築することにつながっていくのではないかと感じています。

### Q. 今年、キャンパス内に工房ができたことも、卒業制作に影響を与えるのでしょうか?

**六角** 工房ができて自由に原寸のものがつくれる環境ができたことはとてもよかったと思います。私自身、母校（筑波大学）にも工房があり、緊張しながら機械に触れ、椅子づくりをしたことなどはよい経験でした。今後は工房を活用して実プロジェクトのモノづくりや、研究においても実物のモックアップをつくって実証するような研究も進めやすくなると思います。工学の概念からすると、数値化やデータ化などによって検証されないものは研究になりづらい背景があります。それは美大出身の私にとって非常に堅苦しい感じがしました。そういった意味でも、資料文献や実験結果とは違う形で実証できる方法、実際にものをつくり検証することで立証するといった方法が建築学部として構築されていくといいなと思っています。先ほど話した屋台の卒業制作はまさに工房を活用した原寸制作・実証研究ということになると思います。制作物を実際のフィールドに持ち込み、人と対話しながら研究ができることは、学生にとっても大きな経験となっているようです。

話は少し飛びますが、私の父（六角鬼丈）は東京藝術大学の学部長だった時に、“作品ドクター”という制度を新設しました。要は、博士課程を論文ではなく作品で研究できる仕組みをつくったのです。建築においては特に世の中にものをつくることで実証できることはたくさんあるし、数値化されないけれど、可能性のあるアイデアや表現は設計デザインにおいて貴重です。「ル・コルビュジエくんという学生がいたら、僕は博士号をあげたい」と当時父が話したように、コルビュジエは身体感覚から空間をつくるモデュロールという概念を、設計のプロセスの中で構築したわけですが、このように、設計やモノづくりから研究と言えるような成果を導くことを期待していたのだと思います。工房は、原寸でのデザイン実験をするには欠かせない場になっていくと思います。リアリティのあるモノづくりからユニークな活動や研究を今後展開していきたいと思っています。

指導教員
インタビュー

# 社会に対する問題意識を出発点に

**関東学院大学**
**建築・環境学部 建築・環境学科**

## 粕谷 淳司 准教授
*Atsushi Kasuya*


1971年東京都出身。1995年東京大学卒業、1997年東京大学大学院修了。1997-2002年アプル総合計画事務所（現、アプルデザインワークショップ）勤務。2002年カスヤアーキテクツオフィス設立。2008-2012年明治大学兼任講師。2011-2013年工学院大学非常勤講師。2013年関東学院大学専任講師、2018年より同大学准教授。

### Q. 関東学院大学の建築教育の特色と、コロナ下での取組みについて教えてください

**粕谷** 建築・環境学部では、２年までは全員同じ必修科目をとり、３年で５コースから選択します。そのうちデザイン系は、従来的な工学部の建築教育を引き継いでいる建築デザインコース、リノベーションや都市再生をテーマにしているまちづくりデザインコース、住居系のすまいデザインコースの３つです。関東学院大学の特色は、コースを選択した後も分野をまたいで学べるところ。複数ある登山口から最終的には全員が同じ頂上に到達するイメージで、コース毎に設けられたデザインスタジオと呼ばれる演習科目を基軸に、自分の興味に従って自由に学びを深めていきます。建築全体を考えられる人材を育成したいという考えからです。

私は2013年に関東学院大学に着任し、建築設計の実務を行いながら教員を続けています。すまいデザインコースの授業を多く受け持っていますが、４年になって卒業設計では公共的な建築をやりたいという学生もいます。自分の選択したコースとは違うテーマに取り組みたいという希望を否定することなく、本人の興味に沿った指導ができるのがよい点です。

2020年度からのコロナ下の２年間は、この状況で何ができるかで大学の価値が決まるというくらいの危機感をもって、教員全員で取り組みました。講義だけでなく演習をどうオンラインで成立させるか工夫を重ね、至らない点もあったと思いますが、かなり成果は出たと考えています。学生に聞くと、2、３年生は前向きな感想が多かった一方で、上級生、特に２年前の４年生は物足りなさを感じさせてしまったようです。ゼミでいろいろな建築を見に行ったり、海外含む合宿をしたりという学外の活動ができなかったのは残念でした。現在はなるべく対面で行いながら、オンラインとハイブリッドで実施する方法が定着しています。毎年横浜赤レンガ倉庫で開いている建築展で、VR映像をオンラインで提供し、リモートで会場を見て回れるようにするなど自分たちが進化するきっかけにもなりました。

### Q. 卒業設計の土台づくりとして、3年生までの授業について教えてください

**粕谷** ３年のスタジオの授業では、卒業設計につなげていけるような出題を考えていますが、春学期のスタジオは一般的な設計課題と違う手法をとっています。金沢八景キャンパス内の任意の場所に、手近な材料を用いて手を加え、小さな空間をつくることが課題です。その後、そこで発見したことをドローイングや模型で表現します。自分たちの手で空間を変化させることができると実体験させるのです。建築雑誌で見たことの受け売りではなく、自分が実際に手を動かしてやったことを建築の表現に落とし込む、自分のオリジナルなデザインの言語を見つけてもらうことが狙いです。芝生に岩を並べたり、ビニール袋に水を入れて木にぶら下げてみたりと学生は楽しんでやっています。今では他学部の学生も興味を持ってくれ、この季節のキャンパスの風物詩のようになっています。

こういったワークショップでは、言葉で説明することを求めません。自分の作品をあとから考えて言葉にすることはやってもらうのですが、先に意図があってそれを形にするのではなく、なんとなくでもいいから自分がいいと思うものをつくってみて、それをあとから一生懸命説明を試みるということをしています。説明から形をつくり出そうとすると、端的にいうと陳腐、既視感のあるものになってしまう。もちろん卒業設計では意図や説明が必要ですし、社会に出ればなおさらですが、３年生の段階では創作から始

住宅インテリアデザインスタジオの授業で取り組んだ「小さな空間ワークショップ」の作品

20年続く伝統イベントとなっている横浜赤レンガ倉庫での建築展。2022年は一般入場も可能となった

める経験が重要だと考えています。どちらかというと建築より美術教育に近い手法ですね。一方、秋学期の住宅設計スタジオでは、規模の小さいもの、大きいものに順に取り組み、卒業設計に向けた準備段階のようにしています。

### Q. 4年生ではどのようなカリキュラムがありますか?

**粕谷** デザイン系3コースの学生は全員一緒に総合デザインスタジオを履修します。その中にトラックと呼ぶテーマがいくつかあり、学生が自由に選択できるようにしています。公共、都市、リノベーションといったトラックにそれぞれ教員が付き、学生は前半にリサーチ、後半は設計を行います。昨年、私が担当した都市トラックでは、横浜の大岡川をテーマにして、川に関わりのある建築や川沿いの都市の見え方、川に関係のある空間を取り上げました。後半は大岡川沿いに敷地を自由に設定し、プログラムも学生に任せてミニ卒業設計のような課題を出しました。

途中でトラックを変更することもできますし、デザイン系の学生が卒業設計ではなく論文を選ぶこともできるなど柔軟性を持たせています。トラックに分かれてはいるが相互に関係性があり、どのトラックにも通底する課題に気づかせることが教員側の狙いです。この学部で目指しているのは、現代社会における建築の役割、建築には一体何ができるのかを考えること。最初は理解しやすいテーマから取り組み、最終的には現代社会と建築との関わりにまで思考を広げてもらう。そこから卒業設計につなげて欲しいというのが私たち教員の一貫した姿勢です。

卒業設計については、4年の春学期から研究室に所属して興味のある分野をリサーチし、11月の中間発表までにテーマを決め、具体的な設計に進みます。卒業設計は、今の社会への問題意識、批評精神が必要です。4年生までは課題に追われてじっくり外の世界を見る余裕もなく、問題意識を持つまでに至らない学生が大半です。そこでまず、「周りを見てみよう」と声かけしています。有名な建築家の作品や先輩の卒業設計を参考にしがちですが、もう少し身体感覚をもって社会に向き合って欲しいとの思いから、学生といろいろな建築を見て回ったり、夏には合宿を行ったりして学生に気づきをもってもらう機会をつくっています。一方で、技術的に優れたものをつくることが卒業設計の最大の目標ではありません。社会に出ていくにあたって、社会に対する問題意識とそれに対して建築で何ができるかということを、つたないものであっても見出せていることが大事です。そういった視点は将来にもずっとつながっていくものです。人から言われたことをやるだけではなく、自分から社会に関わっていく、自分から動いていける人になるために卒業設計があるのだと考えています。

### Q. 4年生はスタジオとゼミの両方で卒業設計に向けた準備を行うのですね

**粕谷** ゼミとスタジオで関係のあるテーマを選ぶ学生が多いです。今回、「JIA神奈川・学生卒業設計コンクール」に出展した内藤伊乃里さん(P.072)の場合、スタジオで都市トラックを選んでリサーチ・設計を進めた一方で、卒業設計は障害のある兄弟姉妹を持つ「きょうだい児」をテーマに取り組みました。兄弟姉妹の世話で忙しい親のもとで寂しさを感じながら育つきょうだい児が助け合える施設をつくりたいという、内藤さん自身が当事者として持ってきた問題意識から出発しています。スタジオで都市についてリサーチしたおかげで、もっと都市に開いた建築をつくろうという展開ができ、学内外で高い評価を得た作品となりました。学生は自分の育ってきた環境が普通だと思っているのですが、対話していくなかで皆それぞれ独自の視点が見えてくるのです。教員はそれを引き出していく、自分で気が付くよう手伝う役割を担っています。

### Q. 学生にはどのような社会人になって欲しいのでしょうか?

**粕谷** 空間の持つ価値、素晴らしさを知っている人が社会のさまざまな分野で活躍していることに大きな意義があります。日本の住宅・都市風景が成熟してよりいいものになっていくためには、建築デザインの面白さ、そして建築を生み出す大変さ、つらさも併せて理解した人が社会に必要だと思うからです。たとえ建築以外の道へ進んだとしても、自由な価値観を備え、自分の考え方に自信をもった人になって欲しいと考えています。

# 「個々人が着目したことは、もっと拡大して考えられるはず」


**慶應義塾大学**
**理工学部 システムデザイン工学科**

**佐野 哲史** 専任講師
*Satoshi Sano*


1980年埼玉県生まれ。2006年隈研吾建築都市設計事務所、2009年Eureka共同主宰。2014年慶應義塾大学非常勤講師、2021年同大学助教、2022年同大学専任講師。

## Q. 卒業設計の扱いとなる「空間設計製図3」について教えてください

**佐野** 卒業設計と卒業論文の両方を行うのは毎年変わりません。4年生春学期に取り組む「空間設計製図3」が卒業設計に相当します。2022年度の課題は、「働き方から都市環境をリノベーションする」というタイトルでした。昨年より世間でテレワークが一般化したこともあり、改めて“働くことを考えてみる”のが課題の前提としてあります。タイトルにある“都市環境をリノベーションする”は、建築単体でなく、周辺の都市空間も含めて考えて欲しいからです。建築をつくることは、良くも悪くも周りの都市の環境に影響を与えてしまいます。周辺に良い影響を与えることもあるし、悪い影響を与えることもある。いずれにしても影響を与えることを認識してもらうことが重要だと考えています。そのため、今回の課題では、周りの環境を良くするためにどういう建築がありうるかまで含めて考えてもらいました。敷地については、渋谷エリアから各自が見つけて設定することにしました。渋谷を選んだ意図として、渋谷駅前は大規模開発が進行中だけれど現在はある程度形ができており、一方で渋谷と代官山の間に小規模な住宅が密集しています。これら2つの要素を含むバラエティに富んだ都市空間から対象地を選ぶのです。2021年度の課題では、月島などの昔からある長屋が並ぶ低層のエリアを選びましたが、これらのエリアも小さな住宅などが密集し、一方で開発も起きています。今年も同様の問題を継承しつつ、傍らでより大規模な開発が起きているというのが新しく付け加えられた点になります。そのため、渋谷の駅寄りの大規模開発の中に高層建築を提案した学生もいたし、一方で住宅地に小規模な提案をした人もいました。趣向が異なる提案が出てくるよう、いろいろな状況が混在するエリアを選んだため、結果として提案がバラエティに富んで良かったです。加えて、渋谷駅前のスクランブル交差点は現代の東京を代表する風景の一つですが、路地に少し入ると木造のアパートなどが並んでおり、代官山エリアの蔦屋の手前も木造の家屋が密集しています。そういった都市の裏のようなところまで細かく見て敷地を選定し、提案してもらいました。実は、駅を中心としたエリアよりも、その間にある都市の裏側のほうが面積としては大きい。つまり、都市空間の裏側をきちんと把握することで、都市空間の本質を見つけることができます。

そのなかでも、出展者の廣瀬未奈さん（P.074）は敷地の選定が評価されました。谷筋の集まる場所を計画地として選定していますが、渋谷の地形とともにいろいろな道を分析し、都市空間の起伏などの状況を読み取っていました。三方を坂道で囲まれた傾斜地に対して複数の入り口を設定したのも、人の流れがどうあるべきかを考えています。また、敷地の状況からつくった1階の傾斜に対して2階もそれに合わせた形状にすることで、1階から2階へ連続していくような空間をつくりつつ、内部のさまざまな居場所の設計プロセスをダイヤグラムできちんとまとめ、段階的に整理して計画している点も高い評価を得たと思います。設計初期は、光などのいろいろな要素をもとに空間のリズムをつくりたいというイメージでしたが、光の移ろいなども非常に重要なことで、廣瀬さんはそういうことに気付く感覚を持っているのも特筆すべき点だと思います。ただ、それで建築を構想できるかというと、なかなか難しい。そこで、段階的にダイヤグラムを描きつつ、建築をつくっていき、頭を整理するのも大事だと本人には話したような気がします。そのように進めていくなかで彼女は最初に考えていた“リズム”を捨てませんでした。彼女が最初におぼろげに考えていたものは、設計プロセスのなかで形を変えて、最終の提案に組み込まれていたと思います。最初の気付きにじっくり向き合いながらも、捉え方を変え、積み重ねていくことができたのが非常に良かったと思います。

## Q. システムデザイン工学科の特徴についてお聞かせください

**佐野** 本学科では、発想の自由さを養っていきたいと考えています。コンピュータ制御といった建築以外の研究もカリキュラムに含まれているため、未来の新しい建築にすぐ直結するわけではありませんが、建築の既存の枠に捉われない自由な発想ができる素地があるはずです。対して、大学によっては、建築学科で1年次から建築の専門教育を受けているため、建築に対する思考プロセスなどが早めに完成を迎えます。つまり本学科は、建築以外も並行してカリキュラムが進むので、他分野の知識を取り込みながら徐々に登っていくようなイメージですね。本学科から、自由な発想のできる建築家や設計者、エンジニアが今後出てくるといいですね。設計課題においても、「空間設計製図１」で戸建て住宅、「空間設計製図２」で集合住宅、「空間設計製図３」で都市自体をデザインします。システムデザイン工学科では、建築から都市、宇宙までを対象に、空間というキーワードできちんと把握して、そのシステムをデザインできることを目指しています。卒業後は、住宅スケールの空間のシステムをデザインするような仕事や研究をしている人から、都心の交通システムやネットワーク的なところといった空間システムのデザインをする人まで、多様なスケールで空間デザインに携わっています。

廣瀬未奈さんのプレゼンテーションボード一部

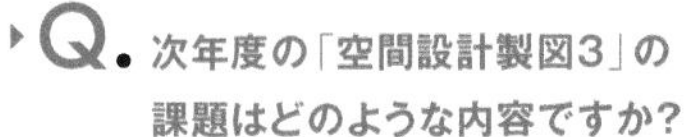

## Q. 次年度の「空間設計製図3」の課題はどのような内容ですか？

**佐野** 2022年度は私が課題をつくりましたが、もともとはスタジオ選択制の授業となっています。2021年度までは建築計画・意匠系の研究室であるダルコ・ラドヴィッチ先生、ホルヘ・アルマザン先生、岸本達也先生の教員３人で、授業の中でそれぞれスタジオをつくり、学生が選択するというスタイルにしていました。ラドヴィッチ先生の退職にあたり、2023年度よりアルマザン先生と岸本先生と私の３人で以前のスタジオ制に戻っています。

私のスタジオでは、ほぼテーマも敷地も自由にしました。ただ、条件として“都市部”を設定し、タイトルは「Multi-layered Space for Convivial Urban Life」で“Convivial”というキーワードを入れています。“Convivial”とは、自分でものをつくる権利や自由のような意味です。与えられた物を使うのではなく、自分でつくり出すのが現在の都市建築からなくなっているのではないか。それに対する問題を考えながら、敷地やプログラム、規模も提案するという内容です。エリアを指定すると、どうしても与えられた課題を解くような意識となりやすいため、場所も含めて自由にしました。敷地を選ぶのも、最初は直感でいいので、とにかく何かやりたい敷地を持ってきて欲しい。そこから問題を考えればいいのです。ただ、直感かもしれないけれど自分が選んだ場所なので、自分事として捉えて敷地をリサーチする学生が増えたような気はします。一方で、アルマザンスタジオも岸本スタジオもエリアを設定していますが、敷地を設定したほうがうまくいく学生もいますし、両方に長所があると思います。だから、学生が３つのスタジオから選べるのは、選択肢が広いという意味ではいいかもしれませんね。

## Q. 学生へ指導する際に、どのようなことを意識していますか？

**佐野** 個々人が着目したことは、もっと拡大して考えられるはずというのは常日頃から伝えています。住宅を設計するとしても、高齢者が２人で住んでいるのを拡大すれば一つの社会課題だし、１人世帯の住まい方はどうあるべきかといった、住宅をきちんと成立させられるような都市の空間や社会のシステムについて拡大して考えられます。自身が着目したことを広く社会に接続して考えて欲しい。

反対に、高齢化社会の問題に立ち向かうという目標を先行して立てると、個別の敷地で建物を設計するところまでなかなか到達できない。そもそも建築だけでは解決できないという考えに至ってしまうことも少なくないので、大きな問題から入るのではなく個人的な着眼点でいいから、それを社会の中で考えると、どういう課題に対応したことなのかを考えるよう伝えています。ただ、自分の経験はあまり言わないようにしています。自分が経験したことに基づいた話をするより、きちんと理解して未来に向けた提案をすべきだと考えているので、学生の自由な思考の妨げにはならないよう、そして何かしらの助けになるよう意識しています。どうすべきかを押しつける指導ではなく、学生が自ら考えて気付きを得られるよう助けていきたいと考えています。

# 「デザインに強いエンジニア、エンジニアリングに強いデザイナーを育成」

**慶應義塾大学SFC**
**環境情報学部 環境情報学科**

鳴川 肇 准教授
*Hajime Narukawa*

1971年神奈川県生まれ。1996年東京藝術大学美術研究科修了。1999年ベラルーヘ・インスティテュート大学院修了。2001年Amhem建築アカデミー建築学科非常勤講師。2001年VMX Architects,Amsterdam。2003年佐々木睦朗構造計画研究所。2009年AuthaGraph代表取締役。2010年日本科学未来館サイエンスアドバイザー。2015年慶應義塾大学SFC准教授。2016年グッドデザイン大賞受賞。

## Q. 慶應義塾大学SFCというと、ユニークな教育が行われているイメージがあります

**鳴川** 本学は建築を学ぶことができますが、その括りは工学部建築学科でも、美術学部建築学科でもありません。理系寄りの環境情報学部と文系寄りの総合政策学部のもと、学科の垣根をなくし、文理融合的に学びの場を提供しています。履修においては2つの学部を行き来することが可能ですし、たとえ1年生だろうと興味を持てば、修士学生と同じ講義が受けられます。また1年次から研究室に所属でき、しかも研究室を半期ごとに移籍できるというシステムをとっています。例えば、私の研究室には現在34人学生が所属していますが、そのうち8人は2年生です。1年次から研究室に所属する人は珍しいですが、そういう人はたいてい受験前の段階から研究室に入りたいという目的を持ってSFCに入学してきます。ただし、そういった学生も授業や研究室の活動を通してさまざまなことを学んでいく中で、新たな分野に興味を持てば、別の研究室へ移籍できるというわけです。学生たちは自身の志向や興味に合わせて柔軟にカリキュラムを組み、研究室を選んでいるようです。

研究室は建築分野を含むEnvironmental Designと、これまでのジャンルでは分類しづらかった美術やデザインを扱うX Designに分かれています。私の研究室はX Designに属していますが、X Designには世界の音楽を比較研究している研究室や、音楽と脳をテーマにした研究室など多様な研究室が所属しています。そのような環境の中、学生は移籍をしないにしても、興味のある分野があれば、その教員に教えを乞うことができます。今年、「JIA神奈川・学生卒業設計コンクール」に自動運転時代のジャンクションの作品で出展した岡崎恵大さん（P.076）は、自動運転を研究している大前学先生からアドバイスを受けました。学科に捉われず、多彩な研究が行われているSFCだからこそのメリットだと思います。建築の分野でいうとX Designには私の他にランドスケープデザインの石川初先生がいます。Environmental Designでは、建築を通してアルゴリズミックデザインを研究されている松川昌平先生や、紙の建築でプリツカー賞を受賞された坂茂先生がいらっしゃいます（2023年3月退職）。ただし、Environmental DesignとX Designに分かれてはいますが、私がEnvironmental Designの授業を持つこともありますし、松川先生がX Designの授業を持つこともあり、教員も分野横断的に教育に携わっています。まだ学問の道に足を踏み入れたばかりの学生たちは、自分自身の進路を決められる人は少ないでしょう。さまざまな分野を学ぶことで、自分自身で道を模索し切り拓いていってもらいたいと思っています。自動運転の作品を制作した岡崎さんも、もともと車が好きでカーデザインにも興味を持っていましたが、卒業プロジェクトをすることで、自動運転が単に車の変化だけではなく、都市や生活を変えることにつながるという可能性に気付き、建築や都市計画を含めて研究したいと大学院に進み、私の研究室に所属しています。研究室の中でも、まだ何をやりたいのか迷っている人もいますが、特にものを創ることは興味や遊びの延長線上にあり、大切なことは研究や創ることに対する情熱です。本学は「建築家の枠を超えた、次の職能を創る」ということを掲げていますので、迷って試行錯誤しながら新しい職能を築いて欲しいですね。

## Q. 鳴川先生自身もいろいろな分野を横断しながらオリジナルな分野を切り拓いてきています

**鳴川** 大学では建築史、大学院では構造を学びました。ただし構造と言っても構造計算を学ぶというより、幾何学的な側面から物の形態と構造について研究していました。そして、大学院修了後はオランダのベルラーヘ・インスティテュートへ進学し、ここでは建築を離れ、日本で学んだ幾何学を遠近法の改善に生かせないかと透視図法や写真を学びました。ベルラーヘを修了した後、1年ほど現地の設計事務所に在籍しましたが、ビザの関係で日本に帰り、佐々木睦朗構造計画研究所に入社しました。佐々木事務所では構造設計を手伝いつつ、海外プロジェクトでは通訳も兼ねて打ち合わせや交渉なども同席しながら構造のいろはを学ばせてもらいました。こうして見ると私のキャリアは、建築史に始まり、構造、透視図法、また構造と、複数の分野を行き来して一貫性がありません。ただ、分野は違えどそこには幾何学という点で一本の筋が通っています。現在

の研究室でも「形の科学である幾何学を通して新しいデザイン提案を目指す」という考えのもと研究やプロジェクトに取り組んでいます。加えて、最近は新しさもさることながら美しさも重視しています。すごく斬新なアイデアでも、物として美しくないと社会に受け入れられません。そういった点から、デザインに強いエンジニア、あるいはエンジニアリングに強いデザイナーの育成を目指しています。

人力で組み立てるための工程を考えながら設計したオクトドーム

THE NORTH FACEの原宿のフラッグショップに展示したテンセグリティ構造のオブジェクト ▶

## Q. 研究室では具体的にどのような活動をされているのでしょうか？

**鳴川** 2016年に直径6mという建築的スケールのドーム構造を制作しました。ドームを３つに分割して組み立てるという工程を考案し、重機などを使用せず大学にある道具だけで、そして学生だけで制作しました。このドームは１年８カ月の間、キャンパス内に展示され、オープンキャンパスはじめ内外から多くの反響がありました。展示期間中は、雨や紫外線でどれだけ木材が劣化していくのか、その中でどれくらい構造体に冗長性があり安全性が担保されるのかを観察しました。解体時には構造解析から導いた強度と実際の構造物の比較実験を行ない、結果、解析よりも実際には構造的な強度があったことが分かりました。

小さなスケールでユニークなものだと、インテリア・ディスプレイを扱う丹青社と共同開発した洗面鏡があります。通常の鏡は対象を反転して写します。この洗面鏡は中央２枚の鏡を直角に配置することで、通常の鏡に写る世界を左右反転させて、つまり現実に見えている像を写し出すのです。最近だとアウトドアメーカーのTHE NORTH FACEの原宿にできるフラッグショップのオープニングに展示するオブジェを制作しています。テンセグリティ（張力材によるバランスで成立している構造）の球体のオブジェですが、スタディと設計を経て、今は木材でモックアップを制作した段階です。本番は木材ではなくアルミで制作する予定ですが、工程を含めて設計しなくてはならず試行錯誤しています。他にもさまざまなプロジェクトに取り組んできましたが、企業との共同開発が多く、それゆえに実際の1／１スケールのものを制作することが特徴かと思います。授業の設計課題はコンセプチュアルでスケールも1／100くらいの図面と模型の制作に止まるので、学生たちは実践的なデザインを経験する機会はほとんどありません。研究室で取り組む実践的なプロジェクトは、つくり方まで考えなくてはならず、ボルトの位置など施工段階における細かい点も重要になるので、学ぶことは多いでしょう。

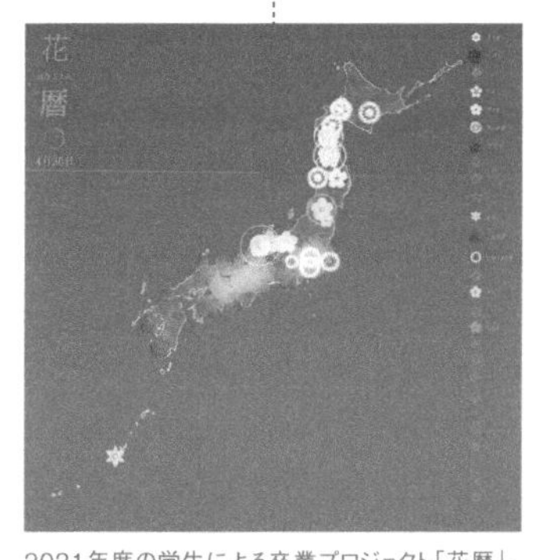


2021年度の学生による卒業プロジェクト「花暦」。花の開花の上昇を鳥や虫の鳴き声とともにビジュアライズしたアニメーション

## Q. 卒業プロジェクトではどのような方針で指導されていますか？

**鳴川** 研究室で行う企業との共同開発は仕様もしっかり決まっていて自由度が少ない分、デザインのスキルを上げることができます。それを土台に卒業プロジェクトに臨むわけですが、研究室のプロジェクトとは打って変わって、卒業プロジェクトは学生に自由にテーマを決めてもらっています。もともと好きな物があって、すぐにテーマが決まる人もいますが、多くの学生が最初は社会的な意義などに捉われ過ぎて、具体的なテーマが見えずにいます。私はそんなに上段に構えず、もっと自身の興味や日常の生活から導き出すよう話します。まずは手を動かしてつくってみて、その過程や制作物から見えてくることもあります。以前、研究室に花の絵を描くことが好きな学生がいて、その学生の卒業プロジェクトは「花暦」というタイトルで、桜前線が日本列島を昇っていくように、さまざまな花の開花の上昇をデジタルでビジュアライズし、それに合わせて鳥や虫たちの鳴き声など音の季節の移り変わりも楽しめるアニメーションを制作しました。それ以外にもアニメーションを本に編集し直したり、アサガオなどの開花で時刻を知ることのできる時計を開発したりしました。その制作過程で都心と郊外で同じ花でも開花の時期が異なることが分かり、プロジェクトのテーマが環境問題やSDGsに深くつながる可能性が見えてきました。このようにまず形にしてみて、そこに新たな気付きがあれば、コンセプトや作品の意義に戻り、ブラッシュアップを重ねるという方法もあり得ます。ですので、学生たちは自身の興味のあることを追求し、オリジナルのテーマを見つけ、テーマが見えない時は手を動かしたり、形にしたりして試行錯誤を重ねながら、新しい提案をして欲しいと願っております。

**東海大学**
**工学部 建築学科**

# 野口 直人 専任講師
*Naoto Noguchi*

1981年神奈川県生まれ。2004年東海大学卒業、2006年横浜国立大学大学院修了。2006-2012年SANAA勤務。2013年野口直人建築設計事務所設立。2013-2015年横浜国立大学大学院設計助手、2016-2017年横浜国立大学非常勤講師。2014-2017年東海大学非常勤講師、2017年同大学助教、2023年より同大学専任講師。

## 「興味から生まれた設計手法を、他者も共感する案に昇華させる」

### Q. 設計のカリキュラムを教えてください

**野口** 「建築デザイン演習1〜6」で、1年前期から3年後期までデザインを学びます。カリキュラムの特徴としては、「建築デザイン演習1」が基本的に製図の授業で、最終課題くらいから造形の課題が含まれてきます。他の大学では、製図と造形というデザインに特化した授業は分けていると思いますし、東海大学も過去には「基礎造形」と「設計製図」と分かれていたのですが、現在はカリキュラムの都合上、製図も造形も一緒に学ぶようになっています。そのため、「建築デザイン演習1」で製図の基本的な知識や描き方を詰め込み、「建築デザイン演習1」の最終課題から「建築デザイン演習2」にかけて、テーマを与えられてデザインに対する解答を考えるという形になります。素材と構造、光環境と内部空間というざっくりとしたテーマを与えて、なるべく建築に近い内容で、造形をできるようになることを目指しています。他大学は2年のコース分けから設計を学ぶことが多いかと思いますが、東海大学は1年からと早めに取り組んでいます。「建築デザイン演習3」からはテーマを与えます。住宅や集合住宅といった一般的なテーマとなりますが、例えば住宅だったら隣人と関係をつくる住宅など、サブテーマを必ず組み合わせます。「建築デザイン演習4〜6」も同様に、テーマとともに少し捻った問いかけを出しています。東海大学は建築学科だけで1学年200名を超えますが、意匠設計に興味を持つ学生は徐々に絞られ、3年生になると40名くらいまでに減ります。4年前期で研究室に配属となり、卒業設計に取り組みます。

### Q. 昨年度より建築都市学部になりましたが、カリキュラム上の変更点はありますか?

**野口** リサーチ・サーベイの課題が多いのは本校の特徴の一つですが、今年の1年が高学年になった際には、「地域デザイン演習」という授業を新しく設ける予定です。提案までするかは未定ですが、実際に街に出てリサーチをします。学部改編前から設けられている1年後期の「建築デザイン演習2」の最終課題も、東海大学のキャンパス内に自分で敷地を設定し、その場所の魅力を増幅させるような空間デザインを加えるというものです。前半は選んだ敷地のリサーチに集中して取り組むというように、リサーチして自分で評価することを低学年のうちから意識付けさせるようなカリキュラムになっています。

### Q. 研究室では、卒業設計をどのように指導されていますか?

**野口** 学生は、自分のことをまだよく分かっていないことが多いです。しかし、何が好きで何が嫌いか、何に興味を持っているのか、必ずあるはず。自分の価値観をしっかりと持って、それを人に理解してもらえたら、とても喜ばしいことだと思います。デザインの意義も、そこにつながるのではないでしょうか。学生とのコミュニケーションを通して好きな理由を探りながら、オリジナルの設計手法を確立していきます。ほとんどの出発点では、どうやって建築につなげていくのか道のりが見えません。でもそこが面白い。ただ、建築と直接的に結び付けてしまうのではなく、その感性の根っこを探っていく必要があります。なぜそれが好きなのか、どういう状況が好きなのかと突き詰めて、ほぐしていくのです。この思考のプロセスを経ないと、周囲の人の価値観に同調したものや、どこかで見たような発想しか生まれないのだと思います。卒業設計は、自分の思想を明らかにすることなのです。

その思想を明らかにするため、本人と僕だけで考えるの

2022年度の学内講評会

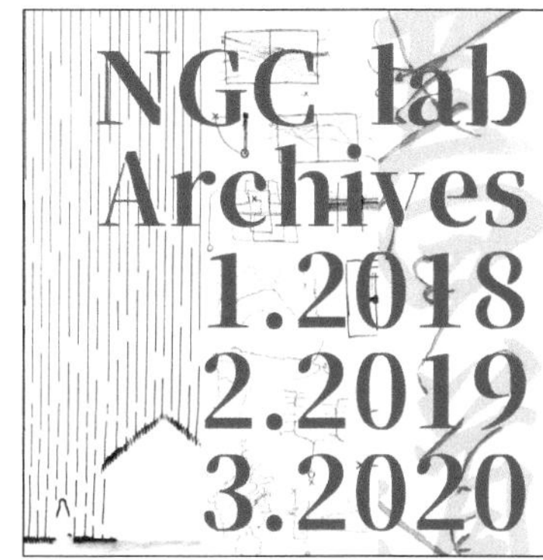

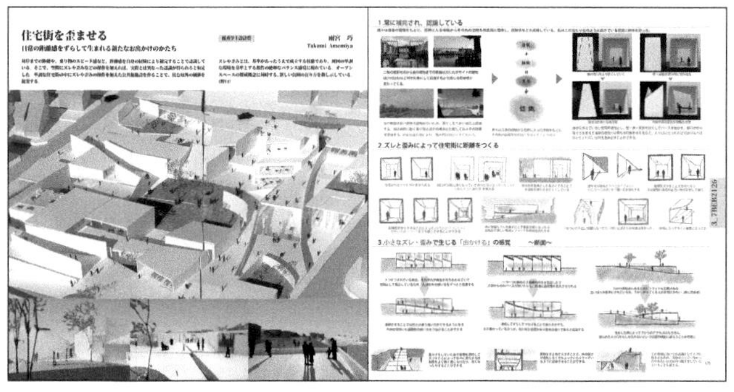


研究室の卒業設計をまとめた書籍「NGC lab Archives 1.2018 2.2019 3.2020」

ではなく、学生同士で話し合い、少しずつ話を掘り下げるようにしています。ゼミ中は研究室のメンバー全員に喋らせて、非常に主観的な話を客観的に捉えられるようにしています。個人的興味から入るので好きなことをやっていいと勘違いされることが多いのですが、そうではありません。建築というのは、人が使うもので、公共的なものだから、共感を得られなかったら始まらない。いかに個人的な思想を共感させるかが大前提としてあります。他者が理解しやすいように"喩え"をよく使いますが、個人的な思想を客観的に考えて、自身の評価軸をつくって実際の都市環境や既存環境を見ると、今まで見向きもされていなかったものが自分には輝いて見えるようになります。もしくは、酷いものに見える場合もありますね。その状況に対して、"喩え"を使うわけです。それらを繰り返して根っこを表出させ、松本乙希さん（P.080）は金継ぎをメタファーとして、ゼロに戻すのではなく、継いでいく行為こそが魅力的であるという提案に至りました。山田康太さん（2021年度JIA神奈川出展）は、雑然としたものが好きなところからスタートし、都市を反転させることを提案しました。高円寺の中のものが外へ、外のものが中に入っていたのを、さらに自分で反転させるかのようにして、ある統一感と雑然性を同時に見せようとしたのです。

全体的に夏休み前にテーマは決まる人が多いですが、そこからが難しい。ただ、非常に悩むけれど言葉は出てきます。でも、その言葉をモチーフ的に使っているとか、本質を掴んでおらず雰囲気で語っているように思えることがあるので、きちんと理解するように自分の言葉に置き換えさせています。普段の研究室の活動でも、会話をするように意識づけしています。拙い言葉でもいいから自身で的確に捉えた言葉を使うことが大切なのです。

### Q. 卒業までに身に付けて欲しいことは?

**野口** それぞれ、いろいろな分野におそらく進むと思います。それこそ設計に進まない人もいるし、建築から離れる人もいるけれど、僕の研究室でやっているのは、学生の根っこの部分を明確にしていくことなので、どのような分野でも自分の価値観を失わず状況に応じて引き出して欲しい。別に、最終的に卒業設計がうまくいかなくてもいいと僕は思っています。自分の価値観を探るプロセスを、この機会にやらないと社会人になってからでは見つかりません。それが重要なことだと気付かないまま一生を終えてしまうのはもったいない。もちろん設計の道に進んで欲しいですが、最終的にどのような道であろうと自分らしく生きてくれれば嬉しいです。

そして、修士からは学部のうちに明確になった価値観のようなものを、より建築的な言葉に置き換えていきます。現実の街に出て現地の人にインタビューしたりリサーチを重ねたり、現実に沿った形で自分の価値観を生かすことができる。卒業設計より実践的なことをやってまだ通用しないようなら、自分の価値観がまだ弱いということ。もっと掘り下げてもっとシンプルにしなくてはいけない。だから、修士設計の言葉遣いやストーリー立てのほうがよりシンプルになっている気がしますね。そういう状況に置かれても、自分の価値観を明確にできるともっと強くなる。ストーリーの面白さとか着眼点だけでやってきたことを、もう一度振り返ってシンプルに考えさせます。僕の研究室の修士設計はこれまで4人いましたが、非常にシンプルだけれど力強い提案になっています。

今年は、研究室の１～３期生の卒業設計を一人残さずアーカイブとしてまとめる活動をしました。３期生の栄杏奈さん（2021年度出展）がデザインを担当し、１人4ページで紹介しています。例えば３期生の雨宮巧さんの卒業設計は、コロナ禍で遠くに行けないことから、遠くに行った気分になる公園のような空間を近所に提案しました。車が大好きなのでスピード感のある空間などを組合せ、中に進んでいくにつれていろいろな歪みが発生するという内容で、非常に面白い。学内の審査などで評価されないのはその時の結果で仕方ありませんが、それよりも、同期同士が面白いと思えるようなものをつくることが大切です。同期が面白いのをつくっているから、自分もそれに負けていられないと、嫉妬などを抜きにして、良いものを良いと、良くなければ良くないと言い合える関係づくりを目指しています。

**指導教員 インタビュー**

**東京工芸大学**
**工学部 工学科 建築学系 建築コース**

# 田村 裕希 准教授
*Yuki Tamura*

1977年東京都生まれ。2004年東京藝術大学大学院修士課程修了。SANAAを経て、2005年松岡聡田村裕希を共同設立。2019年より現職。

# 「作品が完成してから見えてくるもの」

**Q. 2019年度の工学部の再編についてお聞かせください**

**田村** 東京工芸大学はコニカミノルタ（当時は小西本店）の創始者らが興した写真学校が起源です。写真は技術と芸術の融合ですから、その延長として工学部、芸術学部ができ、現在も2学部で構成されています。2019年の再編では、分野ごとに分かれていた学科がひとつにまとまり、その下に建築コースを含む5コースができました。再編により1年前期は基礎教育の期間になり、建築専門科目は1年後期以降からとなります。学部再編に合わせてさらに充実したものにしようと、今年に完成年度を迎える建築の新カリキュラムについてご紹介します。

学部1年次、建築設計製図基礎ではさまざまな建築作品の図面をトレースすることで建築の基礎を学びます。平面図や断面図などテーマとする図面ごとに課題作品を決め、建築の理解と作図を並走させます。また三角定規やコンパスなどいろいろな製図道具に触れることも大切なので、円弧や斜めの線、フリーハンドの線などが多用されている作品を題材として選んでいます。今年は円弧の多用されているアルド・ファン・アイクのクレラー・ミュラー美術館の彫刻パビリオンなどをトレースしました。身体的な感覚を養うために定規を使わずフリーハンドで図面を描くこともあります。「描いて知り、知って描く」ことに重点を置き、座学と実技を時間割上連続させ、講義で取り上げられた建築がトレース課題の題材となるような試みもはじめています。

また、最初の模型制作の課題としてイサムノグチの彫刻の1／30模型を制作する演習があります。彫刻のカタチや素材感をどのような材料でどう加工すれば模型化できるのか学生自らが材料探しから考える課題です。スタイロの塊を紙やすりで削ったり、型のなかに樹脂を流し込んだり、展開した紙で立体をつくったりと、1年生なので建築模型の‘常識’もまだありませんし、こちらが想定もしていなかったような方法で模型化する学生もいてなかなか面白いです。彫刻のカタチと素材感と寸法に向き合い模型づくりの楽しさに触れるとともに、形態について原初的な面白さを知って欲しいと思っています。後半では大学キャンパスに彫刻を展示するパビリオンを設計する課題を行いますが、ここでつくった彫刻の模型はその際の添景として使います。パビリオンの設計では、イサムノグチの彫刻がキャンパスに配置された時に、どのようにキャンパスが変わるのかまで考えさせることを意図しています。イサムノグチの彫刻は座ることができたり、滑り台になったりと、人が関わることで完成するものが多くあります。キャンパスという学生生活の日常の場に、建築が出現した時に環境やそこでのアクティビティがどのように変わるのか、日常の延長線上で考える課題です。一方で、本学のキャンパスはマスタープランを更新している最中なので、その変遷も知って欲しい。例えばキャンパス内の並木道の軸線が、どういう意図をもって延びているのかといった計画学的な学びも意図しています。

続く2年次と3年次はいよいよ本格的に建築の設計を学ぶコア年次です。2年次ではアトリエ併設の住宅課題などで身近なスケール感を手掛かりに座学で学んだ設計の基本ロジックを実践しながら建築設計の楽しさと自由さに触れてもらいます。続く幼稚園の課題では、園児と大人という異なる身体スケールに対する空間造形を問う課題に進みます。また施設に対する要求や法規などの条件も加え、運営やセキュリティなどの視点にも立ち施設をどのように機能させていくのかということを学んでいきます。続く3年次では、都市のなかでの展示を問う課題や集まって住むことを考える課題など、プログラムへの応答と敷地環境との調整を問う課題がメインとなっていきます。また美術館や集合住宅というビルディングタイプの基本を下敷きにしながら、一方でそのビルディングタイプ自体を疑い新しいライフスタイルのなかで更新することが求められていきます。

スケールとプログラムを段階的に複合化していくカリキュラムは、ある意味でとてもオーソドックスなものとも言えますが、一方で大学の立地を生かした課題づくりができるようにしていることも特徴です。東京工芸大学のある厚木は関東平野の端であり都心と地方の境ともいえる場所です。情報技術の進歩に伴う新しいライフスタイルを考えるにはうってつけの立地で、生活要素がコンパクトに集積する本厚木駅周辺、都心の敷地に出かけていくこともできますし、キャンパスの背後には大山をはじめとする丹沢山地も迫ります。こうした環境のなかで各教員が、その時々の鮮度のあるテーマで課題をつくる環境があることも本学の特徴です。

最終学年である４年次は卒業設計を見据えて、街に出てリサーチを行い、そこで発見した‘視点’を設計につなげることを目標にしています。今年は品川浦エリアに残る屋形船の係留場を中心とした一帯を、水上交通をはじめ運河などの水域利用と一体となったまちづくりの拠点としてデザインするという課題に取り組みました。新しい試みとしては、リサーチアズデザイン（Research as Design）をキーワードに、敷地調査を映像作品としてアウトプットさせてみたのですが、これは予想以上に大きな成果があったように思います。多くの学生がいとも簡単に動画づくりに着手したことにも驚きましたが、それ以上に魅力的なリサーチ作品が多く、その多様性や自由度には可能性を感じました。上映会はかなり盛り上がり、普段の紙媒体でのリサーチが如何に文字や写真の情報に偏っていて、その場所の環境音や人々の動き、何気ない生活のシーンが零れ落ちていることを実感した瞬間でした。

## Q. 卒業設計はどのような流れで進むのですか？

**田村** 本学の場合、卒業設計と卒業論文の選択制ですが、建築コース140名のうち約70名が計画・意匠系に進み、そのうち約半数の40名程度が卒業設計を選択します。

研究室ごとに指導方針は異なりますが、私の研究室では卒業設計の導入として「プレディプロマ」という研究室内課題を行っています。これは卒業設計を行うであろう「エリアの配置図を描く」というものです。配置図は設計の導入部分で必ず必要となる図面です。またその描画方法に設計者の敷地環境を見る‘視点’を最も端的に表現できる図面でもあります。研究室の学生は夏休みのまとまった時間で関心のある対象エリアを実際に歩き、その場所の特徴を最も有効な方法で‘図面化’します。どの部分を描き、またどの部分を描かないのかを決めることで敷地の特徴や特異点に気付きます。そして徐々にそれが敷地の地図ではなく、環境をつくる要素の配置図だということが共有されていくのです。

山倉さんの作品の展示の様子。模型台の位置や高さを工夫して、緩やかに傾斜する全長2kmの武田通りに点在する建築群を表現した

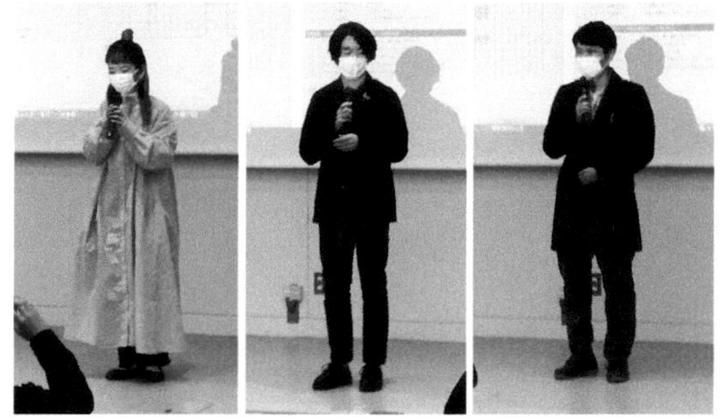
学内の授賞式の様子。最優秀賞の山倉さん（左）と、奨励賞の佐藤可武人さん（中、P.034）と佐藤健太さん（右、P.082）

## Q. 本設計展に出展された山倉璃々衣さんの学内での評価はいかがでしたか？

**田村** 山倉さん（P.084）の地元である甲府にいまも残る‘信玄公祭り’の再生がテーマでした。毎年大きなイベントとして行われる祭りは県外からの集客も多くにぎやかである一方で、地域の人々からするとやや外向けの祭りとなっていて、どこかうら寂しく感じているという普段の何気ない実感からスタートしたプロジェクトでした。パレード化され大通りを中心に行われている祭りのルートを、武田信玄が引いたとされる水路を巡るルートに再編しそこに祭りを裏方として支える９の職種の専門家の住宅兼仕事場を点在させる設計でした。‘祭りアンバサダー’と名付けられた彼らの日常が、施設間を移動するたびに水路沿いに見え隠れするという山倉さんらしい提案で、学内でも高く評価されました。本学は展示提出制を採用しており、一定の空間に作品をディスプレイしますが、彼女はその設営方法においても秀逸でした。その後外部にも出展しさまざまな評価や講評を受けたようです。

そうした機会を経る様子を見るなかで作品が設計者を引き上げていっていると感じます。作品は完成すると作者から離れていきます。力のある作品ほど読み取り側にひらかれ、思いもよらない経験を作者にもたらすことがあります。大学の設計課題でも提出日にいい案を思いつくことは誰もが一度は経験しているのではないでしょうか。作品に引き上げられることは実務のなかでも多々あることで、学生の皆さんにも是非体験して欲しい素晴らしい建築的経験だと思います。

こうした思いもあり、21年度より本学では卒業設計をもう一度提出できるスケジュールを組んでいます。これは異なる作品を２回つくるのではなく（もちろんそうしてもいいのですが）、提出を２回体験するというものです。提出後に感じる「こうすればよかった」を実際にやってみようというものです。任意参加ですが、賞を決定するファイナルレビューで、ほとんどの学生が挑戦します。

提出後にはじまる設計。本来はそこまで含めて最初からやりきるべきですが、せっかくの卒業設計です、多くの学生が建築の本当の楽しさや奥深さに触れてくれると良いと思っています。

指導教員インタビュー

**明治大学**
**理工学部 建築学科**

# 青井 哲人 教授

*Akihito Aoi*

1970年愛知県生まれ。1992年京都大学卒業、1994年京都大学大学院修士課程修了、1995年京都大学大学院博士課程中退。1995-2000年神戸芸術工科大学助手、2000年京都大学博士学位取得、2001-2002年日本学術振興会特別研究員、2002-2008年人間環境大学助教授（准教授）、2008-2017年明治大学准教授、2017年より同大学教授。

## 「見えづらい、隠れた問題や視点を、自分で見出せる力」

### Q. 卒業設計のスケジュールを教えてください

**青井** 本校においては、4年生に「卒業研究・卒業設計」という科目を履修します。春学期に１、秋学期に２と進み、最終的な成果は論文もしくは設計のいずれかのフォーマットで提出されます。卒業設計は、基本的に歴史・意匠・計画分野の学生のうち設計を選んだ者が対象ですが、最近は構造・材料分野や環境・設備分野でも成果を設計のかたちで問いたいという学生もいます。10月下旬にポスターセッション形式の中間発表会があり、専任教員と有志の兼任教員がそれぞれ学生といろいろな議論を交わします。そして１月20日前後に最終提出。そこから提出物の評価とポスターセッションを経て、全体講評会に進む12作品を選びます。全体講評会にはゲストを招く形式で、2022年度は西田司さんと成瀬友梨さんに審査に参加いただきました。

### Q. 研究室ではどのような指導をしていますか?

**青井** 授業科目としては、「卒業研究・卒業設計」とは別に「ゼミナール」があります。前者については研究室ミーティングで発表・討議ですが、後者は院生と合同で実施する“サブゼミ”です。サブゼミでは、まず僕が４つの「お題」を出し、これを見て研究室の学生たちが４つのグループをつくってそれぞれ取り組みます。なお、グループは学部４年生・修士１年生・修士２年生と学年が縦に混ざるようにしています。お題はシンプルですが、学生たちにはそれをもとにリサーチプロジェクトのトータルな立案＝設計を求めます。４月にスタートし、作業が進むとプロジェクトの全体像はどんどん修正されていきます。７月半ばには成果のビジュアルなプレゼンテーションができ、外部から招いたゲストに講評してもらいます。

2023年度のお題のうち１つは「添景人間研究」としました。建築のドローイングに添景として描かれる人間を“添景人間”と呼ぶと、添景人間は時代や建築家によって相当に異なります。例えばル・コルビュジエなどが1920、30年代、あるいは戦後にかけて描いたドローイングの中に出てくる人間は基本的に男性でマッチョ。近代人として標準的で健康的な身体をもち、新しい社会を切り開いていく力強いイメージです。他方で、最近の日本人建築家が好んで描く添景人間は、個性も意思もなくひらひらと幻想のなかを漂っているような少女のイメージ。それは建築家が意識的にも無意識的にも抱いている建築観を何らかのかたちで表しているはずです。また、社会がどういう建築を求めているかも無関係ではないでしょう。モダニズムの全盛期には、地球上の人間も文化も社会も統一されていくのだ、それにふさわしい近代建築が世界を覆っていくのだと考えられました。一方で、差異は差異としてそのまま認めて包容しなくてはいけないというのが1960～70年代以降、とりわけ今世紀に入ってより強まっている価値観です。目的も違う、やりたいことも違う人たちがいろいろな小さな場所でそれぞれの活動をし、それがなんとなく関係し合って新しいことが生まれていく。そういう世界観を描くのになぜかひらひらした少女や没個性的な非常に受動的な人間像が描かれているのは、わかるようでもあり、少し違う気もする。そういった問題を考えて欲しいというお題です。

２つ目は、「神殿モダンの風景」というお題です。丹下健三設計の倉敷市庁舎は、日本なりの新しい時代を示す非常に象徴的な役割を持っていたけれど、1950年代の竣工時は、大工がつくった黒々とした町家がひしめいている街並みに、それとは対照的な真っ白なコンクリートの塊がピロティに持ち上げられる、という風景でした。近年、近代建築史の研究者たちの間では、50、60年代の英雄的モダニストたちを再評価する動きが盛んですが、このお題はむしろ、竣工時の周りの街並みを克明に観察しようというものです。ちなみに“神殿モダン”の「神殿」という言葉は、建

2022年度卒業設計の学内講評会

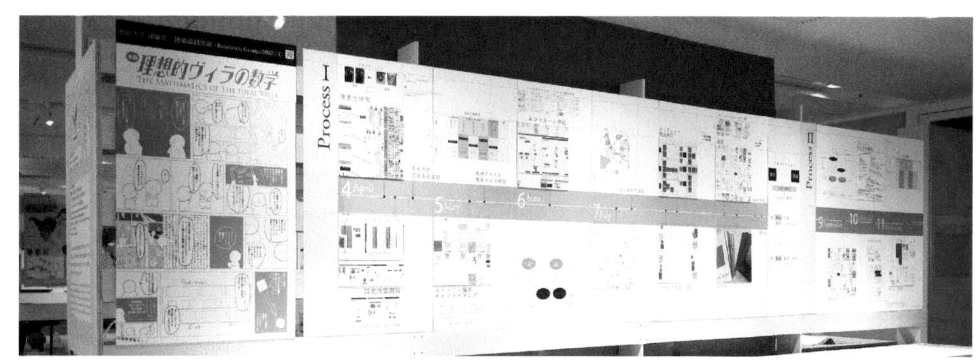

ゼミ展二〇二三で展示された、サブゼミの作品

築評論家の故・長谷川堯先生の"近代建築は神殿だった"という批判を踏まえていますが、必ずしも近代建築を批判するのではなく、当時の文脈を正確につかまえて捉え直そうというのがお題の主旨です。

3つ目は建築理論家のコーリン・ロウによる「理想的ヴィラの数学」という非常に影響力を持った論文（『マニエリスムと近代建築』所収）を漫画化してみよう、というお題です。論文と漫画はまるで異質なメディアなので、漫画へと書き直すには独自の脚本の作成が必要。これがお題の主旨です。漫画にするには、例えばさまざまな役割と個性をもった登場人物を立てるという一種のキャスティングが必要。論文の難解なところをよく読み込んで分解し、そうしたキャストの発話と対話へと展開するのです。そのプロセスを通じて、原著の英文にも当たる必要が出てきますし、日本語訳の問題点も次々に分かってくる。ロウが前提としている背景的な知識や理論にも勉強は及んでゆき、それらも漫画のなかに折り込んでいくことになる。やってみて、漫画化はきわめて知的なプロジェクトになりえるということがよく分かりました。

最後の4つ目はフィールドワークです。お題のタイトルは「ヘビとカタツムリの建築論」。生物学者・生態学者の細将貴さんが書かれた『右利きのヘビ仮説』という本を参照しています。細さんによると、右巻きのカタツムリが多い生態系では、カタツムリを主食にしているヘビの骨格や歯が、右巻きのカタツムリの殻に頭をつっこみ、肉を掻き出すのに適したかたちに変化する。その逆も起きる。2つの生き物が互いに関係し合うことで身体の形が変わっていくことを「共進化」と言います。考えてみれば、僕たちを取り巻いている街並みや建物も、このヘビとカタツムリの関係に似た「共進化」の事例に満ちあふれているのではないか。そういう見方を立てると、街がその視点から読み直されていく、その感覚がフィールドワークのよさです。自分で見方を開発して見始めると、街がその見方から澄み渡っていき、ひとつのレントゲン写真のようなものが撮れる。別の見方をセットすると、その見方でまた新たな画が得られる。新たな見方をたくさん持っていると、建築家として非常にいい。そういったことを実践的に考えて表現するプロジェクトです。

こうした経験を経ることで、学生ひとりひとりの卒業設計や卒業論文についてもまた別の視点や方法から展開させるプロジェクトの立案を自分でつくれるようになります。そのための感覚を掴む、ある種の実験的トレーニングとしての短期リサーチ課題ですね。

### Q. 卒業までに学生に身につけて欲しいことは？

**青井** 研究室の標語「考える自由を手放すな」にあるように、目の前にあることを当然としてしまうのではなく、批評的な視点を立てて考え直すことを大切にしています。世の中で起きていること、見えなくなっていることを見えるようにする視点を開発できる力が非常に大事。例えば、仮設住宅がつくられると、仮設住宅は寒いから建築家たちが風除室をつけたり、近所の人と気軽に話せるようなデッキをつくったりしますよね。それはそれでよいことだけれども、その時見落とされがちなのは、本当に大事なのは仮設住宅をつくらないことだ、ということです。仮設住宅をつくるのは、被災した人に手をさしのべるというより、被災した場所を基盤整備するために、現地に人が住まない状況をつくり出している。でも実は、被災した自分の土地にバラックを建て、住みながら増改築をするほうが、自分たちの生業やコミュニティなどを壊さずに街が再建できるかもしれない。基盤整備が必要だとしても、それは生業・生活をできるだけ連続させながら議論を重ねて決断してもいいし、そのプロセス自体がたぶん基盤整備不要という議論に導く可能性も大いにある。これは一例ですが、現象を近視眼的に見て、今できることを考えるだけでなく、それは本当に本質的な問題なのかを考える人も必要です。そうでないと根本的な社会の矛盾は変えられない。サブゼミの場合は僕が最初に着眼点を提供するので、学生たちはそこを深く考えてリサーチします。でも実は、お題自体も自分で見つけなくてはいけない。着眼点を持ち、リサーチを自力で回し、自分で説明する。この一連のパッケージを自分でデザインできるか。これが社会に出た時に自分が本当の意味でクリエイティブに役立つ存在になれるかどうかの決定的なポイントです。大学院を修了したらそれができないといけない。そういうつもりで研究室を運営していますし、それが学生たちの卒業設計にも表われていると思います。

**横浜国立大学**
**都市科学部 建築学科**

# 南 俊允 助教
*Toshimitsu Minami*

1981年石川県生まれ。2006年東京理科大学大学院修士課程修了。2006年伊東豊雄建築設計事務所、2017年南俊允建築設計事務所設立、横浜国立大学大学院Y-GSA設計助手、2020年より横浜国立大学大学院Y-GSA助教。東京理科大学共同研究員。

## 「自分自身の問題の深度を深めて欲しい」

### Q. 卒業設計のスケジュールを教えてください

**南** 卒業設計を選択する際、3年後期で設計を履修するか履修しないかが、まず大きな分かれ道としてあります。一方、構造、設計、環境、歴史などのスタジオ選択も影響しますが、構造などの設計以外を履修していた学生も4年生の卒業設計の段階でもう一度、卒業設計を履修できるような柔軟なカリキュラムとなっているのが横浜国立大学の特徴です。つまり、必ずしも設計を履修した学生だけが卒業設計に取り組むわけではないということ。また、主に研究室に属さずにスタジオでデザインを学ぶAD（Architectural Design）系の学生が多いですが、建築計画学を学ぶAT（Architectural Theory）系の学生もいます。横浜国立大学だと、AT系は大原一興先生と藤岡泰寛先生が担当されています。

そして、4年前期には非常勤建築家によるデザインスタジオ課題があります。課題として規模が「1万㎡」と決まっているだけで、プログラムや敷地などが自由であり、卒業設計に近い内容になっています。小さな規模の設計は2年生からずっと取り組んでいるので、大きな設計に挑戦してみて自分の限界を広げることを意図しています。もちろん1万㎡といっても、1万㎡ちょうどの建物ではなく、1万㎡程度の大きな街や小さな地域の計画の場合もあります。この課題は、山本理顕先生や北山恒先生が教えていた時から受け継がれてきた伝統的な課題だとうかがっていますが、都市環境くらいの大きさまで及ぶ環境を考えたうえで設計するというのが主旨ではないかと個人的には思っています。

後期からは「卒業設計ゼミ」というのが始まり、2019年度は藤原徹平先生と髙橋一平先生が担当しました。2020年度からは藤原先生と私が教えています。例年20～30名程度が履修します。中間講評は2回ほどあるのですが、妹島和世先生、西沢立衛先生、乾久美子先生、藤原先生、大西麻貴先生、寺田真理子先生によるクリティークを行います。その2回を乗り越えて、卒業設計の完成に向かうという流れになっています。

### Q. 南先生の出身大学と比べて、横浜国立大学の特徴的な教育システムなどはありますか？

**南** 学部・大学院ともに東京理科大学の小嶋一浩先生（Y-GSAの前校長）の研究室に所属していましたので、当時は結構パワフルというか大きな模型や図面を描くことが多かったですかね。理論も重要ですが、モノで勝負するようなところがありました。

一方で、横浜国立大学の印象としてあるのが、先ほども話しました都市と建築の両方を一緒に考えるということ。本学では、まずリサーチをしてその都市や建築について自分たちのなかで一度読み解いてから、その場所に何が建つべきかを考えることが多いように思います。そのため、卒業設計においても、前段階となるリサーチだったり、何をつくるべきか、どうやってつくるのが良いかといったスタディを深く行うことが多い気がします。それは、Y-GSAの設計助手に来た時から思っていました。その反面、エネルギーのある人はそれを完成させたうえで設計に進みますが、それを引きずってしまってモノ自体をどうつくるかに到達できていない人もいます。そこが大きな分かれ目としてあるのかな。すごく面白いリサーチをしていても、つくったモノにそのリサーチに基づいた面白さがないこともある。それは横浜国立大学の良さでもあり課題でもあるのではないでしょうか。

### Q. スタジオ制なので、自分たちで卒業設計の工程もコントロールしなくてはいけませんね

**南** おそらく指導教員が監督する研究室に属したほうが、卒業設計に取り組むうえで負担が少ないのだと思います。ただ、社会に出た際に、締め切りだったり提出物があったりする時に、自分でスケジュールを立ててどう計画していくかを考えなくてはいけない。さらに、その計画を立てた時点では想定できないことやハプニングなども起こります。例えば、制作途中で先生方にテーマと提案内容が全然違うのでゼロからやり直したほうがいいと言われることもあると思うんですね。そういう場合に、自分で筋道を立て、どのようにしてモノをつくるか考えるのは、建築家としてとても重要だと思います。そういう意味では、4年生

学内講評会の様子（©toshimitsu minami）

の時に研究室制ではなくスタジオ制を履修するというのは、建築家としての自主性をつくるという意味でも、すごく重要な取り組みとなります。学生からするとすごく厳しい状況かもしれないですね。義務教育のようにレールがあってその上を歩いて良い点数を取ればいいということではなく、自分でどうすべきか判断しなければいけません。自分が何をやりたいか、どうするべきかという自主性が問われるようなカリキュラムになっているのです。

## Q. 今年の出展作品に関して、印象に残った作品などございましたか?

**南** 「JIA神奈川・学生卒業設計コンクール」に出展した、藤本梨沙さん（P.018）、石井優歩さん（P.088）、照井甲人くん（P.090）の卒業設計は、三者三様の魅力がありました。福岡県糸島市の海際、江戸城外濠、長崎県の湾状地形、環境は違いますが、都市や地域といった建築を超えた環境と建築との関係について考えている作品で、どれも印象に残っています。

藤本さんの提案は、社会そのものの在り方からスタートしました。理想の社会はこうであるという強い思いが藤本さんにはある。それは、ただ思想や理念があるだけではなく、そこに、人々が集まる場所があり、さらにいえば、建築という物体が形として伴ってあることが重要だということが感じられ、素晴らしい卒業設計でした。

石井さんの提案は、都市において時を刻み変わり続けるものと、時を超えてあり続けるものが生む豊かさについて再考する卒業設計でした。ここでは、人工物である江戸城外濠はそれ本来の機能はなくなったが、外濠という環境があることで、生まれる豊かさを見つけようとしている。機能が先行するのではなく、そこにある環境から機能が生まれてしまうような、そこに新しい都市の在り方を見つけようとしていると感じました。

照井くんの提案は、山の麓、中腹、頂上とその場所特有の学びの場です。長崎の地形と都市との関係をリサーチしながら、その場所の歴史を感じられる公共空間を目指しました。

## Q. 学生は卒業設計でどのような力を養うべきですか?

**南** 卒業設計とは、例えば、再開発の内容を良くするというわかりやすい課題が設定され、その課題を解決すればクリアという課題設定型の取り組みではないのです。その人個人から出てくるものを卒業設計で取り組んで欲しいと思います。つまり、今の世の中の流行や問題とは別に、自分としてはどのようなことに興味があるかということをもとに卒業設計をするのが良いのではないでしょうか。私もそうでしたが、卒業設計はその後の人生にすごく大きな影響を与えます。卒業設計を見ると、人となりがわかるというか、良い悪いや成績などとは別に、悩んで上手くいかなかったら上手くいかなかったなりに、その人の個性が出ると思うんです。全部自分で決めていいという条件なので、自由にやる反面、自分の本質のようなものが出てしまう。このような、人の本質が出てしまうという点で、卒業設計を行うのは、面白いものをつくること以上に、今の自分と未来の自分を知るという面が大きい。なので、なるべく自分個人の問題から考えるのが良いと思いますし、僕はむしろそういう卒業制作を見たい。

さらに言うなら、普段の課題もそうであるべきです。僕が受け持っているスタジオの3年生などには言っているのですが、図書館という課題が出たとしても、たまたま今回は図書館という課題なだけなので、自分が設計において突き詰めたいことをやってみるべきだと。道に興味があったら、図書館という課題が出ようが、道をテーマにしてつくってもいい。課題が何かというよりは、出てきた課題を使って自分自身の問題の深度を深めることにチャレンジして欲しいです。

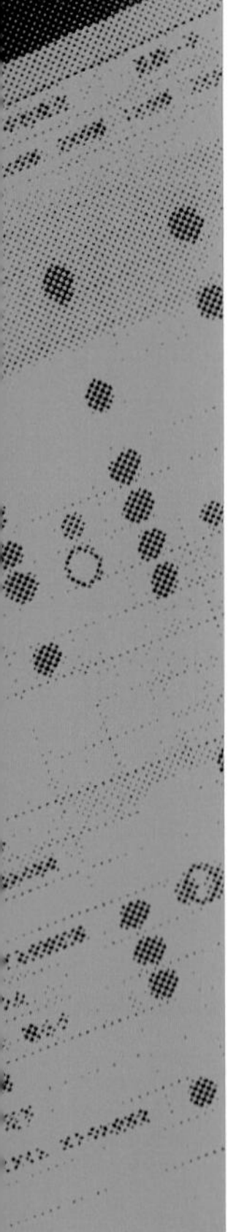

第33回
JIA神奈川建築Week かながわ建築祭2022

# 学生卒業設計コンクール


| | |
|---|---|
| 発行日 | 2023年 7月 3日 |
| 編　著 | 公益社団法人 日本建築家協会 関東甲信越支部 神奈川地域会 編 |
| 発行人 | 岸 和子 |
| 発行元 | 株式会社 総合資格　総合資格学院<br>〒163-0557　東京都新宿区西新宿1-26-2　新宿野村ビル22F<br>TEL 03-3340-6714（出版局）<br>株式会社 総合資格……http://www.sogoshikaku.co.jp<br>総合資格学院……https://www.shikaku.co.jp<br>総合資格学院 出版サイト……https://www.shikaku-books.jp |
| 設計展主催 | 公益社団法人 日本建築家協会 関東甲信越支部 神奈川地域会 |
| 設計展協賛 | 株式会社 総合資格　総合資格学院 |
| 編　集 | 株式会社 総合資格　出版局（新垣宜樹、梶田悠月、金城夏水、藤谷有希） |
| デザイン | 株式会社 総合資格　出版局（三宅 崇） |
| 印　刷 | 小野高速印刷 株式会社 |




Printed in Japan
ISBN 978-4-86417-490-9